YIDONG HULIANWANG QUANJING SIWEI

MOBILE INTERNET PANORAMIE

· 移动互联网基础理论奠基之作 ·

移动互联网全景思维
（第2版）

华红兵 · 编著

·广州·

图书在版编目（CIP）数据

移动互联网全景思维／华红兵编著 .—2 版 .—广州：华南理工大学出版社，2015.3
　　ISBN 978-7-5623-4563-3

Ⅰ . ①移… Ⅱ . ①华… Ⅲ . ①移动通信－互联网络 Ⅳ . ①TN929.5

中国版本图书馆 CIP 数据核字（2015）第 036603 号

移动互联网全景思维（第 2 版）
华红兵 编著

出 版 人：	韩中伟
出版发行：	华南理工大学出版社
	（广州五山华南理工大学 17 号楼，邮编 510640）
	http：//www.scutpress.com.cn　　E-mail：scutc13@scut.edu.cn
	营销部电话：020－87113487　87111048（传真）
策划编辑：	范亚玲　陈华霞
责任编辑：	张　颖　欧建岸
技术编辑：	吴俊卿
印 刷 者：	广州市穗彩印务有限公司
开　　本：	787mm×1092mm　1/16　印张：24.25　字数：374 千
版　　次：	2015 年 3 月第 2 版　2015 年 3 月第 3 次印刷
定　　价：	59.80 元

版权所有　盗版必究　印装差错　负责调换

编 委 会
（排名不分先后）

华红兵　杨锐　陶兴　王满平　王胜　吴晓迪　康冬青　黄志明　高理中　雷鸣　段淳林　廖胜永
白平三　王华　卫芹　徐维忠　张文丽　李德华　张建荣　管鹏　孙愈　杨洪　李明锦
郑先强　严芳兰　陈东炜　陈明　朱玉童　王小虎　顾振博　王海忠
高庆民　袁书烈　陈雁翎　周兰亦　何小萍　彭志伟　孙阳　赵辉
施少斌　潘国兵　李荣华　霍锦添
黄溪河　黄仁湘　刘延云　肖勇生

自序
移动互联网是一份信仰

为什么我热衷研究移动互联网?

因为我发现,移动互联网不仅是工具,更是信仰。它包含着人类千年以来孜孜追求的三个伟大理念——人人平等、正义文明、博爱无疆。

人人平等

移动互联网把人类社会带进了人人时代。这个时代最知名的特征是,信息的开关第一次完全掌握在普通大众的手中。

信息对称的完整性决定了教育的平等、机会的均等以及财富的公平。封建社会的天子和欧洲人神合一的中世纪,首次把社会撕裂为贵族和平民。流传久远的等级社会直到今天还在印度盛行。

一千年以来各种社会的等级制度,在移动互联网的"信息人人在握、机会平等重构"的冲击下已变得大厦将倾般的陈旧破碎。以人为本的理念席卷全球。

而这一切成就，竟然来自一项看似不起眼的技术——智能手机。

正义文明

从通信智能化到全球真正实现即时联网，恐怕智能手机的发明者也没有想到这一结果。互联网从精英消费，到大众集体参与创造、全球全民创新的模式，让IT产业精英们向民间高手鞠躬点赞。请问，一千年来，有哪项技术能如此深刻地改造全人类？

移动互联网不仅是一千年来无与伦比的革命性技术，更是裹挟革命性的平等之风，催促全球文明再进化。此风吹得越来越有劲，大有横扫腐叶的万钧之势。知识、尊严、文化等人类漫长演变千年的文明，虽历经停顿沧桑或被异化，但终于等来移动互联网的快船，满载理想向更高阶的文明彼岸疾驰而去……

移动互联网的快船拒绝向不文明者发售船票，而文明坐上了头等舱。这是多么令人感动的时分，人类等待此时此刻整整一千年！

博爱无疆

人类因爱而生。纵观人类历史，科学家和文学家一直像白天的太阳和夜晚的月亮一样照耀人类。白天，科学家给你理性的光辉；晚上，文学家抚慰你感性的殿堂。一个没有诗歌的夜晚是多么凄凉！

移动互联网再次激发了全民智慧。内容为王的旗帜下，诗人成为最珍贵的物种，文学不再躲起来呻吟。每当夜晚来临，就像是一双双弹过钢琴的手，从手机的琴键上凑出美妙绝伦的音符，由爱而生的人们汇聚成移动互联网的大合唱。

基于"人本、进化、开放"基础属性的移动互联网，导演了一场爱的奇观，引发对人类存在本质性的思考——人人、文明与博爱。那是音乐的文学的舞台，没有指挥，没有主演，没有特定制式，但美感却如此壮观！

所以，我说，移动互联网不是技术，而是信仰。

信仰有多重要?

我们从信基督教的爱德华兹与无信仰的宗师马克·尤克斯两个同时代的家族对比来看,相信从这一刻开始,你一定会认为信仰和爱对一个人来说是非常重要的,尤其是对人的身心健康,对一个家庭的和睦。

据统计,200年后的爱德华兹家族,人口有1394人。在这些人里面,有100位大学教授,14位大学校长,70位律师,30位法官,60位医生,60位作家,300位牧师、神学家,3位议员,1位副总统。

而另一个家族——宗师马克·尤克斯却与之形成鲜明的对比。宗师马克·尤克斯家族的总人口达903人,其中有310位流氓,130位坐牢13年以上,7位杀人犯,100位酒徒,60位小偷,190位妓女,20名商人,还有可怜的10名是在监狱学会经商的。

为什么这两个家族,历经百年之后,会在结果上产生这么大的差别?

答案就是:信仰的力量!

很多人都难以理解,历经百年,为什么在结果上两个家族有那么大的差别?而其中真正的关键因素,就是因为爱德华兹家族获得了信仰的力量。信仰的背后,他们种下了两颗重要的种子:第一颗是向善和爱的种子。所以他们家出了那么多的医生、教授和大学校长。第二颗是敬畏的种子。这种家庭里出来的孩子,永远都会记得,"头顶三尺有神明"——自然规律。

而为什么马克·尤克斯家族有那么多的流氓、小偷和妓女？就是因为这种家族的教育里面缺少了敬畏。没有敬畏之心的教育，当然会出像李天一这样的案子。在缺乏敬畏的内心深处，他们的内心独白是：老天爷算什么，我才是最大的，没有我不敢做的！

这历经百年的两个家族，让我们感受了信仰和爱的巨大能量。所以，在金钱关系里面才有了一条定律：信仰，是连接能量的通路！

华红兵

目 录 | CONTENTS

引言　我找到了大风口 ··· 1

第一章　人本 ··· 19
第一节　人文情怀 ··· 21
第二节　人人时代 ··· 25
第三节　人性至上 ··· 41
第四节　众筹，为众生而生 ·· 48

第二章　进化 ··· 57
第一节　环境进化论 ·· 60
第二节　灵魂进化论 ·· 66
第三节　商业进化论 ·· 73

第三章　开放 ··· 93
第一节　开放，没有边界 ··· 96
第二节　开放的密码 ·· 101
第三节　开放的底线——信、善、和 ······················· 104

第四章　移动互联网五十四把金钥匙 ························ 111
一　专注 ··· 113
二　不疯魔，不成佛 ··· 114

三	尖叫点思维	116
四	极客主义——少数即多数	118
五	卖场变情场	119
六	特供模式	121
七	屌丝逆袭	122
八	非控制性参与	124
九	替代性倾覆	126
十	拆墙	128
十一	敢于试错	129
十二	模糊的智慧	131
十三	自律	132
十四	快速反应	133
十五	野蛮成长	134
十六	飞行模式	136
十七	全网思维	137
十八	放手	139
十九	跨界	140
二十	本体	141
二十一	进化论	143
二十二	不做霸主做盟主	144
二十三	微创智造	145
二十四	从 01 到 NO.1	147
二十五	先觉先行	148
二十六	I Time	149
二十七	能量公式	151

二十八	自造化	152
二十九	圈子能量	153
三十	情感强连接效应	155
三十一	注意力经济	157
三十二	开启云传奇	159
三十三	智慧城市	160
三十四	拥抱不确定	162
三十五	关系有价	163
三十六	圈子	165
三十七	终极单品	166
三十八	终极大绝杀	168
三十九	终极大市场	169
四十	终极大布施	171
四十一	终极大逃逸	172
四十二	终极大海战	174
四十三	知识美学	175
四十四	异端的力量	177
四十五	有限理性	178
四十六	超越日本	180
四十七	支付革命	182
四十八	同步社区	183
四十九	新媒渠	185
五十	异域合作	187
五十一	1°C原理	189
五十二	悦想时代	191

五十三　人人时代 ………………………………………… 193
　　五十四　信用管理 ………………………………………… 194

第五章　移动浪潮中的世界波 ……………………………… 197

　　第一节　移动互联网源头在美国 ………………………… 200
　　第二节　日本移动互联网的兴衰 ………………………… 211
　　第三节　群雄逐鹿：韩国、英国及欧洲 ………………… 217
　　第四节　大数据时代 ……………………………………… 220

第六章　智能·家 ……………………………………………… 227

　　第一节　未来梦　未来一天 ……………………………… 229
　　第二节　我们离智能之家还有多远？ …………………… 232
　　第三节　智慧城市 ………………………………………… 248

第七章　移动趋势：顺势还是对抗？ ……………………… 265

　　第一节　移动互联网颠覆传统食品供应链 ……………… 267
　　第二节　不移动 不农业 …………………………………… 273
　　第三节　移动医疗触手可及 ……………………………… 277
　　第四节　移动互联网重塑教育 …………………………… 280
　　第五节　移动互联网带来深度无人驾驶 ………………… 282
　　第六节　重构房地产行业 ………………………………… 285
　　第七节　金融被移动 ……………………………………… 287
　　第八节　APP在手，想去哪旅行都行 …………………… 288
　　第九节　移动游戏大放异彩 ……………………………… 292

第十节　新物流商业模式的崛起…………………………………… 297
第十一节　传统白酒如何转型……………………………………… 299
第十二节　未来趋势的大风口……………………………………… 302

第八章　南方创新快船……………………………………… 307

第一节　硅谷：朝圣之地…………………………………………… 309
第二节　南方创新快船……………………………………………… 317

第九章　移动营销：新4C理论……………………………… 321

第一节　Charm（吸引）：金钱跟着眼球转……………………… 323
第二节　Crush（心动）：脑袋跟着心跳走……………………… 325
第三节　Commit（承诺）：金钱跟着风向走…………………… 330
第四节　Conclude（行动）：让他感到占便宜………………… 334

词汇表………………………………………………………………… 348

参考文献……………………………………………………………… 361

后记1　怀揣信仰瞭望……………………………………………… 367

后记2　一起拥抱《移动互联网全景思维》…………………… 368

引言
我找到了大风口

2014年，全民寻找大风口，都想成为大风口里的那只猪。

2015年，我找到了大风口，不知你想不想成为那只猪？

首先，让我把你带到大风中去。这场世界风无疑是第四次工业革命的劲风，而它的风口就是移动互联网。

其次，让我们站在历史的画卷里，全景扫描这场世界风的来龙去脉，好让你知道你今天所站立之处的坐标。

最后，当你读完这本书后，一把火把书烧掉。烧掉我写的书，点燃你的梦想，值得。

请屏住呼吸，让我们打开历史画卷吧。

第一次工业革命

第一次工业革命从哪里诞生？让人脱口而出的答案：英国。

——这是不正确的历史观。错就错在被西方历史教科书千百遍重复教育形成的认知历史的习惯。而习惯未必正确。

判断人类历史上第一次工业革命的标准应该是：是谁把人类从农业中第一次解放出来？把人们从靠天吃饭的农耕生产方式进化到手工业作业方式，才是人类历史上第一次工业革命。

显然始于18世纪英国的工业革命不符合这一要求。百年英国工业革命的主要目标是把人们从分散作业的手工业生产方式进化为机械化的大规模的工厂生产方式。因此，发生在英国的那场工业革命并不是人类的第一次工业革命，尽管它轰轰烈烈载入史册。

第一次工业革命发生在1000年前的中国，大约在唐宋时期达到了高潮。手工业迅猛发展使丝绸之路都显得拥挤。而正是那时的"四大发明"深刻地影响了世界，直到今天。

看看西方的良知，英国哲学家弗兰西斯·培根于1620年是这么说的："我们应该注意到这些发明的力量、功效和结果。人们将看到，这些发明远不如三大发明那么显著。这三大发明古人并不知道它们的起源，即使现在仍模糊不清，无人知晓。它们是：印刷术、火药、指南针。因为这三大发明首先在文学方面，其次在战争方面，再次在航海方面，改变了这个世界许多事物的面貌和状态，并由此产生无数变化，以至于似乎没有任何帝国、任何派别、任何名人能与这些技术发明在对人类事务产生更大的动力和影响方面相比。"

培根正确评价了三大发明的历史意义，而这三大发明都起源于中国。雕版印刷是一种把要印的书的每页分别刻在每块木板上的印刷术。现存最早的雕版印刷品，是868年印刷的中国佛教经文。活字印刷术也是中国人最早发明的，它由一位普通艺人试制成功。1041年至1049年间，这位普通艺人制作了用泥土焙烧而成的活字。此后几个世纪中，中国人用木头和各种金属活字代替了泥活字。这些发明由中国传到中东，再经中东传入欧洲。1423年，欧洲人首次使用雕版印刷。1456年，欧洲人用活字印刷了第一本书——谷登堡《圣经》。

早在唐朝（618～907年），中国就用火药制造烟火。1120年，中国发明了一种武器，即"突火枪"，它由一根粗毛竹筒塞满火药制作而成。这几乎就是金属管枪的前身。金属管枪大约出现于1280年，不过现在没人知道它最先是由中国人发明的，还是由阿拉伯人或欧洲人发明的。

约公元240年，中国的一本书最早明确提到了磁力。但以后几个世纪中，指南针仅用于巫术。不过，到 1125 年，指南针开始被用于航海。显然是来中国的阿拉伯商人学会使用这种仪器，并将其传入欧洲的。

除这三大发明外，中国人传给欧亚大陆各邻邦的东西还很多。105 年，中国人发明了纸，为印刷术的发明提供了先决条件。751 年，被带到撒马尔罕的中国战俘将造纸术传给阿拉伯人，阿拉伯人又将它传入了叙利亚、埃及和摩洛哥。1150 年，造纸术传入西班牙后，又从那里传到法国和欧洲其他国家。所到之处，羊皮纸被取代。事实证明，造纸术的价值十分显著：过去，用羊皮纸制作一本《圣经》至少需要 300 张羊皮。

传遍整个欧亚大陆、具有深远影响的其他中国发明还有船尾舵、马镫和胸戴挽具等。船尾舵大约于 1180 年与指南针同时传入欧洲。马镫使中世纪欧洲穿戴沉重铠甲的封建骑士得以产生。胸戴挽具与过去的颈环挽具不同，它套在马肩上使马能全力拉东西而不会被勒死。最后，中国人还栽培了许多水果和植物，它们通常由阿拉伯人传遍欧亚大陆。这些水果和植物包括菊花、山茶花、杜鹃花、茶香玫瑰、翠菊、柠檬、柑橘等。柑橘至今在荷兰和德国还被称为"中国苹果"。

判断一场工业革命的标准有三个：划时代的思想家或科学家、改变世界的技术发明和全球贸易方式的变革。以儒家文化为代表的思想家群体的形成、改变世界的四大发明和丝绸之路的欧亚大陆贸易方式的变革，都注定了第一次工业革命落户在中国的唐宋文明。

不过，我们没有抓住第一次工业革命的势头顺势发展下去。1206 年，元朝建立前后，北方少数民族的铁蹄强行中断了中原工业革命的势头。当我们停下来歇歇脚的时候，欧亚大陆的另一端，英吉利海峡的对岸，大英帝国的蒸汽机轰然响起……第二次工业革命开始了。

第二次工业革命

始于 18 世纪英国的第二次工业革命，使工业革命的三大主角依次登场

——科学与思想家、发明家和全球贸易家。

这三"家"之间的逻辑关系像一场足球赛,后卫把球传给中场,中场再传给前锋,由前锋完成致命一击。

思想家解放了束缚科学发明赖以生存的社会环境。在一个更加开放和宽松的人文环境中,发明家把各种奇思妙想变成可触摸的实实在在的技术发明。这种发明进一步推动了全球贸易。全球贸易使全球资源重新配置。于是,第二次工业革命诞生了大英帝国。

科学与思想虽不能直接产生财富,但却是一台强大的鼓风机,把蒙在科技之上的尘土吹走,把束缚科学发明的绳索吹断。

在第二次工业革命到来之前,有两位巨人充当了急先锋,他们分别是牛顿和达尔文。

牛顿(1642~1727)是他那个时期最杰出的人物代表。他发现了万有引力定律:"宇宙中物质的每个粒子都对其他每个粒子有引力;引力与两个粒子之间的距离的平方成反比,与它们的质量乘积成正比。"

牛顿的万有引力定律是揭开物质规律的一个轰动性的、革命性的解释。这一定律适用于宇宙,也适用于最微小的物质。实际上,自然界好像一个巨大的机械装置,按照通过观察、实验、测量和计算可以确定的某些自然法则进行运转。这就为机械化的诞生提供了科学理论的支撑。

牛顿的影响究竟有多大呢?蒸汽机的发明就是一个明显的例证。1769年,詹姆斯·瓦特发明了蒸汽机。围绕蒸汽机的发明,一系列的发明涌现出来。

约翰·凯的能提高纺织速度的"飞梭"(1733年)、理查德·阿克莱特的水利纺纱机(1769年)、詹姆斯·哈格里莱斯的珍妮纺纱机(1770年)和塞缪尔·克朗普顿的走锭纺纱机(1779年)也十分出色。用珍妮纺纱机,一个人能同时纺8根纱线……后来是16根,最后为100多根。

蒸汽机的历史意义,无论怎样夸大也不为过。它提供了控制和利用热能为机械提供动力的手段。因此,它结束了人类对畜力、风力和水力的由来已久的依赖。一个巨大崭新能源为人类获得,一个新时代开启了。

读者或许问，那时候的中国在干什么呢？当第二次工业革命的巨浪在大西洋掀起时，处于太平洋彼岸的中国在忙什么呢？

清康熙四十八年（1709 年），康熙皇帝把北京初建成的圆明园赐给了皇四子胤禛。雍正登基后将它扩建为离宫御苑，前后五十年调动了全国的能工巧匠，使圆明园成为世界万园之园。乾隆时期再次扩建，调动了江南园林百万工匠，把圆明园打造成极高艺术水准的皇家园林。这个历时百年的庞然大物耗尽了大清帝国的国力。其结果呢？咸丰十年（1860 年），英法联军攻占北京，圆明园付之一炬。

多么荒诞的历史对照。当大西洋上空飘荡着自由与科技的旗帜时，当英国民众用 100 年时间投入全部国力去搞第二次工业革命时，愚昧的大清帝国用了 100 年集全国之力建了注定被毁掉的圆明园。

难怪有历史学家说，宋朝之后再无中华。

难怪孙中山革命的历史口号是"驱除鞑虏，恢复中华"。

一个野蛮的少数民族大清王朝的所谓的康乾盛世，其实是一个真正被工业革命边缘化的时代。我不得不感叹，大清误国。

再看看大西洋彼岸如何热火朝天：新的棉纺机和蒸汽机的出现，必然需求铁、钢和煤的供应量的增加。这一需求通过采矿和冶金术方面的一系列技术进步得到了满足——亨利·科特发明了除去熔融生铁中杂质的"搅炼"法。瓦特蒸汽机在鼓风机、凿岩机以及在翻转和破裂方面得到广泛应用。

第二次工业革命的结果是，到 1800 年，英国生产的煤和铁比世界其他地区生产的总和还多。人类不仅进入了蒸汽机时代，也进入了钢铁时代。不过，这不包括闭关锁国的清王朝。

初期也许看不出第二次工业革命给中国带来多大的影响，以至于到 19 世纪末慈禧太后还在大修圆明园。殊不知，坚船利炮即将登岸。

1840 年，塞缪尔·肯纳德建立了一条横越大西洋的定期航运线。运输方式的改变、新的贸易方式的出现是第二次工业革命真正意义上的"魔鬼出闸"。蒸汽机轮船的出海远航，彻底改变了财富分配的格局，英国变富了，中国变穷了。

不仅如此，轮船既可以用于商战，也可以用于军事。由于错失第二次工业革命，三次灾难性的战争使中国蒙羞。第一次是1839～1842年同英国的鸦片战争；第二次是1856～1858年同英法的战争；第三次是小日本的欺辱，1895年中日甲午战争。

在1839年的鸦片战争时，配备老式武器的中国人没有打败装备蒸汽机炮舰和火炮的英国人的任何可能。英国历史学家阿瑟·韦利描述了当年宁波海战时滑稽的一幕：

"总攻的信号是将点燃火攻木筏向英国船只发射过去。

火攻木筏漂向英国船只，在它们起锚前将它们点燃……英国大船上的小船在这些燃烧着的火攻木筏到达前很久便已出发，将它们击成两半……中国人逃跑了。

有人建议：应该在一些猴子的背后拴上鞭炮，然后将猴子扔到英国船只的甲板上。火焰将会随着受窘的猴子迅速向各个方向逃散开去，此时如果能够碰巧跑到弹药库，那么整艘船将化为粉末。19只猴子被买了回来，并在进攻前被成群地带到了前沿阵地……"

其结果想必读者早已知晓。

这就是被工业革命边缘化的结果：守旧必然落后，落后必然挨打。我无法知道2014年APEC会议期间，习近平主席和奥巴马总统在中南海四个小时的对话内容，但至少新闻报道中重点提到习主席向奥巴马总统介绍了中国近代史，从而解释了中国为什么一定要改革的深层原因。

正因为以史为鉴，中国必须改革，习主席获得了大众赞赏。200年前，中国完全错过了第二次工业革命。30年前，中国赶上了第三次工业革命的末班车。

第三次工业革命

英国的工业革命热情尚未结束，大西洋彼岸燃起了第三次工业革命的火焰。

像第二次工业革命一样,第三次工业革命依然需要科学家、发明家和全球新贸易家的诞生。只不过,这个伟大人物的诞生有点传奇。

1905年,身为瑞士邮局小职员的爱因斯坦发表了一篇关于相对论的文章,从此拉开了一个全新世界的序幕。世界进入了原子时代。

第三次工业革命的大幕由爱因斯坦这双巨人的手拉开是再恰当不过了。牛顿铺垫了第二次工业革命,牛顿万有引力定律带来了许许多多激动人心的成就,但它并不正确!爱因斯坦用相对论对它进行了颠覆式修正。

按照牛顿的看法,引力效应是瞬时的,如果我们移动一个质量,我们立即感觉到一个新的力,因为这个质量已在新的位置上了。用这种手段,我们可以用无穷大的速率发送信号。但爱因斯坦说,我们不能以快于光速的速率发送信号,因此万有引力定律一定错了。

牛顿是绅士型科学家——他与权贵有一张关系网,虔信宗教,不慌不忙,做事井井有条。他的科学家风格在200年中被奉为圭臬。与他相比,爱因斯坦简直就是屌丝逆袭:行为古怪,不修边幅,心不在焉,一个抽象思想家的原型。

"相对论"带来了大家熟悉的质能公式,用这个公式计算出第三次工业革命最重要的也是最可怕的武器——原子弹。作为这场工业革命的四件标志性工业品——汽车、航空器、电话、计算机,全部与爱因斯坦的质能公式 $E=mc^2$ 有关。

每一次工业革命,必先有一场科学革命。在漫长的黑夜中,发明家需要科学家这盏明灯。千万别轻视一个国家一个时代的基础物理学家、基础生物学家、基础学科专家,甚至科学理论家,他们都是工业文明的先知先觉者。1752年,美国人富兰克林发明了电,从此工业文明从用煤时代进入到用电时代。这个改变世界的发明刚刚出现,莱特兄弟于1900年试飞了人类第一架飞机。一旦"电"和"飞机"结合,美国的波音飞机公司诞生了。至今世界的天空中有80%的远程大飞机是美国波音公司制造的。"电"和"橡胶""油气机"的结合，诞生了美国著名的福特公司的T型汽车。福特公司不仅向人类贡献了一款经典车型，还用福特式管理贡献了第三次工业革命最重要的大批量生产管理的新模式。

随着20世纪70年代以后的电子工程和信息技术加入到工业化的大合唱之中，整整100年的第三次工业革命的舞台闪耀着自动化工业文明的优美旋律。第三次工业革命创造的财富比过去1000年人类创造的所有财富的总和还要多，多到今天用"产能过剩"来说明。这一点也不夸张。

美国人的发明创造热情贯穿了百年工业文明史。1946年，世界第一台计算机又是在美国诞生的。恐怕当年计算机的发明者也想不到今天的局面。从计算机硬件到软件，再到今天的互联网世界。互联网无处不在，人类已经快被无所不能的互联网搞窒息了。

如果说互联网是地球上除人类之外的另一个新物种，恐怕不会有人反对。第三次工业革命始于爱因斯坦的质能公式，但大概他也没有想到互联网的能量远超核爆，而且其能量尚未完全释放。

先歇口气，让我问你一个问题：假如一百年前，第三次工业革命发源于中国，中国会变成什么样？或者这样问，一百年前的中国在干什么？为什么又一次与工业革命的创始机遇擦肩而过？

1895年美国的第三次工业革命的拂晓时分，中国正忙着和日本打仗，被迫签订了《马关条约》。1937年到1945年，工业革命的最关键时期，中国被迫全民抗日，无暇顾及工业发展。可以说每每到了中国发展的最关键时刻，日本总会捣乱。20世纪初，工业革命的火苗被隔海相望的这个邻居扑灭了，幸好中国用了三十年的改革开放赶上了第三次工业革命的末班车。这三十年是幸运的三十年，中国人的小步快跑的工业化节奏给了世界惊喜。

原来，中国也可以创造一个世界波，只要没有人干扰。

回来，让我们回到第三次工业革命的主题上。

这次工业革命并未随着铁路、跨大西洋轮船和电子信息的出现而结束。它一直持续到今天，发明依然连续不断。一个领域的发明产生了不平衡，会刺激其他领域相应的发明来纠正这种不平衡。尽管德国、日本也为第三次工业革命贡献了很多技术发明，但是美国仍然是这场工业革命的中心。

那么，美国是如何利用这场工业革命的成果使自己变成当今地球唯一的超级霸主的呢？除了科学和技术发明，贸易方式的变革才能巩固工业革命的成果。美国人精心设计了符合自己利益的全球贸易规则——WTO。世界货币基金组织也是美国的发明。更绝的是美国发明了以美元作为全球贸易主要结算货币的"布雷森"体系，美国把第三次世界工业革命的成果通过一系列的贸易规则和贸易工具的发明据为己有，使自己变得更强大了。发生在2014年底的石油卢布贬值，就是货币战争的清晰显现。

显然，第三次工业革命给我们的启发是，谁拥有科学技术，谁发明主导了全球贸易规则，谁就将获得在下一次工业革命中诞生最强大经济体的伟大机会。

幸运的是，现在处于第四次工业革命的前夜。

中国是否会错过第四次工业革命呢？

第四次工业革命

"工业4.0"是德国联邦教研部与联邦经济技术部在2013年汉诺威工业博览会上提出的概念。一经提出，立马震撼了世界。

"工业4.0"给我们描述了一个不可思议的未来，这个未来以制造业改造为入口，提出了继蒸汽机的应用、规模化产业和电子信息技术等第三次工业革命后，人类将以信息物理融合系统为基础，以生产高度数字化、网络化、机器自组织为标志的第四次工业革命。

然而，争论已经开始：这里使用"革命"这个概念是否理由充分？或者说，如果不说"革命"而说"演化"会不会显得更恰当？质疑者是有一定道理的，在"工业4.0"所描述的未来世界的变革中，促发这场变革的技术元素并非什么新东西：软件、传感器、执行器等电子器件。这些东西在第三次工业革命中期早已出现。

但事实上,我们正处于将各种新技术新发明非常集中汇合在一起,从量变到质变的前夜,任何一场工业革命的时间跨度都经历了几十年。单就这一点而言,时间跨度不一定成为反对第四次工业革命概念的依据,况且,本世纪初以来的十几年涌现出来的技术变革的方向,与前几次工业革命的理论和实践均呈现出相反方向的趋势,使越来越多的人趋向于认同这是一次革命而不是修修补补的进化。

目前我国企业的整体状态:

模　仿

我们以小米为案例:作为中国制造业的明星公司,小米确实不走寻常路——从模仿中找到自我。然而随着它不断地向全球扩张,它自身的缺点也开始显现出来。但不可否认的是:这种模仿模式确实使中国制造驶上了一条快速轨道。雷军计划 2015 年售出 1 亿部手机。小米迅速成为中国制造业、快消品企业,甚至互联网行业追捧的对象。这就是中国的明星企业,追捧它的不仅是民众,还有一大波企业。

与其说中国企业追捧的是一种"小米模式",还不如说追捧的是一种"复制金钱"的狂热!与其说中国民众追捧的是一种"互联网思维",不如说追捧的也是一种"快速成功"模式!中国人对于企业的意识依然停留在赚一把就走的阶段。

如果沿着这种思路走下去,企业都在抢流行、抢时间、抢功能,那么同质化会非常严重,互相取长补短的机会就很少。竞争和抗衡仍是永恒的主题,中国制造业不能形成一个有机整体,这不符合"工业 4.0"的协作精神。

低　价

请问,中国制造业企业最常用来抢占市场的是哪一种手段?毫无疑问,是低价。而到目前为止，中国制造业"价格战"的主战场也已逐步转向了电子商务行业。

大家都了解到，中国电子商务第一次价格大战爆发于 2012 年。直至现在电商行业一触即开战的状态一直在持续，各种大大小小的战役也已经数不胜数。其中电商每年一度的狂欢节——"双 11"，其本质也是一场价格战：同一个平台的商家与商家搞价格战，不同的平台与平台之间也在搞价格战。

营 销

也许你也听说过，"产品就是靠吹出来的！"没错，营销确实能够拉动经济的发展，尤其在中国。

据说，煎饼果子、肉夹馍、牛腩、情趣用品等等都是靠营销"吹"出来的，而且还成为时下中国最流行的产品。

这帮人以制造一鸣惊人、火爆传播为宗旨和目的，但产品到最后也没能做得出来，尽管有些人散伙了，但还是有部分人被炒火了。你看，做情趣用品的都代言了，写励志书去了，看起来真是乱七八糟的。最恐怖的事情就是：时下中国创业者都在模仿这些人的成功。虽然是虚张声势，形式大于内容，但是只要能获利，就会有人去追随。

模仿、低价，还有营销，这三种意识形态都反映了中国企业的整体状态。无论是哪一个，大家都在千方百计捞钱，只不过是"八仙过海，各显神通"而已。但是眼下，全球正在掀起新一波的科技浪潮，美国、德国等国家都在创造性地再次改造世界。我在想：中国会跟这个世界背离得越来越远吗？

一个国家一个地区，一个行业或一家企业，如果不能深刻意识到这场变革所触及的核心及其中隐藏的潜能，没有提前找到应对之策，那么你的竞争对手就会取代你获得领先地位。错过未来关键性奠基型竞赛的十年，你可能需要用几百年的时间追赶。先发优势的时代能量一旦迸发，原地踏步者将追悔莫及。要么成长，要么衰退；要么领先，要么挨打；要么生存，要么死亡。

让我们来了解一个词语：什么叫信息物理融合系统？

信息物理融合系统这个概念首先在美国被提出，也叫智能技术系统。2006年年底，美国国家科学基金会（IVSF）宣布该系统为国家科研核心课题。德国组织了机器对机器的 MIM 联盟。中国的智能进展程度也紧紧跟随。可以说，在第四次工业革命的起点——信息物理融合系统方面，全世界主要大国齐头并进，还没有哪个国家取得显著领先优势。这一方面是中国的机遇，另一方面也昭示着第四次工业革命不再像第二次、第三次以某个国家为主战场，这里即将发生的是全球技术涌动。

这种系统有一个最有名、传播最广的例子：智能手机。智能手机比电话要聪明得多，尽管人们也用它来打电话，但打电话几乎是智能手机的次要功能了，它首要的功能是和互联网的无线连接，还有上网冲浪、手机导航、GPS 定位、接发邮件等越来越多的新功能。成千上万种被称为"APP"的小型软件供人下载使用，这些软件可以实现几乎所有你想得到的功能。存储介质的性能飞跃，使手机微型化得以实现。

智能技术系统再往前一步就是物联网、智能云和机器与机器的智能通信。然而，这还不是它带给我们的主要震撼。智能技术系统更大胆的设想是"小微化"。电子元器件、存储器、智能手机都可以小微到肉眼看不见，甚至达到拿起放大镜也找不到的地步。

这种"小微化"的技术趋势，与前几次工业革命提倡的生产规模化、作业标准化的工业理念大相径庭，甚至是背道而驰。由此带来的生产分散化必然造就去工厂化，去公司化。由此判断，未来的世界 500 强企业的评选标准会不会发生颠覆？以规模化生产制造为导向的第三次工业革命正在退潮，"小微时代"的来临会让中国刚刚建立起来的世界工厂的规模优势再次面临挑战。

假如"工业 4.0"是一场真心的工业革命的话，依照前三次工业革命的演进三部曲"科学—技术—贸易"，第四次工业革命理应在到来之前出现富于革命意义的科学成果或科学思想。

事实是，征兆早已出现。这次还是理论物理学打先锋。

原来，人们以为爱因斯坦的相对论已经完美无瑕。谁能想到量子力学划破了相对论的时空。当今世界最先进最不可思议的量子力学在最近三十年取得了正统地位。一个新时代开始了。

量子力学是从重新认知原子开场的。

如果在某次地球大灾难中，所有的科学知识都被毁灭，人类只有一次机会把一句话留下来给未来的新人类，那么怎样以最少的词汇包含最多的信息呢？

我相信那一定是原子假说：即万物都由原子构成，原子是一些小粒子，它们永不停息地四处运动，它们之间既彼此吸引，又互相排斥。

只要你稍微想一想，这句话包含了人类重构世界观所需要的巨大信息。原来，人就是由一堆原子构成的，石头、钢铁、树木也是由一堆原子构成的，人和石头的区别仅仅是原子的排列顺序不同而已。既然如此，人与人之间的连接形成了互联网，凭什么人与石头，石头与树木互相之间不能实现网络连接呢？从互联网到物联网，原子学说重构了第四次工业革命的世界观。

虽然这是事实，但是有时候想一想就觉得可怕，物理学如此高深而有趣：在你面前走来走去并且和你说话的那个"可移动的东西"，原来就是一大堆排列得非常复杂的原子；每天晚上躺在床上的那个所谓的"爱人"，原来竟是一堆按睡眠模式排列有序的原子；女人生下来的那个"宝宝"，原来是夫妻共同排列出来的一堆原子……

经典物理学认为物质运动一定有它的确定性的规律可循。量子力学认为，不可能同时既知道一样东西在什么地方，又知道它运动得有多快。动量的不确定量和位置的不确定量是互补的，其定律是 $\Delta x \Delta p \geqslant \dfrac{h}{2\pi}$。

量子力学带来的一个科学观念和科学哲学上最有趣的结论是：在任何情况下都不可能精确预言将会发生的事情。这就是著名的"测不准原理"。

测不准原理小心翼翼地保护着第四次工业革命前夜所有发明家的热情不被传统势力打压。原因很简单，既然成功是一场偶然，何必怀疑小人物的创造力呢？

量子力学不经意间为"微世界"的创新工场开启了一扇门。

创新是工业革命的主旋律。第四次工业革命主要依据五项创新：①智能制造；②基因与生物工程；③物联网；④大数据；⑤移动互联网。单独来看，每一项创新都可以改变世界格局，况且这五项创新之间的融合蕴藏着巨大的商业和变革的潜能。

1. 智能制造

工业变革4.0时代到来的驱动力首先是人们的个性化需求。与众不同的个性化需求直接颠覆了往日复制化、规模化的生产方式，较而以高效批量化生产出富有创意、个性的产品。而直接解决"批量"和"个性"这一工业生产的矛盾的就是智能制造，即移动互联网让这一链条上的刚性生产在遇到个性的需求时，产生高效协作力。

虽然真实的工业4.0版还没有出现，但在自动化生产和智能虚拟的空间里，正在实现这一柔性的跨越，再加上工业软件工程师的加盟，未来依靠虚拟智能的较瞬操作，从冰冷制造到人性化服务，从简单的机器生产到人，开放的工业脉络，便利运营，将硬制造和软服务有机融合，实现大数据的人性化跨越。

中国是世界工厂，其工业品制造占全球20%，但我们处于密集的规模化流水线生产走向智能制造的关键时刻。中国能否成为世界智能工厂，就看未来5年能否加快转型的步伐。

转化智能制造，中国有无与伦比的优势。一是中国拥有全球最大的制造业基础；二是中国拥有最广泛的智能设备应用基础；三是中国现在甚至有180个主要城市在进行智慧城市的推进。

现在，问题只剩下一个：在2014年经济不景气的市场中，企业投资转型的意愿不高，而且融资成本较高，政府是否有勇气像二十年前以出口退税政策一样，制定出智能制造的大胆刺激政策，让智能制造在中国大放光彩？

好消息是，中国已成为美、日、德之后的第四个机器人制造大国。

2. 基因与生物工程

2012年，全球22个不同实验室的500多位科学家展开了史无前例的合作，发现了过去误认为没有太大意义的DNA片段，也就是所谓的"垃圾DNA"，实际上它包含了数百万个排列在极其复杂网络中的"开关"，这些"开关"在调控基因的功能与交互作用上扮演关键角色。

尽管科学家目前只描绘了其中1%的现象，但已足以让人兴奋。以网络为基础的"生物元件"是指性能已知且用途确实的DNA序列。合成生物学家可以以很低的成本获取它们。

基因工程技术启发了合成生物学家的幻想：是否可以像制造机器人一样，制造出人造生命？

随着3D打印技术的成熟，合成生物学家深信，即使打印不出一个活生生的人，至少可以制造出人体的某个器官。

这个设想太大胆了。人类有一天可以任意设计自己的生老病死。活到300岁、500岁再正常不过了，因为只要身体某个部位发生病变，只要一台3D打印机打印出一个新的人体器官，通过手术把它放进人体就万事大吉了。

医院有一天会变成工厂吗？不需要医生和护士，只要智能制造人体器官的工厂，生病了只要换器官就行了。买一颗心脏，就像今天买一颗猪心那么简单。

这并非空穴来风。基因工程、3D打印和合成生物制品正在从实验室走出来。合成生物学在未来五年将取代全球15%到20%的化工业。第三次工业革命引以为傲的化工产品将被合成生物制品颠覆。成本更低、污染更少是合成生物制品颠覆它的理由。

实际上，中国在生物工程领域已处于世界领先地位，尤其是在遗传学与生命科学分析应用上走得更远。领导中国基因组分析计划的华大基因研究院已经完成50种动植物包括熊猫、蜜蜂、水稻、黄豆和1000多种细菌的完整基因图谱的绘制，中国的生命科学的新方向是人体的关键部件——人类大脑。

只要不被人为打断，基因与生物工程的突破是第四次工业革命带给人类实惠的最大亮点。

3. 物联网

物联网这个概念大概出现在十年前，由英语 Internet of Things（IOT）翻译过来。如果把服务加进去就成为物与服务联网（Internet of Things & Services，IOTS）。

第三次工业革命中出现的互联网提供了人与人之间广泛联系的可能。Web 2.0 打开了人类互动的大门。第四次工业革命不仅使互联网用到了移动终端，而且使物与物、物与人互联互通成为可能。

人类历史上，前三次工业革命其核心无不是闪耀着智慧光芒的技术创新，并由此引发波澜壮阔的社会进化。工业革命从来都是内生而主动的。时光回溯，中国在第二和第三次工业革命中表现得很尴尬。且不说中国的第二次工业革命进程被日本入侵打乱，单说第三次工业革命，我们以能源的过度消耗和环境严重恶化赢得世界工厂的地位。

中国舞步如何优美地持续呢？

分布式能源和移动互联网的结合，再加上物与服务联网，将打破第二次第三次工业革命开创的过度消耗资源的生产模式和消费模式。所有的楼宇、厂房乃至个人，都有可能成为能源的提供者，同时也是使用者。

在中国，不乏创新者。

新奥集团，这家肇始于燃气分销的清洁能源的不知名的企业，正在进行一场伟大的试验。新奥自主创新的泛能网技术，不仅可以将一个区域内可以利用的天然气、风、太阳能、地热、潮汐等各种能源综合利用，更能以智能化的调配方式实现不同能源的优势互补，通过能源的梯级利用提高其利用效率。这就是"云能源"以及能源云服务的雏形。

作为物与服务联网的初始阶段的泛能网技术，如今已应用在中德生态园中。作为中德两国政府通力打造的具有示范意义的生态园区，泛能网技术的落地运用，无疑佐证了中国清洁能源企业已拥有比肩世界的能源理念与技术水平。中国生态园清洁能源利用率将达到 80%，可再生能源利用率达到 20%，碳减排达到 60% 以上。

不仅仅是新奥，华为正转向"电信云化"之路。阿里巴巴也开始涉足云数据平台的搭建与开发。

如果说美国是20世纪世界经济发展的楷模，中国很有可能在21世纪担当这一角色。

关键在于，我们是否立在第四次工业革命的潮头。

4．大数据

大数据是人类文明新的土壤。大数据将引导人类建设一个智能社会。

所谓的大数据，是"数字、文本、图片、视频"等信息的统称。人们一般会把大数据和智能时代联系在一起，这是因为任何智能设备和软件运营的基础是大数据的算法和挖掘能力。换句话说，大数据是土壤，智能社会是土壤里长出的果实。

人机交互是智能时代到来的基本前提。互联网时代智能研究的是人如何与电脑对话。在移动互联网时代，智能手机屏幕变得越来越小，即使图形再简洁也不方便我们用手点击。人与手机如何交互成了新课题。

有了大数据，未来的这种人机交流，在一定程度上，甚至比人人交流还要简单。通过人机交互，我们能更好地理解为何移动互联网的智能时代与以前的有本质区别。过去，是人努力向机器靠拢，通过掌握机器的性能让机器为自己服务；在以大数据为依托的智能时代，是机器主动向人靠拢，主动理解人，服务人。

凭什么让机器主动向人靠拢？就是因为这台机器存储了它服务对象的大数据，通过运算程序的设定，机器智能化了。

大数据不仅用于人机交互。云医疗、云城市、云交通、云计算和智慧城市的打造都是以大数据为基础的。

事实上，真正让大数据变成活数据的，还得靠移动互联网。

5．移动互联网

移动互联网的发明是本世纪最伟大的发明。这是因为：

（1）只有移动互联网才是真正意义上的全民互联网。

（2）移动互联网不是一门独立的技术，但它为第四次工业革命的所有关键性技术如智能制造、基因与生物工程、物联网、大数据等提供纽带源的总关系。换句话，没有移动互联网，刚刚发芽的所有的第四次工业革命的技术都只能是相互隔绝，严重影响其作用的发挥。移动互联网像黏合剂，又像一场音乐会指挥棒，统驭着第四次工业革命的全局。

（3）移动互联网一旦商业化，其所释放的能量将超过前三次工业革命中所有贸易手段所产生的能量的总和。英国在第二次工业革命中，靠蒸汽驱使的轮船改变世界贸易方式并用坚船利炮制定了有利于大英帝国的全球贸易规则。美国在第三次工业革命中，靠美元的强势地位制定了有利于美国的全球贸易规则从而取代了英国成为新帝国。一旦移动互联网被全球商业化，那么谁拥有了这个全球一家独大的移动互联网商业平台，谁将是第四次工业革命中全球贸易新规则的制定者。

读者应该知道，谁定游戏规则，谁就一定赢。

假如在第四次工业革命中，中国只是一个生产大国或技术大国，而不是移动互联网条件下全球贸易规则的制定者，甚至说基本没参与制定，那将是非常恐怖的。不仅我们的生产与技术转化为价值的转化率低，中国更将会是全球贸易战的直接受害者。

在世界任何赌场里，永远是庄家赢。这是不争的事实。

实现中国梦必须要靠抓住世界给中国的机遇。当日本的移动互联网徘徊不前，当美国人的手还被方向盘捆住，当印度象尚未完全苏醒的时候，我们该不该抓住机遇做点什么呢？

本书正是在世界历史处于十字路口的 2015 年再版。

通过第一至第三章，你认知了移动互联网本质；阅读第四章，你建立了一个判断移动互联网性质的完整世界观；浏览第五章国际篇，你会知道世界给了中国一个什么样的历史机遇；翻开第六章，你会知道大概从哪里下手；读完第七章，你会知道移动互联网离你有多远；看了第八章，你就能了解互联网和移动互联网的入口；看了第九章，你执行移动互联网的落地计划就有了真枪实弹。

我说得再好，也不如你现在就开始读下去……

第一章
人　本

章节导读

　　罗杰斯曾说过一句话：当我看着这个世界时，我是悲观主义者；当我审视这个世界的人们时，我是乐观主义者。在人本主义信息经济指导下的移动互联网里，实现双向链接是价值交易的关键。双向链接要求链接双方的信息是对称的。移动互联网以特有的人文情怀充当了创造永久性机制的急先锋。比如说音乐家很清楚是谁在复制他的音乐；被保险人很清楚他缴纳的保费投资到哪儿了，如何保障自己的基本利益。人们不仅要有经济，还要有经济尊严。经济尊严是指在你生病、养小孩或者变老了之后，你不会变得一贫如洗；就是不会像PC互联网的平台经济学理论下那样，你只是一个被卖来卖去的产品。所以，人本主义需要一个支撑，叫人人时代；人本主义需要一种精神，叫情感至上。

在一个英雄崇拜的时代,可能诞生大量的中产阶级吗?在一个奢侈品横行的时代,可能创建一个幸福社会吗?人类的科学发展史带给我们什么样的启迪?什么是人本主义经济学?PC 互联网能解决这些问题吗?

通过本章,你将了解,移动互联网的基础理念是人本主义。人文情怀、人人时代、情感至上这三种人本主义的基础属性决定了移动互联网带给人类知性的曙光。

迎着曙光,拂动一缕清新,听我讲述移动互联网的故事。

第一节　人文情怀

"英雄"已死

2014 年 7 月 11 日,传出央视财经频道最具"国际化"的男主播芮成钢"被带走调查"的消息,一时间舆论哗然。

1995 年盛夏,芮成钢以总分 582 分的高考成绩考进了有着"外交官摇篮"之称的外交学院。

大三的一次代表中国参加"伦敦国际演讲比赛"的机会可以说是他人生的一个转折点。自此之后,芮成钢逐渐在外交的道路上迈开了步伐。获得多个精英类、杰出青年称号,芮成钢的自信和过人禀赋开始淋漓释放。他独特的气质也给人们留下了深刻的印象。比如,"想代表亚洲问一个问题",他问时任美国驻华大使的骆家辉,"坐经济舱来是不是提醒大家美国欠中国钱?"这样一些问题在令人瞠目的同时,也使芮成钢得到了民众崇拜式的关注,享受着明星级别的待遇。

在芮成钢的脑海里有一幅清晰的人脉图，他也因此被誉为"精致的利己主义者"。他对公关相当热情，甚至还创办了公关公司。在对他的印象中有拉风的捷豹车、昂贵的杰尼亚西装，结交的神秘权贵完全是精英阶层的集中代表。

芮成钢曾是社会精英，是精英中的明星，但他不代表中产阶层。当市场体系被富人操控，被精英垄断时，财富就像资本河流汇集成的一个巨大的漩涡，有的向上涌起，有的向下沉坠。这世界上唯一不变的是，穷人更穷，富人更富。中产阶层越来越少。

有一点经济学常识的人都懂得一个道理，中产阶层是社会的稳定剂。芮成钢们越多，中产阶层就越少，更别说解决贫困问题。

如同财富的本质特征是世代相传，贫困也会代代继承。我们生活的世界原本不应该这样。

我们已知的中产阶层之所以能够长久生存，莫不依赖于完全开放的市场机制和技术进步。有中产阶层不断涌现的优质土壤，才能促进社会的稳定和长治久安。

是该干预的时候了。中产阶层大量涌现取决于两个条件：一是通过干预创造出永久性减少市场波动的机制，让他们在稳定中成长；二是让大量的非市场机制制造出来的"英雄"去死。

或许，在未来，数字网络时代能取得这种机制和干预。移动互联网以特有的人文情怀充当了创造永久性市场机制的急先锋。

别急，在了解移动互联网怎么解决社会再分配任务之前，我们需要先从根本上洞察过去社会分配的组织系统。

性格迥异的两种分配模式

在通向成功的路上,社会提供了两种分配模式:

一是明星体系,也称胜者为王体系。比如体育明星、演艺明星、明星主持、明星企业家、明星作家、明星和尚……你是否意识到,成功者只有那么极个别人。这种体系是金字塔模型,赢家高高在上,失败者永远垫底。社会被撕裂为只有明星和他的崇拜者,成为明星的概率只有千万分之一,成为失败者的概率是几成必然。所以,一个英雄不死的社会,必然是个失败的社会。

一只只蚂蚁推着个小球，把小球滚成大球，直到有一只身强力壮的蚂蚁把那只大球推到树梢。

这种体系成功是靠无数的失败来堆积的。这样的成功能有多少社会人文价值可言！在数字网络时代，胜者为王的故事不断上演。2013 年，3000 家畜牧业公司上电商平台无一盈利。服装生产企业"触电"后死亡率大大增加，终端实体店一片哀鸿。这一年，京东商城在美国上市，估值超阿里千亿美金。不知道京东上市后，刘强东和奶茶妹在法国巴黎街头闲庭信步时脚下踩死了多少只"蚂蚁"……

另一种分配模式是蜂窝模式。

在这种模式下，普通人占据中间部位，成功者和失败者占据中心和外围的两端。尽管蜂王可以多吃多占，发号施令，但工蜂们各自分工忙碌之余，吃得也不差。至于少数的无法靠近的工蜂处于饥饿状态也算是一种生态均衡。

我觉得，这就是中国梦的一部分：让绝大部分人处于有产状态和享受到成功者的尊严。保持极少数的成功者有助于激励社会，留下极少数的失败者有助于警醒成功。习近平主席的中国梦大概就是这样，浓郁的人本主义情怀。

然而，人本主义需要一个支撑，叫人人时代。

第二节 人人时代

中产阶层的消失

社会再分配之所以出现了明星模式,是因为市场机制不成熟。我们还没有找到一个更科学的选拔机制,使绝大多数人摆脱贫困与失败的阴影。在明星模式下,赢家通吃是必然结局,与之相对应的是更多人被逼入贫困。

奇怪的是,社会越来越发达,科技越来越进步,人类怎么就不能设计出一个科学合理的分配机制呢?遗憾的是,中产阶层的消失已成为全球经济发展的顽疾。根据国际慈善组织"拯救孩子"的统计,2012年有32个发展中国家分配不均的贫富差距达到20年来的高点。

基尼系数用0到100的尺度来衡量个人所得不均的程度,0代表人人所得均等,100则代表1人拥有全国所有财富。过去25年来,美国基尼系数从35

上升到45，中国从30上升到36，印度从30上升到40出头。

如果观察基尼系数还难以明了你面临的现状，那么通过薪资水平的比较，你将会发现中产阶层消失是一个趋势。根据经济合作与发展组织（OECD）统计，如果把印度上班族中薪资最高的10%与薪资垫底的10%相比较，前者是后者的20倍。但20年前，两者的差距只有6倍。

那些上市公司的大佬们不是中产阶层，我所说的中产阶层是指如下8类人：小企业主、中小企业经理人、普通知识分子、大量的设计师、小农场主、自由职业者、众多的科技工作者和今天还在挤地铁上班的蓝领白领。只有让他们有资产活得有尊严，才能产生持续稳定的社会力量。

中产阶层的消失，难道只有中国严重吗？答案是否定的。挽救中产阶层是个世界性难题，亦可说是税法问题。从这一点上讲，我认可中国梦提出的制度自信。

美国所有的利得收入有80%流入到金字塔顶端的十万分之一的富豪手中。支持这种分配模型的人称有钱投资的人是"就业机会创造者"。实际上，由于生产外包和全球智能创造的兴起，富豪并没有对社会就业有太多贡献。

在中产阶层的消失问题上，美国的确比中国强不到哪儿去。占领华尔街运动使美国人开始觉醒，1%的人掌握了90%人的财富总和。这不是美国梦。美国前400名富翁拥有的财富比中产阶层（一亿五千万人）的财富总和还要多，更别说与那些纽约街头的流浪者相比。

有一个惊人的数据证明了明星模式的失败。沃尔玛（Walmart）创始人沃顿兄弟的五名子女和一个媳妇拥有的财富超越了最贫穷的30%美国人的财富总和。

本来，人们期望科技进步能解决这一问题。互联网的出现使人们更加期待改变。

很遗憾，互联网把人们的梦想朝着反方向推了一把。

对互联网思维的反思

最近流行一个段子:"这年头,放高利贷的都改叫互联网金融了,做 IDC 的都改叫云计算了,做交通卡的也能叫物联网,拍电视剧的都说自己是大数据,卖煎饼果子的都叫 O2O,微信大号都改叫自媒体,做广告的都说自己是 DSP,开咖啡厅的都改叫孵化器了,圈地的都改称科技园区了,'江湖骗子'们纷纷改称互联网思维了。"

再看看当今最流行的互联网思维

人类社会每次经历的大飞跃,最关键的并不是物质或技术的催化,而是思维工具的迭代。

如今,大互联时代已经来临。互联网思维应该成为我们一切商业思维的起点。而互联网思维的本质是商业回归人性,更看重人的价值。

以下就是互联网思维导图:

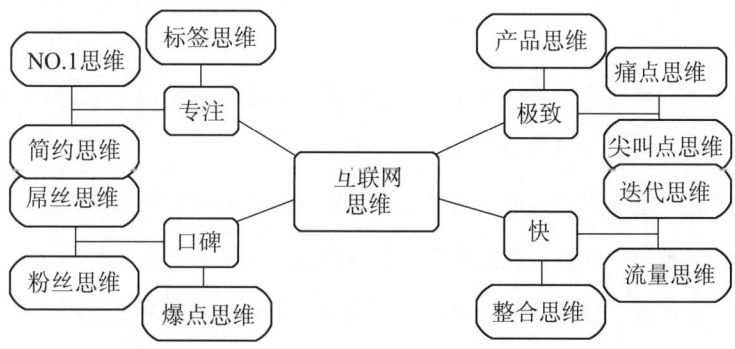

> 【链接】
>
> 互联网不仅仅是一种技术，不仅仅是一种产业，更是一种思想，是一种价值观。互联网将是创造明天的外在动力。创造明天最重要的是改变思想，通过改变思想创造明天。
>
> ——阿里巴巴董事局主席 马云
>
> 互联网其实不是技术，互联网其实是一种观念，互联网是一种方法论，我把它总结成七个字："专注、极致、口碑、快。"
>
> ——小米公司董事长 雷军

互联网思维"独孤九剑"剑谱

第一式　用户思维

用户思维是互联网思维的核心，其他思维都是围绕用户思维在不同层面的展开。

用户思维是指在价值链各个环节中都要"以顾客为中心"去考虑问题。

第一招：得"屌丝"者得天下

①要充分重视屌丝，他们通过互联网聚合起来的消费能力惊人。

②要了解屌丝心态，在归属感、存在感和参与感上下功夫。

③要意识到互联网"长尾经济"的厉害，屌丝能量不容小觑。

第二招：兜售参与感

①用户参与到产品研发与设计当中，即C2B模式；

②让用户参与到品牌传播中，即粉丝经济。

> 【案例】 2013年12月27日,互联网知识型社群"逻辑思维"成功进行了第二次社群招募,号称"史上最无礼的会员招募",唯一通道是微信支付,一天之内轻松募集800万元。

第三招:用户体验至上

用户体验是最强的 ROI(投资回报率)和最重要的 KPI(绩效考核)。

用户体验要前置,要让顾客感受到不要把精力耗费在擅长而无意义的点。

> 【案例】 2014年2月在淘宝和天猫平台上,零售类目总销售额约17亿元。销售排名第一的三只松鼠成交金额超过8000万元,成交笔数接近2000万笔。

第二式　简约思维

在产品规划和品牌定位中,要力求专注和简单。

而对于产品设计,则力求简洁和简约。简约,意味着人性化。

第一招:专注,少即是多

越专注,越专业!

尤其是对于小创业者来讲,在创业时期,做不到专注,就不可能生存下去!

> 【案例】 HTC正在没落,这是个毋庸置疑的事实。根本问题是,HTC在产品定位和产品规划上出了问题。HTC One x、Buffterfly、One每款都是旗舰,但都淹没于机海。

第二招:简约即是美

外在部分,要足够简洁;内在部分,操作流程要足够简化。

简约意味着人性化，是人性最基本的东西。

人性都是懒的，你能让我少一步，我就更愿意用这个产品。

> 【案例】 张小龙原话："自然往往和人的本性相关。"微信的摇一摇是个以"自然"为目标的设计。"抓握""摇晃"是人在远古时代没有工具时就具备的本能。

第三式 极致思维

极致就是把产品和服务做到最好，超越用户预期。

只有极致思维，才有极致产品。

打造让用户尖叫的产品，服务即营销。

第一招：打造让用户尖叫的产品

痛点：用户需求必须是刚需的，是用户急需解决的问题。

痒点：工作和生活中有别扭之处，既乏力又欲罢不能。这就是痒点。

兴奋点：给用户带来"WOW"效应的刺激，产生兴奋点。

> 【案例】 2014年3月18日，红米NOTO发布。短短几天之内，QQ空间预约人数突破1000万。

第二招：服务即营销

极致就是超越预期。

那么极致的服务，自然也与超越用户的预期对应。

进入并了解用户的内心世界，自然彼此可以感同身受。

第四式 迭代思维

第一招：小处着眼，微创新

你的产品可以不完美，但只要能从用户心里最甜的那个点把问题解决好，有时候就能四两拨千斤。这种单点突破就叫"微创新"。

众多的"微创新"可以引起质变，形成变革式的创新。

【案例】 截至目前，360随身WiFi已经诞生一年多了，售卖接近1000万台，为广大网友节约了大约13 000TB流量，成为广大网民们人手必备的上网神器，其中学生群体则是购买主力。

第二招：天下武功，唯快不破

快速迭代，是针对客户的建议以最快的速度进行调整，融合到新的版本中。

对于互联网时代而言，速度比质量更重要。客户需求快速变化，因此不应追求一次性满足客户的需求，而要通过一次次的迭代让产品的功能更加丰满。

第五式 流量思维

流量意味着体量，体量意味着分量。

免费往往是获取流量的首要策略。

量变才能引起质变，要坚持到质变的"临界点"。

第一招：免费是为了更好地收费

想做互联网，必先"自宫"，让用户端没有成本。这样产品会不断创新，然后再来建立其他的商业模式。

这才是互联网和移动互联网的法则。

【案例】 360最开始做杀毒的时候，采用了免费模式，给整个杀毒软件市场来了个大搅局。而360在积聚了大量的客户后拓展了浏览器市场，通过增值服务实现了盈利。

第二招：坚持到质变的"临界点"

互联网企业最美妙的事情就是当用户达到一定的规模后突如其来的"质

变"。QQ从一个聊天工具显示窗变成了一个社交平台；微信从一个"约会"工具变成了一个"互联网入口"，成就了一个腾讯帝国。

从2011年初的一款仅能发送文字和照片的微信1.0，到现在汇聚6亿多人，集成了社交、移动支付、金融、打车等的微信6.0，它早已成为一大互联网入口。

第六式 社会化思维

在社会化商业时代，用户是以以往的思维形式存在的。

利用社会化媒体可以重塑企业和用户之间的沟通关系。

利用社会化网络可以重塑组织管理和商业运作模式。

绝招：社会化媒体，重塑企业和用户的沟通关系

社会化媒体的重要特征是人基于价值观、兴趣和社会关系链接在一起。

公司面对的用户是以网状结构的社群形式存在的。

社会化媒体的本质就是"人人都是自媒体"

> 【案例】 锤子手机自从罗永浩宣布发布以来就饱受争议。锤子ROM的推出，在骂声和支持声的交织下，却为罗永浩和锤子科技带来持续的热度和数百万的死忠粉丝。

第七式 大数据思维

大数据的价值不在大，而在于挖掘和预测的能力。

大数据思维的核心是理解数据的价值，通过数据处理创造商业价值。

数据资产成为核心竞争力，小企业也要有大数据。

绝招：数据资产成为核心竞争力

在大数据时代，企业战略将从"业务驱动"转向"数据驱动"。

海量的用户访问信息看似零散，但背后隐藏着必然的消费逻辑。大数据分

析能获悉产品在各区域、各时间段、各消费群的库存和预售情况，进而进行市场判断，并以此为依据进行产品和运营的调整。

> 【案例】 1号店网站作为企业和消费者互动的门户，每天承载着上千万的商品点击、浏览和购买，汇聚了海量的数据。对于1号店来说，这是改进运营的依据。

第八式 平台思维

平台是互联网时代的驱动力。

平台战略的精髓，就是构建多方共赢的平台生态圈，善用现有平台。

让企业成为员工的平台。

第一招：构建多方共赢的平台生态圈

未来商业竞争不再只是企业与企业之间的肉搏，而是平台与平台之间的竞争，甚至是生态圈与生态圈之间的战争。单一的平台是不具备系统性竞争力的。后来者很难撼动BAT（百度、阿里、腾讯）三大巨头的地位。

> 【案例】 百度基于搜索平台的技术资源、用户资源和品牌资源，为大众用户开发出游戏、音乐、旅游、地图、视频等多种免费服务。同时，在每一种免费服务背后，都存在付费的一方。

第二招：把企业打造成员工的平台

互联网时代，"火车跑得快，全靠车头带"的火车理论，已经让位于动车理论，每节车厢都有一个发动机，这样整体的速度才会提得快。

对组织来讲，不应该只有领导是发动机，每个人都要成为发动机。

【案例】 小米的组织架构基本只有三个层级：七个核心创始人——部门领导——员工。团队不大，稍微大一点就拆分成小分队。除七个创始人有职位，其他人都没有职位，都是工程师，晋升的唯一奖励就是涨薪。

第九式　跨界思维

互联网企业的跨界颠覆，本质是高效率整合低效率。

寻找低效点，打破利益分配格局。

挟用户以令"诸侯"，敢于自我创新，主动跨界。

第一招：寻找低效点，打破利益分配格局

互联网的颠覆本质上是对传统产业要素的重新分配，是生产关系的重构，从而提升运营效率和组织效率。

互联网跨界进入的时候，思考的都是怎么才能够打破原来的利益分配，干掉最大利益方，这样才能重新洗牌。

【案例】 原来买火车票要在火车站长时间排队，而且还不一定有票。这显然存在一个低效问题。网上售票之后，不仅不用长时间排队，订票也更加方便。

第二招:挟用户以令"诸侯"

跨界的互联网企业,一方面掌握用户数据,知道用户的收入情况、信用状况、社会关系、购买行为数据等;另一方面他们具备互联网思维,懂得自始至终关注用户需求和用户体验,也就自然能够挟用户以令"诸侯"。

【案例】 2014年1月,2013年6月份上线的余额宝理财产品基金规模已达2500亿元,客户数近5000万户,成为行业第一。对于传统的商业银行,余额宝已经成了头号大敌。

第三招:敢于自我颠覆,主动跨界

传统企业的领地正在越来越多地被互联网公司侵蚀,甚至一些占据明显优势的传统企业也难以抵挡互联网新生代的冲击。不少领先企业有了"富二代思维",仰仗资源,反而缺乏竞争力。

【案例】 淘宝VS微淘。马云:我们告诉阿里巴巴的无线团队,你们的职责就是灭了淘宝。什么时候灭了淘宝,那么什么时候就是成功的时候。请问,为什么马云连阿里巴巴与淘宝"来往"都不行!

经济学家许小平说,互联网思维很荒谬。互联网是人类历史上众多的创新之一。人类第一大创新是蒸汽机。谁听说过有蒸汽机思维?随后是铁路,也没有提到思维。我们经常忽悠别人时把自己也忽悠进去。

许小平先生说的不是没有道理。在互联网思维席卷全国时,一小批冷静的学者虽声音微弱,却不曾被遗忘。

我认为,以"专注、极致、口碑、快"四个主要特征定义所谓的互联网思维其实是不准确的,准确的定义是"PC互联网企业思维特征"。原因有三。其一,它是PC端纯互联网企业的主要特征描述,不可能让实业完全效仿,专注不意味着实业家要放弃跨界思考。不然的话,乔布斯就该只做电脑而世间将没有iPhone。其二,极致不意味着实业家放弃产品线宽度的拉宽,对极致产品之外的小品种产品的研发恰恰是支撑极致产品研发的泛技术的应用支持。其

三、在广泛的实业界,快制造不符合产品品质流程控制的基本原理。

"专注、口碑、极致、快"的原理倒是与互联网领域的创业型企业不谋而合。在激烈竞争的互联网领域,在赢家通吃的残酷竞争中,互联网创业企业只有保持专注与极致才能在细分市场崭露头角。缺乏资金只能放弃广告做口碑。当互联网巨鳄们闯入这些创业者领域时,创业者要么被吃掉,要么快闪。

所谓的互联网思维就连互联网巨头们也不认同。如果马云专注于淘宝模式,就不可能有余额宝这样的互联网金融产品的诞生。如果腾讯专注于 PC 端的 QQ 社交,就不可能有基于通信手机端的伟大产品微信的诞生。而微信从诞生到优化是一个漫长的过程,"专注、口碑、极致、快"不是微信研发上市的主要特征,相反,慢慢优化是微信团队正在实施的战略。

鉴定一个行业的思维是不是一个国家的时代思维,必须具备如下三个条件:

其一,它必须是全民参与的创造,而不是少数人的聒噪。

其二,它必须是一个所有行业升级到一个完全崭新时代之精神,而不是某个特定行业的属性。

其三,既然是思维,就必须有开放兼容精神。

显然,所谓的互联网精神不符合以上原则。IT 行业从硬件、软件、互联网发展到如今第四代移动互联网。而移动互联网才具备创造一个时代共同思维的能力,因为它的属性符合"全民参与、全行业升级和开放兼容"。

我认为,所谓的互联网四个思维是移动互联网思维的一小部分。而 PC 互联网关注性较弱。因此,本书以"五十四把金钥匙"为轴向读者展现移动互联网思维的全景风貌。

PC 互联网的结构洞缺陷

PC 互联网根本就不是真正的互联网,它已经完全背离了人类发明互联网以应对全球危机的初衷。PC 互联网更像一个金融产品,烧钱与吸金是它贪婪的出入口。

第一章 人　本

　　从经济学上来说，很少有人能靠工资成为富翁。成为富翁必须靠资本。他们把资本在各行业投资，如房地产、股市及其他有回报的领域。就像筑坝一样，把流动的资金围起来筑成越来越高的坝，不让资金蒸发或向下游流动。而工资的流动性较强，因此穷人越来越穷，富人越来越富。

　　假设我们把世界上的人分为三种：富人、中产者和穷人，你会发现，这三种人都在筑坝以防资金外流。但这三种人的筑坝方式大相径庭。

　　在过去的20年中，计算机推动了PC互联网热潮，免费模式大行其道，于是所有人构筑的资金池堤坎都面临着冲击。由于穷人的钱太少，所以这种冲击对穷人来说微乎其微。但对于中产阶级来说是毁灭性的冲击，因为他们处于产业链的中游，不像富人那样，富人可以掌握上游的资讯和资源。这也是中国股市大多数人赔钱的原因，因为他们不掌握上游的资讯。

　　信息是个好东西吗？对掌握信息源头的人来说，信息的价值很大。一旦资本和信息对接，贫富差距会越拉越大。这就是互联网信息存在的结构洞缺陷所致，而且这种缺陷不可逆转。

　　可怕的现象终于出现了，在"信息超级流动"和"资本超级流动"的冲击下，中产阶级的堤坝一个接一个倒塌。随着知识产权保护、版权保护、工业品设计知识产权保护的力度被互联网削弱，这种倒塌的速度会加快。别忘了，中产阶层是靠工资加知识产权吃饭的。当互联网剥夺了他们的知识产权的时候，他们只剩下工资变成穷人。

　　PC互联网在剥去了中产阶层的经济外衣后，还让他们失去了经济尊严。

音乐家不再能靠版权吃饭，需要靠演出吃饭。越来越多的人不从事音乐原创而热衷于分享复制。

人类不幸设计出来的强大数字网络将它的最具群体性的中产阶层放倒在地，其主要方式是推行数据复制。当盗版唾手可得时，文件分享变成了快乐者的常态。

那么如何创造出一个理想化的机制，以期对创新型的人才进行灵活的奖赏，而不是依靠资本的奖赏？看来，PC互联网没有解决问题的办法，只能依靠移动互联网了。

【链接】

照理说，美国不该揭马云的老底——毕竟马云是去美国给美国股民送钱。也许世界上最严格的美国股市对未来还是有疑惑，有"洁癖"——容不得欺骗……

原来阿里巴巴注册在开曼群岛（英属），公司属地也是开曼群岛！办公地在中国。本质上这家公司是个英国公司！根本不是中国公司！

对比美国著名公司，美国没有一个著名公司是注册在开曼群岛之类的离岸金融地！

这就是区别！

理由是另外一码事！反正它不是中国公司！

不是中国公司，日本等国家控股着阿里巴巴。而它却赚着中国人的钱，然后再去美国上市，向美国输送财富……

阿里巴巴未公布所有股东资料。

按照纽约股票交易所IPO的常规流程，阿里巴巴公司在其备案文件中公布了70%的股份持有者身份：除董事会主席马云和副主席蔡崇信等公司高层外，还包括美国雅虎、日本软银（Softbank）等外国知名跨国公司。

但其他股东的详细信息可谓少之又少，尤其是有关中国大陆的主权基金、博裕资本、中信资本、国家开发银行的投资机构国开金融和新天域资本等相关信息。美奇金（北京）投资咨询有限公司联合创始人杨思安表示，在众多的国家部门中，阿里巴巴拥有许多方面的利益盟友。

四名股东背景深厚：

在上述四家大陆企业中，有20多名高官的子孙担任这些公司的高层，显示高层与金融界有着非同一般的关系。博裕资本，通过其子公司Athena China Limited持有阿里巴巴股份。其投入的4亿美金，得到的回报已超过10亿美元。国家开发银行也是如此。中信集团投资中信21世纪医药数据公司，而马云在今年1月通过自己成立的一家投资基金公司与阿里巴巴一起收购了该医药数据公司的多数股份。

阿里巴巴所有权结构错综复杂。

2011年成立的Legacy Capital，在2013年底已拥有博裕资本基金I、新天域资本IV和Athena China Limited等离岸公司股份，而这些公司都是阿里巴巴的股东。其中博裕资本是通过注册地在英属维尔京群岛的Athena China Limited持有阿里巴巴的股份。而Athena China Limited却是由一家离岸公司Prosperous Wintersweet BVI控股。Prosperous Wintersweet BVI的所有人则是开曼群岛的博裕资本基金I。

如此层层通过加勒比海的离岸空壳公司持有股份，都是为了避免美国《反海外腐败法》的追查。摩根大通中国投资银行CEO就因涉嫌雇佣高官子女谋取经济利益，触犯《反海外腐败法》而辞职。

虽然这些公司所持有的股份不大，但其深厚政治背景的影响力却很大，令人不禁质疑阿里巴巴的运营透明度。外界分析人士预计，这次IPO可能让阿里巴巴的市值超过2000亿美金。如此一来，持有1%的股份都价值20亿美元。

目前，阿里巴巴、中信资本、国开金融、博裕资本和 Legacy Capital 都拒绝对股权关系发表任何评论。

中国电子商务巨鳄阿里巴巴赴美上市，又被外媒爆出争议事件。华尔街日报指出，创办人马云的投资行为模糊了个人和企业利益的界线，可能对阿里巴巴股东带来不利影响。

"阿里巴巴创办人近期交易引发外界警觉！"斗大的标题，华尔街日报指出，马云与合伙人谢世煌、史玉柱在 4 月以人民币 65.4 亿元，约合新台币 313.92 亿元入股有线及网络电视业者华数传媒。当时阿里巴巴将入股所需大部分资金借给公司高层谢世煌投资。

据报道，马云同时持有阿里巴巴和华数传媒股权，造成潜在利益冲突。由于阿里巴巴不直接持股，若马云或其他合伙人牺牲阿里巴巴，以华数传媒的利益优先，股东基本上束手无策。

中央大学经济系教授邱俊荣说："它的确不具备一个非常好的监管制度，他的公司治理是有问题的。这样子，没有规范的资金挪移，对其他的合伙人或是其他小股东来讲，当然都是一个非常不公平的事情，对于一个想要在美国上市的公司，当然理论上应该要受到更严格的监督。"

专家警告，这类投资模糊了个人和企业利益的界限。其实，阿里巴巴和马云成立的私募股权基金——云峰基金持续联手投资其他公司，包括2014年1月及4月分别宣布收购中信21世纪和优酷土豆。

第三节　人性至上

人性会改变吗

在栖息于地球上的一切动物之中，初看起来，人类很强大。其实最被自然虐待的似乎也是人类。自然赋予人类以无数的欲望和需求，而对于缓和这些需求却只给了人类薄弱的手段。正所谓，欲使之灭亡，先使之疯狂。

人类其实很脆弱，相比其他动物而言，不但维持生活的食物不易寻觅，甚至劳动了也未必就生产出来。而其他动物却是乐享大自然的成果。人类还必须备有衣服和房屋，以免为风雨所侵扰。城市中的人们还住在他们自己造的污染"盒子"里。

总有一天，人们会意识到，这个世界上最珍贵的东西将是空气和水。然而，今天人们享受着对空气和水的免费模式，一如互联网上所强调的"免费模式"一样。

人性有善恶之分吗？互联网时代的善恶如何界定？历史告诉我们，包括互联网在内，任何工具都能为善，也能为恶。网络或许改变了我们的思考方式，也改变了我们的交际方式。但网络无法改变人性，只不过人性将以新的方式呈现出来而已。

全世界都进入了网络时代，创造了横跨全球的庞大神经系统，每个人都连接着全球脑，享受着免费咨询的同时，我们还不得不面对其中隐含的两难困境。

【链接】

● 一边是希望信息免费的人，另一边是想透过控制信息和交换信息来获取财富与权力的人。

● 一边是希望大众拥有充分自由的人，另一边是想要掌控大众生活的人。

● 一边是想在社群网站上自由分享私人信息的人，另一边是以意想不到或甚至有害的方式利用这些信息的人。

● 一边是任意搜集大量顾客信息的网络公司，另一边是重视隐私的顾客。

● 一边是传统权力中心（曾在如今逐渐崩解的旧信息秩序中占据有利地位），另一边是新兴的权力中心（正在即将酝酿成形的新模式中找寻自己的位置）。

● 一边是重视透明度的激进分子（以及激进黑客），另一边是重视保密的国家与企业。

● 一边是重视知识产权的企业（运营模式能否有效运作，要视联机计算机中储存的智慧财产能否受到充分保护），另一边是竞争对手（试图利用其他同样可以链接上网的计算机来窃取同行的智慧财产)。

● 一边是网络犯罪(想在网络上庞大的信息与资金流中寻找新的犯罪目标),另一边是执法单位(政府遏止网络犯罪的策略,有时会试图侵犯个人领域,可能会摧毁好不容易才建立起来的公私领域界限)。

PC 互联网所创造的困境有一个理论依据,那就是科技思想家布兰德所说"资讯想要变成免费"。但布兰德真正的说法其实是"一方面,资讯想要变得昂贵,因为资讯的价值是如此宝贵。另一方面,资讯又想要变成免费,因为资讯取得的成本不断下降。所以这两种趋势相互对抗"。

资讯有一种特殊的资源属性,它和土地、矿产、石油、房屋或货币资源有很大不同。你可以卖掉资讯或送出资讯,却仍然拥有资讯。分享资讯的人越多,资讯的价值越大。逻辑思维的价值就是这个原理。

许多互联网大公司很习惯在未经允许下收集顾客和用户的资讯,如脸谱之类的社交网站及 Google、百度之类的搜索引擎。因为它们的商业模式主要仰赖广告收入。为了达到最佳广告效果,他们会固定地专业地收集每个用户的个人资讯,以满足广告商的要求。

事实上,所有的网站都把顾客当成它的产品。在中国用户数据库交易中,拥有 200 万个精准用户数据,卖出几千万人民币是再正常不过的行业潜规则。PC 互联网留下的一个毒瘤,就是极度商业化造成的非人性化。

用户必须接受这一现实——谁让你吃了资讯的免费大餐呢?事实上,所有免费的都是最昂贵的。

正是 PC 互联网的非人性化进程才促使人们去思考,下一代的移动互联网如何做到人性化?移动互联网之所以是 PC 互联网的迭代产品,就是移动互联网从顶层设计到不断优化,都实践着它的三大基本属性,以实现彻底人性化。

第一,从免费模式过渡到收费模式。

在移动互联网初始阶段，免费模式和收费模式会并行。当然得承认，在强大的 PC 互联网免费模式面前，让人们转变观念非常困难。但移动互联网一定会过渡到收费模式。

未来，你下载一个新闻频道的 APP，每月将收费 5 元钱，因为他承诺不打广告并保证新闻的原创性。

你下载一个移动商城的 APP，每月将收费 10 元钱，因为他承诺高品质的产品服务并且是全球最低价，他还对保护你的隐私负法律责任。

你下载一个健康医疗的 APP 将收费 1000 元，每年，因为对你的一般性医疗咨询是由最出色的专家接待，还能为你安排住院，搞定让你进入专家级医疗的快通道。

你下载一个法律专家组成的 APP，每人每年也将收费 1000 元。APP 里面各种法律专家的助理回答你的一般性咨询，而法律专家负责诉讼活动。

第二，从虚拟互联网过渡到真实互联网。

从虚拟到真实是移动互联网收费模式的数据依据的实现前提。实现这一点，对于一人一部手机构成的真实的移动互联网世界不是难题。

在未来，移动互联网的每一个用户都应该有一个源代码。不同于 PC 互联网的用户虚拟代码制，移动互联网的个人源代码是私有财产，并非公共资讯，这无形中增强了移动互联网的安全感。只有安全感的形成，才会有社区交友的社交属性的存在。

真实网络的源代码制，是保护中产阶层的堤坝。毕竟人们会慢慢变老，他们可以因为年轻时为世界提供的创造性资讯而获得酬劳。这就是人本主义信息经济里的网络道德，移动互联网无疑将担负起拯救网络世界后遗症的重任。

第三，从平台经济学到人本主义经济学的认识转变。

人们希望得到免费信息，你却要收费，这似乎不近人情。但如果知道其他人也为你在生命过程中创造的信息付款时，你就想通了。换句话说，在移动互联网，人人都是用户，人人都是创造者，人人都是收费员。

接下来的问题是要创建一个可持续的交易模式。使交易可持续的关键是买卖双方的价值对称。这一点对于精算师而言不是难题。难的是,我们必须转变观念,认识到人本主义的基本理念是信息起源弥足珍贵。信息的背后是人,他们为网络提供的个性化的原创性作品,理应得到酬劳。

在人本主义信息经济指导下的移动互联网里,实现双向链接是价值交易的关键。双向链接要求链接的双方信息是对称的。比如说音乐家很清楚是谁在复制他的音乐;被保险人很清楚他缴纳的保费去哪儿投资了,如何保障被保险人的基本利益。

人不仅要有经济,还要有经济尊严。经济尊严是指在你生病、养小孩或者变老了之后,你不会变得一贫如洗。经济尊严就是你不会像 PC 互联网的平台经济学理论下,你只是一个被卖来卖去的产品。

商业的本质就是让人性得到释放。颠覆式创新也不例外,归根结底就是要怎么满足人性需求。大部分人都是懒惰的,只要东西做得很简单,就愿意去用;而有些人是贪便宜的,只要东西做得便宜甚至免费,就愿意去用。专卖店里半价甚至 1 折促销商品,不管哪国人都会买一堆不需要的东西回家。这就是人性在起作用。

麻省理工学院曾经做过一个实验,发现商品一旦免费,人们就容易丧失理智和辨别能力,蜂拥而上、占为己有。当年惠普公司做平板电脑,每台售价 399 美元,好几年都没卖出几台。后来,惠普公司宣布不再生产这款产品,决定清仓甩卖,将每台平板电脑售价定为 99 美元,结果不到一天全美的存货便被一抢而空。这足以证明降价和免费的力量是巨大的。

用户选择产品,目的其实很简单,只要不让他动脑子,不让他费力,能帮助他解决问题就成。所以,把产品做得简单就变成了产品的优势。苹果为什么成功?专家们分析其产业链和生态系统,说得很玄乎。其实,苹果把用户体验做到简单到极致,就撼动了微软的统治地位。因此,如果我们能发现产品的痛点和不方便的地方,把它做到简单方便,那我们就有可能做出一个颠覆性的创新。

如果用最简单的话来总结我对互联网的感受，那就是用户和黏性。所有的生意最终都是做人性。互联网相对传统来讲，最大的问题就是重新建立用户，把握好核心，其他都只是战术。

其实，我觉得传统企业家应先不要想怎么赚钱，也不要想把原来的生意模式转到网上。我们先看本质问题——如何连接用户，再说你能给用户提供什么有价值的产品和服务，回答好这两个问题你才可能把用户长期黏在这儿。不管你做什么生意，一定可以找到一些有价值的服务，让用户长期依赖你。其次就是体验，让用户产生超出预期的感受。大家对互联网有一个误解，总认为互联网做的都是新东西，包括认为苹果的技术都是新技术。其实互联网满足的只是用户最基本的需求，它只是在体验上赢得了用户。仔细想想，我们为什么喜欢苹果？为什么会和用诺基亚有不同的情感？还有海底捞，卖的也不是鲍鱼、燕窝、鱼翅，那为什么和别的不一样？就是因为他们做了别人不愿意做的小事。比如海底捞会为顾客擦眼镜、下跳棋什么的。所以说，体验是一个很细节的东西。我觉得不一定要把企业颠覆过来，多想想企业在提供产品的整个生命流程中有哪些不够好的地方，哪一点可以做到极致。

今天大家太把传统企业转型看成是一个自我革命的事了。其实很多传统企业是互联网不能取代的，我不认为它们的商业模式有本质问题，但可以借鉴互联网的微创新思想，从用户体验角度把服务做得更好。苹果是一家互联网公司吗？它开始卖 iPod 时还只是一家设备公司，后来通过体验的提升才一点点发展起来的。

说到免费，你的核心业务不一定要免费，大家还是要赚钱的，但你想过做一个免费的东西出来吗？过去做生意很简单，就是卖东西赚钱。那今天免费干的是什么？把你的东西一部分免费，然后不得不做一个新的东西，这个挑战就是跨界。今天的企业不得不跨界。

不知大家发现没有，我们经常讲互联网公司牛。其实互联网公司之间的竞争没那么牛，而且还显得比较笨重，因为都知道软肋在哪。那就是打传统企业的主意。马云收割的是传统零售，微信收割的是电信运营商，而雷军收割的是传统山寨机。我们当时想的是传统软件企业，P2P想打银行主意，都是把它们原来赚的钱让利给老百姓。这就是不对称的，因为对手完全无法跟踪。所以，有人不是开玩笑么，互联网公司牛不是因为有神一样的队友，而是有猪一样的对手。

我问了很多传统手机厂商，小米卖1999元的时候你们在干什么，三星当时卖6000多，你们卖4000多，虽然卖不出去也得是这个价格。这就给小米极大的机会。今天回头想想，包括联想、华为、酷派和三星都跟着小米把价格降下来了，但用户心智上已经被小米占据了。互联网有很多颠覆的例子，把花里胡哨的东西去掉，你就能看到本质。

下一个五年我谈一个词，IOT，即万物互联。未来人和人互联，人和万物互联，这对传统企业来讲是一个巨大的机会。我们所有见到的硬件和物品都可以智能，都是一个不像手机的手机。很多生意、产品经过改造，不仅是技术的概念，而是把用户体验天然变成了互联网化体验。最近GE把航空发动机跟网络连接起来，实时卫星相连，发动机空中数据实时监控。以后可以随时告诉你哪一台发动机出问题了，需要怎么解决。他们把原来的租赁发动机或者说一次性卖发动机的生意变成了一项长期服务。

每一个开特斯拉的人都有一个特斯拉服务器连接。你们应该可以发现特斯拉也变成了一家互联网企业，不光提供实时软件更新服务和搜索导航，甚至可以告诉你附近的超市有什么打折商品。所以，每一家企业都可以变成互联网企业。

我觉得IOT比3D打印靠谱。很多人都说3D打印是第四次工业革命，但我在美国看到最先进的3D打印机还是很难降低成本。大规模生产制造和柔性制造还是不一样的。未来智能硬件时代，卖货的概念将不复存在。互联网化以后都是服务业。

所幸，众筹模式开启了移动互联的第一扇可实现的大门。

第四节 众筹，为众生而生

当你有梦想的时候，你就可以触摸到梦想。这是多么神奇的体验。众筹开启了这样一个梦想的时代。

让我们从互联网金融说起。2013年是互联网金融的元年，第三方支付、众筹、P2P首先引发了巨大的浪潮，催生了巨大的变革和机会。在这浪潮奔涌的途中，突然杀出了程咬金——余额宝。余额宝在推出的当月就吸引了250万的用户群，并且规模不断升级，直至出现雷同产品的突发汇集。这一创新产品大大撼动了传统银行的商业基础，这让传统金融机构感觉到固有的制度红利已然黯淡，不得不策马加鞭追赶。比如，平安银行通过平安金科进行大数据融入，大面积推广自家的壹钱包来抢占移动支付的头版。这一搅动也激发了互联网金融的创业热潮。对业界而言，互联网金融将会带来不可预测的颠覆性暴发。

随着互联网金融的逐步深入发展，移动支付将成为常态支付手段，也必将成为各个巨头的杯羹之争。相关公司也开始从传统理财的思维中跳出来，专注于产品开发和提供各种移动理财产品，结合传统的交易模式推出移动交易服务来满足客户的多元需求。金融机构将更加关注 APP 模式中的客户体验，在盈利的基础上强化服务和开发性能。在移动互联网的"第五次浪潮"到来之时，基于移动互联网金融的跨业合作将成为主流，而最稳妥的联盟方式已不再紧跟时代，根据自身所依附的平台找到适合发展的移动金融模式才是重要之举。

相对于传统的证券融资、银行融资，众筹模式以它独特的魅力占取了主流地位。众筹主要是指通过实物、作品股权等回报形式，借助互联网等公众平台向公众募集资金的一种融资方式。目前比较重要的众筹平台里，一个是在 1997 年成立的一家叫 Artistshare 的英国众筹网站，它所资助的项目中有 6 项获得格莱美音乐奖提名。这在众筹界是很难得的。另外一家是在美国的 Kickstarter 众筹平台，它也诞生了很多成功的作品。

众筹的基本规则是：你先要在众筹网上发起项目，而后等待项目支持者的资助，待项目成功后要按照之前设定好的回报去兑现和实施；如果宣布项目失败，则要退回款额。这种模式只是一种代表性模式，其中还有很多的交叉模式，诸如捐赠模式、股权模式、奖励模式等。

它的突出优势在于它"物美价廉"。低门槛、低规模和低成本的融资模式使众筹可以很快地把创意和想象变成落地产品，在与关注者进行展示和互动中实现终极价值。可以说，众筹打破了在融资渠道上的障碍，打破了陌生人之间的信任壁垒，融资的范围和方向变得宽广，众筹的公益式对接和广泛的人员参与也在一定程度上提升了社会的创新机会和推动梦想实现的可能。你在有梦想的时候就可以借助这一时尚的方式来实现梦想。这是一种有效策略，也是一种有前途的趋势。

梦想是美丽的，也多半是缥缈的，但在众筹的有力支持下，梦想也可以开花结果。诸如"单向街""十万个冷笑话"等项目的成功，都是众筹梦想的落地。无疑的是，支持梦想实现的草根众筹者需要的并不是金钱，而是对于梦想支持的特别体验。2013年的奥斯卡颁奖礼上，*Inocente* 一部最佳纪录片引起人们的关注。这不仅仅因为片中在困苦中依然坚持梦想和价值寻求的让人感动的小女孩，更因为在这部剧成形的背后是众筹平台kickstarter上来自支持者的捐助支持，爱心加爱心的交织，聚集成艺术和现实的永恒魅力。当众筹遇见互联网，就如同握有神灯，我们相信有无数奇妙的可能等待着被发掘。

【链接】

"腾讯银行"敲定副行长

由腾讯作为大股东和主要发起人的前海微众银行虽然低调，却难以继续保持神秘。

这家正在筹备开业的银行是中国2014年7月首批获准筹建的三家民营银行之一，最迟将在9个月内诞生于深圳。其筹建期的办公地点位于深圳南山区田厦国际。

据悉，前深圳银监局政策法规处处长秦辉有望就任前海微众银行副行长，这位多年任职于银行监管机构的官员现已从深圳银监局离职。秦辉曾先后担任深圳银监局非银机构处处长、股份制银行处处长、政策法规处处长，监管履历十分丰富。

关于行长人选，业内猜测焦点集中于前中国平安集团执行董事兼副总经理顾敏。顾敏于2013年11月以个人原因离开效力12年之久的平安集团。离职前，他长期负责平安集团的互联网金融业务，还曾负责平安后台运营及创新业务。

有消息人士称，腾讯最初相中的前海微众银行掌门人是前中信银行信用卡中心总裁陈劲,"腾讯看中他在消费信贷这块的建树,但他却转向了保险领域"。中信银行信用卡中心在互联网领域的探索颇多。2014年3月,中信银行曾与支付宝、微信分别合作推出虚拟信用卡业务,随后被央行"暂停"。陈劲正是这次合作的重要推动者。目前,陈劲已转任腾讯、阿里、平安合作创立的众安保险总经理。

猎集高管之外,腾讯目前正从各股份制银行乃至银监系统积极"选人"。既为前海微众银行招兵买马,也为它更大视野内的金融棋局筹谋布子。

在前海微众银行的股权中,腾讯占30%、百业源占20%、立业集团占20%,剩余30%中,占股10%以下的企业股东资格将由深圳银监局审核。立业集团亦是广发银行、华林证券、平安集团的十大股东之一,其旗下还有立信担保和立信基金,此外还参股多家商业银行。公司实际控制人林立在深圳被称为"隐形富豪"。

根据此前中国银监会披露的信息,前海微众银行将以服务个人消费者和小微企业为特色。"此番腾讯获批的银行并非互联网银行。首先它有物理网点,这仍然是传统银行的套路。另外一个重要的佐证是,它并没有摆脱特定区域经营的限制。"人人聚财CEO许建文在谈到前海微众银行的模式时说。

但一位PE从业人士在分析前海微众银行可能的业务方向时,表示其"运营成本将大大低于传统银行,最有可能成为在消费者金融服务领域有所创新的数据平台"。

腾讯内部的知情人士透露,未来前海微众银行将在技术上有所颠覆,业务有别于传统银行,并会与腾讯产品线结合。"因为有了金融牌照,所以哪个产品线有金融需求,理论上来说,哪个就可以得到更好的支持。产品设计会是双向服务,一是对客户,一是对腾讯,但具体形式还没有完全定下来。"

对于前海微众银行究竟将主要采取网络渠道还是实体门店开展业务的疑问，腾讯官方回复明确表示会"更多采用互联网的方式进行"，但具体模式还需等开业时公布。

自2012年起，腾讯在基金（理财通）、证券（佣金宝）、保险（众安保险）等金融领域陆续有所布局，但均是利用自身平台和用户优势与其他金融机构合作完成。前海微众银行使其首次自主拥有金融牌照。这在某种程度上激发了人们对于中国诞生"互联网银行"的憧憬——假如在互联网巨头的操盘下，一家银行能够实现网络揽储和贷款，则它对于传统银行存款、信贷的冲击，绝非2013年余额宝带来的震撼可以比拟的。

【链接】

2014年中国众筹模式上半年运行统计分析报告

《2014年中国众筹模式上半年运行统计分析报告》分为五个部分：

1. 中国众筹模式运行环境分析

对2014年上半年国内外众筹模式发达的国家市场情况进行跟踪统计，并以此为基础对中国众筹模式外部环境进行综合分析。

2014年上半年，美国众筹模式共发生募资案例近5600起，参与众筹投资人数近281万人，拟募资金额共10426.99万美元，实际募资金额21508.61万美元，募资成功率为206.28%。

2. 中国众筹模式运行情况分析

从供需角度以及平台运行情况对国内众筹模式进行统计和分析。据私募通数据，2014年上半年，中国众筹领域共发生融资事件1423起，募集总金额18791.07万元。其中，股权类众筹事件430起，募集金额15563万元。股权众筹融资项目以初创期企业为主，所以投资阶段主要为种子期和初创期。奖励类众筹事件993起，募集金额3228.07万元。综合类众筹平台实际供给事件708起，垂直类众筹平台供给事件285起，综合类平台发生的实际供给事件数量约为垂直类众筹平台供给事件数量的2.5倍。

上半年在综合类众筹网站中，众筹网各项数据均排名第一，领跑其他平台。在项目数量上，众筹网为其他两个平台在线项目数量的4倍左右；支持人数略高于中国梦网，4倍于追梦网。从已募资金额来看，众筹网占比67%，为其他两个平台总量的4倍以上。

3. 众筹平台发展分析

我们对股权类众筹平台、奖励类众筹平台进行了统计发展分析。

从单个项目实际融资规模来看，2014年1季度，股权众筹实际募资金额4725万元，平均单个项目成功融资16.88万元。2014年4月，6个项目完成融资950万元，平均单个项目融资规模近160万元。5月，平均单个项目融资规模65.41万元，较4月份有所下降。6月，平均单个项目融资规模为69.1万元，较5月份略有上升。从投资者单笔投资金额来看，2014年一季度，每个投资者每笔投资金额为12.63万元，4月为17.92万元，5月为16.35万元，6月为14.5万元。趋势表现为先小幅上升后稳步回落。

2014年1季度，奖励类众筹成功募资规模近520万元。根据第一季度的众筹市场项目数量及投资人数推算，平均每个项目成功募资3.67万元，平均每个投资者投资近220元。4月，平均每个项目可成功融资1.49万元，平均每个投资者投资162.13元。5月，每个项目融资近2.5万元，平均每个投资者投资394.8元。6月，每个项目可融资金额3.8万元，平均每个投资者投资337.6元。

4. **众筹模式发展问题总结**

根据上半年各众筹平台的各参与主体发生的实际投融资情况及监管动态，对股权众筹模式自身及股权众筹平台存在的问题进行总结。

5. **众筹模式投资风险提示**

结合 2014 年上半年众筹模式发展特点及趋势，结合所处互联网金融行业总体发展情况的分析，对众筹模式未来发展做出展望并对风险进行相应提示。

2014 年，我国众筹元年。据世界银行发布的众筹报告称，中国将是全球最大的众筹市场，预计规模会超过 500 亿美金。主要原因有以下三点：首先，众筹沉稳的金融逻辑适合中国草根融资者的需求；其次，民间资本通过众筹的方式可以解决中小企业特别是创业企业融资难的问题；再次，众筹的想象力很大，可以在各个领域延伸。在众筹模式下，几乎所有的互联网金融模式都可以囊括。譬如，众筹网已经涉足多个领域，如艺术众筹、电影众筹、农业众筹、传统服务业众筹等。创新产业融合的模式逐渐增多。

2014 年上半年，我国众筹领域共发生融资事件 1423 起，18791.07 万民间资本进入众筹领域，一方面使投资者通过众筹可以投资自己感兴趣的项目，获得初创期企业的股权，分享企业的成长；另一方面也使初创期企业通过众筹模式获得企业生存最为重要的现金流。6 月底，监管层表示众筹监管细则将推迟至年底出台。下半年股权众筹的退出机制问题将如何解决，各领跑众筹平台又将有怎样的新功能推出，我们拭目以待。

随着 kickstarter 众筹模式的推行，国内开始涌现众多的众筹平台。从不同的角度可以划分出不同的种类，其中既有综合性的主题众筹类，同时也有特定行业的垂直众筹类等。但由于新兴的不完善以及环境等各方面的限制，我们的众筹平台还没有展现它应有的能量和威力。作为一种崭新的金融模式，它必然还有缺陷和有待完善。我们可以看看众筹模式几个基本的属性特征：

它依然延续了传统投资模式，带有一定的风险系数。从销售层次看，它又具有了试探性质的预购特征。但它最值得关注的是在社交模式大力开启的人人时代，它通过有效与社交结合来围绕梦想的含义做文章，这是它无可替代的优势。比如在过去的 2013 年双十一中，爱情保险这一新鲜麻辣的众筹方式引火万人之约。短短一周的时间里，爱情保险的众筹金额已锁定在 6 270 680 元。这给传统的保险行业带来了爆炸般的洗礼，也使得互联网金融模式一炮走红。

在大数据时代的互联网金融，助推是相互的。众筹作为一个新兴的互联网工具模式，在对书籍的支持出版上也起到了很大的作用。而相应的，书的爆炒和书中内容的传播使用也助推了众筹网的发展。

作为成功众筹的个案，《移动互联网全景思维》这本书从移动互联网的基础前沿理论说起，站在人文和科技发展的角度展望了移动互联网的未来。在策划这本书的上市营销方案时，作者一直思考如何将书中所讲的概念、工具和移动互联全面结合。在这本书从诞生到出世的每个环节都流露着移动互联的气息和味道。

众筹本身就具有一种无形的责任感和成就感，而一个成本很小的举动带来一个项目的实现也让读者感受到价值的存在。从出版的角度讲，众筹平台降低

了图书市场出版的风险，在推广和销售上也提高了效率和渠道优势。可以说众筹促成了出版方、平台方、读者的目标性合作，同时在风险和利益共享上颠覆了传统电商的销售模式，更多地激起民间草根力量的应用和汇聚。

前一阵子有人对星巴克发起了攻击，说星巴克是十足的大骗子，把一杯咖啡卖到过分的地步。这个问题可以引起我们进行一个很有趣的思考，就像你买一个 LV 包包，它并没有比市场上的其他包包有更多的功能，你买的是一种认可和心理满足。你去装修良好的茶馆喝茶，那茶比家里的茶叶好出很多吗？不，你喝的是那种环境和氛围！商品的价格反映它的价值属性，而商品价值的获得可以使拥有者获得精神上的满足。这才是最本质的需要。这里我们关注到硬财富和软财富的认知。在无数个商品体系中，你在硬财富的积累基础上，需要树立很坚定的软财富观，要在产品的流水线上打造出附加价值来。在众筹思想上，要磨砺出有光辉的共鸣价值来。这是众筹核心的价值链条。

对待作为互联网金融体系中的新生儿——众筹，我们需要耐心和细心。无论是人们对于产品的内容理解和信心建立，还是在项目运行中的一切表述操作问题，都应当是深入和投入的。众筹是众生实现梦想的平台，我们要靠近主流，更要贴近众人的情感。众筹犹如一粒奇妙的种子，你无法预料未来它会成长得怎样的美丽，但我相信未来的众筹世界将是有更多创意和生命激发光芒的世界。只要你有勇气去坚持自己的梦想，众筹作为其中的一个渠道，一定可以帮助你让梦想成为现实。

第二章
进 化

章节导读

　　未来，手机和人将建立了密不可分的人机关联。人类离不开移动通讯是不可逆转的事实。人们使用手机，究竟是利用碎片化时间的休闲，还是生活工作必不可少的正经儿事业？移动互联的商业化属性强还是社会公益化属性强？移动互联网是交友工具，还是人类新思想孵化器？移动互联对现有商业业态是颠覆还是进化？你一定很惊奇，环境污染和移动互联网有什么关系？请不要一提到移动互联网就联想到商务。移动互联网要解决的问题远不止那些。移动互联网和全球化交相辉映，必然诞生出一家"地球公司"，我们所有人都是它的股东。经典的4P营销理论还有用吗？实业向移动互联进化的价值有多大？一枚硬币总有它的正面和反面，任何事物都有它的优点和缺点。移动互联网亦然。

在 PC 互联网时代，那些成功的大型网络公司多以唬人为生。它们以颠覆者的面目出现，制造出虚拟世界和真实世界的巨大冲突。它们声称颠覆是为了新生，打破旧秩序是为了建设一个新秩序。问题是，旧秩序被打乱了，新秩序并没有建立起来。从本质上看，马云是个商人，而非互联网专业人才。商人的特质是赚钱，而不是行业表率。所以营业额上去了，网络道德下来了。可以说，我们这一代，都是被马云吓大的。商人嘛，不唬你你怎么肯放弃实体店去做电商？至今，电商的颠覆者形象仍然一直抹不掉……

2014 年是移动互联网的元年。在这一年，我们隐隐约约又听到吓唬人的声音，仿佛移动互联网又是一个颠覆者。网络时代的无序不能再重演。人类不能在同一个问题上犯第二次错误。移动互联网从来不会是颠覆者，今天不会，未来也不会。这是由移动互联的三大基本属性决定的。移动互联不是颠覆者，是你的平等伙伴关系者。

未来，手机和人将建立密不可分的人机关联。人类离不开移动通信是不可逆转的事实。

让我们首先进入一个怀疑世界——

人们使用手机，究竟是利用碎片化时间的休闲，还是生活工作必不可少的正经儿事业？

移动互联的商业化属性强，还是社会公益化属性强？

移动互联网是交友工具，还是人类新思想的孵化器？

移动互联对现有商业业态是颠覆，还是进化？

第一节 环境进化论

环境污染

你一定很惊奇,环境污染和移动互联网有什么关系?

请不要一提到移动互联网就联想到商务。移动互联网要解决的问题远不止那些。移动互联网和全球化交相辉映,必然诞生出一家"地球公司",我们所有人都是它的股东。我们到了该测算一下我们对地球的投入产出比的时候了。

2012年22位著名生物学家与生态学家在《自然》杂志上发表研究报告指出,由于人口快速成长,人均消费增加,地球生态已十分脆弱,到了"地球规模的引爆点"。

【链接】

专家们一致同意如下的趋势：

肥沃的表土继续快速被冲蚀与流失。表土土层厚度每下降2.54厘米，粮食产量就会减少6%；土壤不再肥沃，土壤中的有机物质每减少50%，许多农作物的产量就会降低25%；草原加速沙漠化。尽管预估到2030年，农业用水需求将比目前多出45%，但城市与工业用水需求日益增加，农业用水将面临更剧烈的竞争。

自从20世纪下半叶发生绿色革命以来，农业生产力即不断提升，但如今成长速度趋缓——从30年前每年3.5%的增长率，降为每年增长率只略高于1%。植物病虫害对农药、除草剂和其他农业用化学品的抗药性愈来愈高。全球仅存的植物已大量灭绝，植物基因多样性可能已流失了3/4。重要农业生产国由于国内粮价高涨，发布农产品出口禁令的可能性升高。美国外交关系协会指出，联合国世界粮食计划署的数据显示，2008年有四十多个国家实施某种形式的出口禁令，希望保障国内粮食供应无虞。降雨形态日益不稳定且难以预测，加上全球暖化的效应，导致干旱期时间更长，情况更严重，同时降雨频率变少，每次降雨的雨量变大。灾难性的热浪来袭。根据预测，全球会升温6℃，也就是华氏11度。这对无法在高温下生存的重要粮食作物造成莫大压力。专家预测，气温每上升1℃，农作物产量就会减少10%。人口增长，加上每人平均消费量上升，造成粮食消耗量不断增加，同时各国人民都日益偏好食用资源密集的肉类……愈来愈多原本种植农作物的耕地，现在用来种植适合作为生物质燃料的农作物。由于城市扩张，原本的农地逐渐变成城市或市郊。

单就废弃物与污染而言，今天全球城市居民平均每人每天产生1.2公斤垃圾。而且预计在12年内，总垃圾量会增加70%。根据经济合作与发展组织

（OECD）统计，发展中国家的国民所得每提高1%，就会增加0.69%的城市固体废弃物。当我们把与能源生产有关的废弃物、化工业、电子工业制造的废弃物，以及农业废弃物和造纸业废弃物，平均分摊到地球上70亿人身上，那么地球上每天产生的废弃物会超过70亿人的体重。

在欧盟，过去十年来，塑料废弃物的出口成长250%以上，其中将近90%运往中国。在太平洋中央，主要由塑料构成的庞大"垃圾带"成为媒体瞩目的焦点。但陆地上几百万个垃圾弃置场的垃圾量其实更庞大。电子废弃物（与电子产品相关的废弃物）数量不断增加，也愈来愈受瞩目，因为其中包含了高毒性物质。即使目前已开始推动电子废弃物回收，问题恶化的速度仍然高于问题解决的速度。

水污染的情况也相当严重。

由联合国众多机构共同组成的21世纪世界水资源委员会（World Commission on Water for the 21st Century）在1999年的报告中指出："全球主要河川有半数以上都严重枯竭并受到污染。"像这样的全球性悲剧之所以发生，其中一个原因是目前衡量国民所得和生产力的指标——GDP，并没有把河川枯竭和污染的因素考虑在内。经济学家戴利（Herman Daly）就指出："我们不会把污染当成坏事减去污染成本。但我们会列入清理污染所增加的价值，把它当成好事。这是不对称的会计账。"如果照这种趋势持续下去，到了2015年，数字会高到令人难以接受：根据世界卫生组织的数据，届时仍有"六亿零五百万人的饮用水源尚未改善，还有二十四亿人的卫生设施无法获得改善"。中国有将近九成的浅层地下水遭污染。污染源包括化学和工业废弃物。每年有一亿九千万中国人因为饮用水不干净而生病，并有数万人因此死亡。

面对地球的种种危机，移动互联能为它做点什么呢？

移动法庭的出现

导致全球环境污染加剧,如果说是法律层面的问题,多数人认为是发展中国家法制不健全和执法力度不够,那么为什么在法制体系十分完备的美欧国家依然不能遏制污染势头的蔓延?如果说是文明程度与道德层面的问题,为什么在佛教的发源地全民信佛的印度,污染尤其严重?

要真正解决污染问题,首先让我给你解释一个经济学"效用函数"原理。

经济学家认为人是理性自利的,然后用一种效用函数来代表人,而后在对效用函数加上一些限制来反映这两种特质。一旦可以用效用函数来代表人,经济学家就可以用繁杂多变的数学来分析人的行为和社会现象。

经济学认为,人的一切主观思想都是利己主义的。在什么情况下才利他呢?一个人会根据自己利害的考虑决定利他的程度。举例子来说,人人都知道汽车尾气制造了城市污染,但你还会每天开车上下班;你也看到了路边有一家工厂在往河里排污,但你不会马上制止它。

你认为这是社会的成本,干吗让你一个人付出制止污染的成本呢?也就是说,如果我们能够形成一个全社会阻止污染的社会化专业大分工,降低每一个人制止污染的成本,而且还有益处,那么污染问题就迎刃而解。

为解决环境污染而设的移动法庭出现了。当第一个人发现污染源时,可以用手机拍下现场画面并标注位置,人肉搜索功能同时启动,就可以精确地找到企业管理者和所有者的详细信息,甚至他们生产制造的所有产品也会一览无余,即使执法部门由于程序问题延误了处罚的时间,移动互联网的信息大数据也会利用程序把他们个人、企业和产品全部拉黑。不仅如此,社交网络也同时启动运转,可使他们在社会上连朋友都没有。

如果再设置一个奖励机制的话,比如对污染者的罚款一半用于奖励举报污染者,那么公民行动就更具可持续性。

也许你会问,为什么只有移动互联网才能解决全球污染?为什么不是PC互联网?答案很简单,发展中国家公民60%以上不是网民,是网民的多是坐在办公室的白领,而在野外忙于生活的恰恰是那些只会玩手机的公民。

有人的地方就有手机,有手机的地方就有移动法庭,无处不在的手机让信息完成了全覆盖。只有当污染者的污染成本高到他无法承受时,他才会"利他",否则他永远选择利己。尽管他很清楚,利他才能利己。

智慧城市

解决污染还不是移动互联网对人类环境进化产生的第一主要功能。移动互联网还可让城市变得更美好。

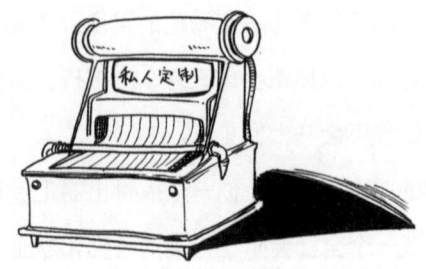

罗曼·罗兰说，对于我们的眼睛来说，重要的不是美，而是发现。的确是这样，发现一个城市之美，并且去创造美，才是人们从四面八方的郊区农村迁到城市的内在动因。

建造城市的最初动机一定是这样的逻辑。在农耕时代，人类群居的方式是村落，因为人们发现居住在一起不仅可以共同抵御野兽的侵袭，还能集人类的智慧发明各式各样的工具。当人们不满足农耕只为了温饱时，城市出现了。随着教育的集中实施，城市中最有创造力的大脑开始让城市建筑变得更美好。

建筑一个美好城市只是人类的初级发明，建筑一个智慧城市才是一个更大的发明。智慧城市又是移动互联网的专利，PC互联网只是一个帮手。很简单的道理，城市智慧的形成是一个移动状态下碎片化时间的发明。研究发现，人们在走路等移动状态时是发明灵感涌现最多的时候。

当然，智慧城市不仅仅是几个点子，它需要具备云数据、物联网、智能接口等基本条件。我相信不久的将来会是这样：

● 家居智能化第一个实现。家里的家电、家具、照明、音响全部WiFi连接，手机实现智能控制。

● 交通智能化第二个实现。城市不再拥堵，车辆减少80%，公共交通均可私人定制，无人驾驶的汽车满大街都是。唯一的遗憾是出租车行业全体沦陷。

● 城市中能留下来的服务业只剩下咖啡馆和休闲场所，那里有高仿真机器人为你服务。

● 所有的饭店都消失了。不仅仅因为它们带来城市污染，还因为一个个孤立饭店的菜品不如郊区的城市中央厨房的菜品，那里汇集了世界各地最佳口感的数万种美食。下岗后的出租车司机重新上岗，不送人，改送菜了。

● 又一个消失的行业是银行和保险业。人们出门不带现金，只带一部智能手机，再大的银行也只剩下几个人在那里服侍着大数据计算设备，银行的人工回复也都是智能机器人在应答。

●暴雨来临之前，城市的智能化管道系统预启动，待暴风雨来临后，进行有条不紊的智能化工作。

●医院也不得不缩小规模，因为基因医院的出现改写了生命终结的方式，城市中没有人病死，全是自然死亡，而且活到100岁的才刚刚人到中年。

●甚至死亡也需要重新定义。没有绝对的死亡，一个人在生物属性死亡之前可把大脑数据搬到云数据上，再下载到手机的APP，手机就是一个不朽的生命。

●人们最苦恼的孩子教育问题变得轻松，只要在孩子的头脑中内置一片小小的芯片——这片芯片储存了世界上所有的知识与智慧。你的任务就是挑选什么款式的芯片以及什么年龄的给孩子装上。

●最后消失的是监狱。移动法庭判你有罪后，将自动把你锁在你自己的屋子里。

尽管这十种场景的出现，还不是智能城市的全部，甚至有些仍然遥不可及，但谁能说一定不可能呢？

第二节　灵魂进化论

郭美美出名是因为与红十字会之间扯不清道不明的关系。这一事件引发社会上无尽的猜疑。为增加炫耀资本，郭美美根据自己的想象把个人微博认证从"演员歌手"更名为"中国红十字会商业总经理"，发布豪车、奢侈品等炫耀奢华生活方式的照片，将与她本人、中红博爱均无关系的中国红十字会推进了舆论漩涡，进而引发慈善信任危机。令人惊讶的是，郭美美"红会事件"最终并未进入法律程序，此后这个爱炫富的女子行事更加招摇，这更增加了社会和公众的猜疑。而在当时的报道和传闻中，王军是一个关键性的人物。王军和郭美美以及红十字会之间的关系是郭美美事件的关键。但后来王军似乎迅速在舆论中被遗忘了，只剩下郭美美还在招摇。是私生女还是情妇？她好像非常富有，但这些财产的来路始终是个谜。

郭美美事件造成的冲击主要表现在两个方面。一方面她是一个负面的典型，不乏对年轻人的某种负面示范。另一方面，虽然红十字会多次对郭美美事件做出澄清，但人们对红十字会的怀疑度并未减低。红十字会和慈善事业受到的冲击到现在还未得以恢复。而在世界杯期间，网络红人郭美美因赌球被警方行政拘留，从而把她自己再一次推到风口浪尖。

经查明，郭美美1991年出生在湖南益阳一个单亲家庭。其父有诈骗前科，其母长期经营洗浴、桑拿、茶艺等休闲服务，其大姨曾因涉嫌容留他人卖淫被

公安机关刑事拘留，其舅舅曾因贩毒被判刑。郭美美自幼随母亲生活，1996年起先后在广东深圳、湖南益阳等地念书。2008年9月至2009年9月花钱进入北京电影学院表演系进修一年，毕业后与他人在北京合租房屋，成为"北漂"一族，主要靠承接小角色和母亲接济生活，直至2010年认识深圳商人王某。在接受媒体采访时，为掩盖被包养事实，她称王某是其"干爹"。

这起重大的网络事件导致"中国博爱小站"项目流产。此后王某与郭美美断绝了交往。

在郭美美事件中，躺着中枪的还有奢侈品品牌爱马仕。

向奢侈品宣战

众所周知，奢侈品不仅包括服装、皮具、游艇、鞋履、丝巾、领带、手表、珠宝、香水、化妆品、汽车、洗护的生产和销售，还展现了尊贵的社会地位和养尊处优的生活方式——那是一种区别普通人的极尽奢华的生活方式。

奢侈品行业60%的市场份额被35个主要品牌所掌控。几家大公司，包括路易威登、古驰、普拉达、爱马仕、香奈儿和乔治阿玛尼，年营业额都在10

亿美元以上，而且增速惊人。

被称为现代时尚之父的克里斯汀·迪奥曾说："时尚是人类保持个性和独一无二的庇护所。那些是最出格的创新，能保护我们免受粗制滥造单调乏味之害。当时，时尚的确稍纵即逝，而且自恋骄纵。但在我们这阴郁的年代，奢侈品一定要被小心又小心地捍卫。"

事实果真如此吗？让我们揭开奢侈品的内幕。我们的衣着不仅反映了个性，还反映了经济状况、政治倾向、社会地位和自我价值。奢华的饰物总是高高地位于金字塔的顶端，将买得起和买不起的人分隔开。奢侈品都具有标志性的元素——丝绸、金银、宝石和准宝石，还有皮革。

通过展示奢侈品来凸显一个人的权势与成就，也会招致羡慕嫉妒恨。"这究竟是不是浪费？这样的争论从公元前700年就开始了。"美国加州洛杉矶盖提博物馆的文物专家肯尼斯认为拉帕鲁里亚人（公元前6世纪生活在意大利伊特鲁里亚地区的民族）穿金戴银，从波罗的海进口琥珀，拥有碧玉、红玉髓等切割完美的宝石。但社会保守派则认为，正是穷奢极欲导致了国家的衰亡。

在波旁家族和波拿巴家族统治法国期间，现代人熟知的奢侈品在法国诞生了。许多今天我们津津乐道的奢侈品牌，如路易威登、爱马仕、卡地亚，就是18世纪、19世纪卑微的匠人们为王室制造精美手工制品而创立的。19世纪末，王权没落，资产阶级兴起，欧洲贵族和美国名门精英，诸如范德比尔特家族、阿斯特家族、惠特尼家族等组成一个封闭的圈子，奢侈品成为他们的专属领地。奢侈品不再只是一类商品，更是历史传统、优良品质的象征，还往往是骄纵购物的体验。奢侈品成了专属于上流阶层的生活元素，犹如加入高级俱乐部的门票。拥有奢侈品犹如拥有一个名门姓氏，是令人期待的。况且它们总是少量生产——通常还是定制，只卖给极少数人并且是真正上流的顾客。

20世纪60年代，"青年学潮"爆发。这场政治变革席卷西方世界，打破了阶级藩篱，也抹掉了区分富人和平民的符号。奢侈品不再时髦，退出了时尚潮流。直到20世纪80年代一个新富阶层——单身女性主管的崛起，情况才有所改变。此时美国的精英制度进入全盛时期，每个人都能在社会和经济的阶梯上爬得更高，发迹后随之便会沉迷于奢侈品所带来的虚荣和排场之中。近30年来，发达国家可以自由支配的收入惊人地增长，男女结婚的年龄越来越晚，这让他们有更多的钱花在自己身上。

企业界大亨和金融家们从中嗅到了商机，他们从年老的品牌创建人和能力欠缺的继承人那里巧取豪夺，将家族化的事业转变为品牌化的企业，将所有元素比如店面、店员制服、产品甚至开会时用的咖啡杯，全部统一化。然后他们瞄准新的目标顾客群——中产阶层。他们是广泛的社会经济人口，囊括了从教师、营业员到高科技企业家、麦氏豪宅的居住者、粗俗的暴发户，甚至是一些犯有罪行的富人。奢侈品公司的高官们解释说，这么做是为了实现奢侈品的"民主化"，让奢侈品"人皆可得"。听起来很崇高，实际上，他们目的明确：想尽办法赚取更多的利润。

古驰集团前设计师汤姆·福德对我说："你不得不要随时关注预算和品牌走向，要做出一些短期决定，因为那是股东们想要的，你还要拿出短期的利润来平衡长期利润。"为了实现预期的利润目标，奢侈品集团采取偷梁换柱的策略，比如采用较差的材料。还有很多品牌悄悄地把生产线转移到发展中国家。绝大多数公司已经用流水线替代手工制作，多数产品是用机器做出来的。同时，多数奢侈品公司将价格抬高了数倍，很多公司还谎称产品在劳动力昂贵的西欧生产。

但是，美梦变成了噩梦。世界海关组织宣称，奢侈品是今天被假冒最多的商品之一，时尚业每年因此损失97亿美元，约合75亿欧元。而假冒名牌的利润多数用于资助贩毒、偷渡、恐怖行为等非法活动。奢侈品还滋生出其他非法行为。为了买名牌手袋，日本女孩去做"援助交际"；一些地区"女伴"的服务报酬是由客户陪着到营业至半夜的精品店购物，第二天早上她们再回到店里，退掉货品换得现金，不过要支付原价的 10% 作为"手续费"。这样的行为吹涨了奢侈品的销售量，也洗清了那女人和她客户之间的非法现金交易。

奢侈品牺牲诚信，降低品质，玷污历史，蒙骗消费者，终于达到了上述目的。为了让奢侈品"唾手可得"，商界大亨们剥掉了所有让它们与众不同的特质。奢侈品已经失去了风华光彩。

在向奢侈品宣战，移动互联网必将大有作为。在当今世上逐渐注入了"去品牌化、个性化、原创设计"的三要素之后，移动互联网从商户到用户点到点的功能日益加剧了品牌去奢侈化的趋势。

至少，在我身旁，正在发生这样的传奇：

广东佛山有个叫樊友斌的智能裁缝，创造出一套激光裁剪切割智能设备，并实现了网络联接。这意味着城市智能裁衣制衣行业将崛起——用户通过手机拍下或上传你想要的设计图，分秒之间，成衣到你家。而且你的衣服上用的是你自己的 LOGO。

贵州遵义有个叫郑先强的，他拥有的醉美庄园推出始于 100 年前的古法酱香酿酒工艺生产出来的不低于国酒茅台品质的酱香酒，接受企业和私人定制。300 元一斤的古法酿造的酱香酒对于既追求个性化定制彰显品位，又追求性价比实惠的中产阶层而言，是极具诱惑力的。

广东佛山有一个叫霍锦添的企业家创造出中国最新一代 Auto Buty 智能机器人，提出"智能改变世界"的口号，以非凡的勇气挑战国际巨头。

上述创新者正尝试与移动互联网接轨，以更加顺应人性，响应自然的亲民路线带来一股清新之风。

第一夫人彭丽媛也加入亲民的大潮流中，使国产服装品牌大放异彩，惊艳了世界。

网络环境进化：用户界面设计

在未来，移动互联网的经济活动将围绕"一切由用户自定义"的理念展开。用户自定义界面，自定义内容以及自定义信息，接受和屏蔽将是用户的极致化体验。

【链接】

　　网络化的信息体系比起政策能以更直接、详尽和文字化的方式诱导人们。经济必须转变为大规模、系统化的用户界面设计。

　　一些用户界面有意变得更具挑战性，类似于游戏的情况，化繁为简。让游戏变得吸引人又让人上瘾，像是走平衡木，你需要在挑战和回报之间找到平衡点。关键不是尽可能加大游戏的难度，而是让它刚好保持在伸手可及的范围之内。游戏是有趣而绝佳的学习工具，没有什么比看到人们做到以前根本不可能做的事情更令人欣慰了。

　　让复杂变得简单是我们这个时代最伟大的工艺。

　　计算以及信息时代的经济的本质挑战在于找到一个方法不被过度地卷入设计得绚丽夺目的认知垃圾中。

　　事实上，用户界面自主设计，改变的不仅是一个界面，改变的更是互联网的灵魂。

第三节　商业进化论

经典的4P营销理论还有用吗？

实业向移动互联网进化的价值有多大？

颠覆还是进化

一枚硬币总有它的正面和反面，任何事物都有它的作用力和反作用力。

在PC互联网时代，那些成功的大型网络公司多以唬人为生。它们以颠覆者的面目出现，制造出虚拟世界和真实世界的巨大冲突。它们声称颠覆是为了新生，打破旧秩序是为了建设一个新秩序。问题是，旧秩序被打乱了，新秩序并没有建立起来。

2014年是移动互联网的元年。在这一年，我们隐隐约约又听到吓唬人的声音，仿佛移动互联网又是一个颠覆者。网络时代的无序不能再重演，人类不能在同一个问题上犯第二次错误。

移动互联网从来不会是颠覆者，今天不会，未来也不会。这是基于移动互联的三大基本属性决定的：

人本主义思想。坚持以人为本的移动互联网注重的是使每一个参与者的潜能得到发挥，而不是剥夺他的工作机会。这和PC互联网的商业化理论背道而驰。网店代替了实体店，运营效率提高的同时，实体店的服务员失业了。移动互联网O2O模型强调线上和线下的结合，突出用户的线下体验的人本思想，无意之中把实体店员工的工作机会保留下来。

进化论路径。移动互联网是慢热型的运动员，一开始总是慢慢跑等待他的伙伴一起加入。由于移动互联网对用户和商户而言，进入的门槛比较低——"手机加拇指"模式，所以移动互联网是和所有的行业一起在慢跑中进化。从认知到习惯，移动互联网像个母亲对女儿一样有着温柔的耐心。

开放性设计。PC互联网的开放是有条件的开放，前提是"利己"。马云关闭淘宝店的微信接口就是明显的"不许利他"的行为。人们总是对这些虚拟的东西保持惯性沉默，PC互联网在商业化过程中更像封建社会，竞争者之间相互封闭，打一场"领地和领主"的战争。

移动互联网的本质是一种内开放。何谓内开放？主要是指移动互联网的功能设置必须具备满足用户自定义需求的功能，用户可以自己上传、自主修改、自主装饰、自助促销和自动链接。

移动互联网不是颠覆者，而是你的平等伙伴关系者。

圆桌会议

现在很流行的看法是把移动互联网的工作方式理解为社区。

(一) 未来的商业图景

1. 经济特征：规模经济到范围经济

百年工业史背后隐藏的是同样的产业逻辑：标准化、规模化和流水线。而今天，随着互联网特别是社交网络的发展，传统工业时代似乎正在离我们远去。未来经济与社会组织将不再是凝固僵化的"矩阵式"形态，而呈现为互联网社群支持下、个性张扬的"网状"模式。这种转变是革命性的。

在规模经济时代，规模越大越经济，品种越少越好（标准化和流水线的需要）。未来这个规律很可能是倒过来的——谁能尽可能地满足长尾末端的需求，谁在未来的盈利能力就越强。互联网经济是一种长尾经济、范围经济，所以社群、粉丝自限规模，这就是未来的商业。工业时代过去了，规模逻辑结束了，社群逻辑就重启了，而所谓的跨社群营销也将显得没有意义，因为你不需要别人懂你，就像苹果粉丝不用解释，需要解释就不是苹果粉丝一样。企业如果不自限范围,就可能没有自己的核心粉丝社群。有人说,互联网时代的品牌玩的就是一种"榴梿精神"——喜欢的会爱到骨髓,不喜欢的会完全无感。人们根据品牌偏好形成不同的小圈子,不同的社群。

2. 商业逻辑:从产品售卖到用户运营

互联网出现之前的商业形态,人们购物必须到线下的门店中去买,人们围绕门店、产品开展活动。而互联网出现之后,人们不再需要到线下门店就可以完成购物,电商平台、厂商和物流商都在围绕着用户需求进行活动。我们的商业由"人围绕着物转"进化到"物围绕着人转"。这有力地佐证了我们经常提到的观点:未来的商业基于人,而非基于产品。

索尼公司的创始人出井伸之解释索尼衰落的根本原因时,说了一段发人深省的话:"新一代基于互联网企业的核心能力在于利用新模式和新技术更加贴近消费者,深刻理解需求,高效分析信息并做出预判。所有传统的产品公司都只能沦为这种新型'用户平台级公司'的附庸,其衰落不是管理能扭转的。"

小米公司和传统的手机厂商有什么区别?互联网公司很典型的一个商业模式叫作"羊毛出在狗身上"。它往往不直接通过销售产品赚钱,而把产品当作聚合用户的一个入口,在与用户不断的交互中为用户创造持续的价值,从而获得收益。对小米公司而言,手机只是一个聚合用户的入口而已,它并不是单纯地销售产品,而是在运营用户。这就是粉丝经济背后的本质。

3. 消费行为:被动接收到主动参与

社群经济就是一种用户主导的 C2B 商业形态。品牌与消费者的关系逐渐由单向的价值传递过渡到双向的价值协同。互动即传播。如果说团购是餐饮O2O 的 1.0 版,那么外卖和预定就是 2.0 版。而对餐厅更有价值的 3.0 版将更具魅力,那便是顾客与餐厅之间自连接与自管理的形态。对于一个具有互联网产品思维的人来说,这句话应该不难懂。这就是说,任何产品都有一个迭代优化的过程,不可能一开始就尽善尽美,这一路不断地尝试与迭代只为满足不同阶段、不同场景下用户不同的需求。因为用户需求是在不断变化的,那服务用户需求的方式也需要不断改变。雷军为什么强调小米成功的秘密在于"兜售参与感"?为什么"兜售参与感"就能够获得成功?社群经济之下的品牌是用户主导的口碑品牌,而不是厂商主导的广告品牌。互联网时代的品牌就是一个个用户评价的产物,是一次次在互动中完成的体验。

这个时代的品牌打造方式,一定是让用户参与到产品创新和品牌传播各个环节,"消费者即生产者"。尤其是80后、90后的年轻消费群体,他们更加希望参与到产品的研发和设计环节中,希望产品能够体现自己的独特性。作为品牌厂商,必须注意到这种消费行为的变化。

(二) 社群商业:内容 + 社群 + 商业

内容是媒体属性,用作流量的入口;社群是关系属性,用来沉淀流量;商业是交易属性,用来变现流量价值。用户因为好的产品、内容、工具而聚合,然后通过社群来沉淀,因为参与式的互动、共同的价值观和兴趣形成社群而留存,最后有了深度联结,用定制化C2B交易来满足需求,直至水到渠成。

1. 内容:一切产业皆媒体

移动互联网的出现使得人与人之间的协作效率大大提高,同时也使得信息的生产和传播效率大大提高。在人人都是媒体的社会化关系网络中,内容即广告。优质的内容是非常容易产生传播效应的。

一切产业皆媒体,"目光所及之处,金钱必然追随"。企业所有经营行为本身就是符号和媒体,从产品的研发、设计环节开始,再到生产、包装、物流运输,到渠道终端的陈列和销售环节,每一个环节都在跟消费者和潜在消费者进行接触并传播着品牌信息,包括产品本身,都是流量的入口。对小米来讲,小米的所有产品都是媒体;对可口可乐来讲,每一瓶的包装也是媒体(个性昵称瓶案例）。企业媒体化已经成为必然趋势，企业需要的是培养自己的媒体属性。

很多企业为此开始进驻各个碎片化的社会化媒介渠道，管理者也纷纷上阵经营起自媒体。这是好事，但很多人误解培养媒体属性，把媒体作为简单的信息发布渠道，却未深思"媒体也要产品化"——冰冷的类广告灌输、自我夸夸其谈已不再有效。媒体即产品，将媒体传播本身视为一个需耐心打磨的产品，激发参与感，构建社群才是获得口碑的关键。再简单地说，新媒体格局与传统媒体的根本不同在于认同。在新媒体格局下，唯有认同才能产生价值。没有认同，用传统媒体的方式饱和轰炸、喊破嗓门都白搭。

2. 社群：一切关系皆渠道

互联网出现之前，品牌厂商或者零售商需要通过不断地扩展门店来尽可能地接触目标消费人群。互联网的出现打破了空间限制，使人们可以足不出户就能够买到各种各样的商品。这样的商业现象就意味着一种商业逻辑的更迭——由抢占"空间资源"转换为抢占"时间资源"。

时间资源即用户的关注度。当用户大规模向移动互联网、社交网络迁移的时候，品牌商和零售商也要逐渐转移自己的阵地。餐饮业数据显示，接受调查的商家做了优惠券的占56%，已进行团购合作的占68%。现在餐厅对优惠券与团购等成熟的O2O合作模式的认可度和接受度都很高且较为普及。另外，餐饮商家对免费探店、用户互动、活动营销等O2O服务形式的综合认可度也在50%以上。这从侧面反映出商家对自身品牌推广的需求，希望通过互动与活动的方式增加用户对自身品牌与服务的了解，从而转化为餐厅口碑或品牌的传播。传统的实体渠道逐渐失效，取而代之的是线上的关系网络，这种关系网络更多地体现微博、微信、论坛这样的可以互相影响的社会化网络。餐厅也有一定程度的尝试，但占比不高，证明大多数餐厅对新媒体营销还是不够重视或不懂如何运营。不可否认的是，互联网思维有助餐饮行业获得新生，让精品餐厅大放异彩。小米手机通过小米社区和线上线下的活动聚合了大量的手机发烧友群体，这些"米粉"通过这个社会化网络源源不断地给小米手机的产品迭代提供建议，同时又在不断地帮助小米做口碑传播。这群人就是小米的粉丝社群。今天讲社群，特指互联网社群，是一群被商业产品满足需求的消费者，以兴趣和相同价值观集结起来的固定群组。它由"臭味相投"的消费者组成，它的特质是去中心化、兴趣化，并且具有中心固定边缘分散的特性。

其实，互联网缘起于美国军方项目。他们用互联网是为了解决一个问题：美国是一个信息化社会，科技非常发达，美国所有的军事优势都源于信息优势，但如果哪天机房毁了，他们就失去了信息优势。美国军方为了避免这类事件专门建立了一个去中心化的网络，人人都是信息总部，去中心化也由此形成。为什么去中心化如此重要？在我们所有商业逻辑里面，特别是管理逻辑中，都是自上而下且有一个总部。互联网为什么会给企业带来这么大的困扰和影响？因为世界是平的，而去中心化和世界是平的这两点改变的是消费。每个人都是一个信息的节点，每个人都是信息的采集器、接收器和广播器，都在以纳秒级的速度迅速变化着。信息的流动是如此快速，它首先打破了信息不对称的壁垒。今天中国真正的新闻落脚点在哪里？不是传统的新闻社，而是微博和微信。现在社会的热点事件，很多是由新闻事件现场的旁观者用手机拍出来传播到互联网上。我们已经进入了自媒体时代。这就是去中心化。前端用户要极致差异化，后端成本结构要极致高效化。最典型的就是美国雷曼商业银行（LBMB），它把差异化和极致低成本结构有效结合起来，所以这个公司在3年的时间就能估值100亿美金。很多传统酒店是业主买地造楼，得摊销很多年的固定资产投入，养一群服务员，然后做广告邀请顾客入住酒店。但美国的

LBMB 不招任何人，不出一分钱买楼，它让别人掏钱买，然后加入到它的联盟。它没有一分钱的固定资产投资。它也不养酒店服务员，每个房屋主人既是业主也是管理者的角色。在 LBMB 里，你能找到风景如画的湖边、雪山、小镇、城市等各种不同环境的住所。这跟传统酒店有极大的差异化体验。

大家可能理解互联网行业为什么会有这个变化，但你知道它无法改变的是什么吗？就是事情的本质！商业的本质就是你离消费者近，你才知道他需要什么，然后给他极致的体验和差异化。前面说到的逻辑思维就是一个鲜活的社群样本。

3. 商业：一切环节皆体验

社群的背后不单是粉丝和兴趣，还承载了非常复杂的商业生态。究其根本原因，就是人的社会化的必然性。也就是说，现在我们关注的社群生态是基于商业和产品的，以互联网为载体跨时间和地域扩散。商业社群生态的根本价值是实现社群中的消费者不同层次的价值满足。

举一个比较容易懂的例子。我们以前居住只要有个房子就行了。但是现在竞争凸显，开发商想了许多妙招，卖房子之外还送你学位，附近还有各类的商铺、会所供你平时休闲娱乐……通过这些配套设施来增加你买房和居住的附加值。小区慢慢地形成了一种生态系统，形成了一个生活和商业业态的闭环。

这样的生态模式逐渐发展完善，为消费者提供多维度的服务就变成了一个完善的商业体系。当下十分热门的"智慧社区"，就是基于这样的商业逻辑。万科、龙湖、远洋等地产商和物业管理公司都在利用互联网改造传统物业，建立以住宅区居民为核心的商业生态，从而颠覆传统的物业管理商业模式。其本质也是一种社群商业模式。社群商业是一个具有增量思维的"微生态"，生态系统天然多赢。

在社群商业模式之下，内容如同一道锐利的刀锋，就拿相对成熟的餐饮业来说，不管O2O与互联网思维如何不可一世地叫嚣，餐饮企业都必须回归到餐饮的本质上来，专注产品与服务，做好用户用餐体验，以口味、环境和服务为核心，然后用互联网的方式去带动与放大餐厅口碑的传播力度。当初把优惠券做到极致的丁丁优惠倒下了，热火朝天的团购网站也死了一大批，但真正干苦活累活的58同城上市了，还甩开对手一大截。京东依靠物流送货快的优势赢得用户口碑。说得彻底点，互联网只是为传统企业做锦上添花的增值服务，核心的产品与服务体验才能吸引用户，满足用户的基础需求，切开一条入口。但它无法有效沉淀粉丝用户，社群就成了沉淀用户的必需品，而商业化变现则是衍生盈利点的有效方式。三者看上去是三张皮，但内在融合的商业逻辑是一体化的。未来的商业是基于人而非基于产品，是基于社群而非基于厂商。社群商业本质就是用户主导数据驱动的C2B商业形态。

社区总得有管理者，管理者制订游戏规则。这依然是基于"利己"的网络设想。我认为移动互联网的社交属性中最关键的是"圆桌会议"模式。它具备如下特征：

- 不设管理者，仅设主持人。
- 游戏规则由多数人通过后，交主持人执行。
- 圆桌没有大小，没有高低之分。平等是基础。
- 机会均等，饭费AA制。
- 内容说话，谁说的对听谁的。
- 自动屏蔽广告传播功能。
- 用户信条：你追我，我就跑。
- 粉丝信条：爱你没广告。

●产品研发：大家一起来创造。

4. 市场营销进化论：从 4P 到新 4C

移动互联网商业化过程中，不可避免地要建立属于移动营销的理论体系。让我们回望营销史，看看营销是如何进化的。

西方营销理论进入我国后，我国的营销学者开启了中国式营销的历程。有四支流派在实践过程得到了广泛响应。

●切割营销：把竞争逼到一侧（路长全）。

●定位营销（特劳特中国定位论）。

●1P 理论（北大李建国）。

●1℃战略：中国式营销模型（华红兵）。

在信息经济发展到移动互联网时代，中西方的市场营销理论都面临着不适，提出移动互联时代的新营销理论已成为当务之急。我提出新 4C 理论以供探讨。

（1）信息。电商最核心的是信息流、资金流和物流。实际上资金流就是信息流，物流也是信息流，而信息流本身就是信息流。信息为什么如此重要？信息可以反映商业上的各个环节，互联网上信息高效和高速流动给很多行业在很多方面，尤其是行业价值链带来了巨大的变化。

简单给社区 3.0 下个定义：以特定目的、属性、人群聚合在一起，可以随时随地进行多人参与、多人互动交流、群体表现的公众性手机应用软件。在这里，信息是多向流动的，不仅你可以向社区人群广播你的信息，你也可以接收来自社区的信息，甚至把社区的精华内容向外推送。并且社区是有一定的明显的边界的。让我们一起认识下什么是社区 3.0 吧：

①社区的本质是人群。进入移动互联网时代，将从 PC 互联网的突显个性

的时代进入"物以类聚""人以群分"的时代。

②社区的市场规模空前。按各种维度来分析,人群分类有多少,社区就有多少,社区应用的市场就有多大。这个增长红利,在移动互联网时代将得到很好的体现。

最大的红利:地方性社区(有人断言:地方性社区将是O2O的最佳平台)。

③去中心化社区,无视巨头竞争。可以说:在移动互联网,能带来极高的附加价值的运营必定是"社区运营"。"社区运营"是个精细活,是小而美的运营。这个领域,即便巨头有心介入,但最终胜利者也必将是运营者。

无视巨头竞争的移动社区领域,将不断涌现成功的运营者。这是社区的胜利,也是"人民战争"的胜利。移动互联网,社区为王!

④移动互联网,也是生活互联网;社区,更是生活社区。移动互联网远离了电脑互联网的喧嚣,个人随身携带,更加贴近人自身,贴近生活(话说:手机比自己老婆、孩子、小三、知心朋友还亲。这是什么道理!)。如果说,有什么比手机更多地掌握人们的秘密的话,那只能是上帝了!

社区可以解决多方面的生活需求:与自己亲密的圈子人群交流,解决生活困惑与问题(电影购票、去哪吃饭、什么食品安全),获取紧密相关的地方性社区新闻资讯,社区型小说阅读、K歌等内容型娱乐,扩展地区性社会人脉……

总而言之:社区应用匮乏的移动互联网,目前还是相当落后的。

⑤做社区的,更是做人群的生意。人群的生意永不枯竭!如果说小米公司是一家手机公司,大家一定不会怀疑;如果说小米公司是一家"社区电商"公司,大家必定会大吃一惊!

这就是雷军所说的：让用户参与其中（雷军仅说到了产品设计，其实远不止如此）。社区的天然属性是什么？人人参与其中，每个人都能获取所需。人人参与其中的社区电商，是大家的电商。这就是社区电商的终极魅力所在。

人群的生意永不枯竭！让人万分期待：谁会是下一家重要的"社区电商"高手呢？

⑥移动互联网：社区应用是领先的产品应用。

做社区，不就是做论坛吗？

严格来说，论坛是社区1.0。豆瓣等社区算是社区2.0。话说社区、唱吧、啪啪算是社区3.0。社区3.0，更多为智能手机而设计，为未来的互联网形态而设计，表现形式更多种多样。

实话实说：社区应用是领先的，并不意味着表现形式一定是领先的。发展几千年的纸张，依然在发挥着非常重要的作用。纸张不先进，重要的是：纸张里面包含的思想与内容，是更为先进的！纸张不过是管道，只要这个是非常好的管道，那就是时新的！适合时代的好书依然畅销，不因使用了纸张而落后！

移动互联网社区的兴起，不因社区应用而落后，关键是：通过社区应用能否提供更多、更好、更丰富的服务？我有一个展望：有一天，做移动电商成功的，将不是淘宝集市、淘宝商城，而是运营着一个个目标人群的社区电商！还有一天，做移动社交、内容阅读、传媒、手机游戏成功的，并不是寄托于IM平台，而是依托于一个个社区应用！

总结：不是社区产品多么先进，而是恰当的产品、技术，将在移动互联网端发挥重大的作用！社区应用将革新整个移动互联网形态，成为最重要最先进的移动互联网应用。

移动互联网，社区为王！

（2）信用。

信，国之宝也，民之所庇也。

——春秋时期史学家，盲人，左丘明《左传》

信用比一切商业模式更好，而且它是商业模式的基本条件。

——中国营销策划第一人，华红兵

从经济学层面看：信用是指在商品交换或者其他经济活动中授信人在充分信任受信人能够实现其承诺的基础上，用契约关系向受信人放贷，并保障自己的本金能够回流和增值的价值运动。

信誉不仅是一个人、一个企业的无形财富，也是一个城市乃至整个国家的无形财富。这种无形财富作为一种特殊的资源，甚至比有形资产更为珍贵。目前，一些城市缺的不是资金，而是信用和信誉。

人无信，无立足；商无信，无立业；国无信，无立邦。

网购是以信用为基础的。在交易过程中，消费者既见不到经营者的面，也看不到真实的商品，甚至连商品的影像都看不到。双方要做交易，必须有一方先发货或者一方先付款，这与传统的"一手交钱，一手交货"的现场交易方式大不相同。没有见到货，我凭什么先付款？没有见到钱，我凭什么先发货？如果双方互不信任，网购根本就不可能完成。

网络是一个虚拟的世界，在这"两处茫茫皆不见"的环境中，失信的成本是最低的，追究的难度也是最大的。电子商务在中国出现的时候，我曾经非常悲观，因为利用互联网进行诈骗的事情时有发生，比如"中奖喜报"之类的诈骗手段就一直在网上肆行，而花样不断翻新的各种网上陷阱更是让人防不胜防。然而，在短暂的迷茫之后，电子商务就在中国势如破竹——资料显示，自2002年以来，中国的网购市场每年都保持了100%左右的增长速度——这不能不令人惊叹！

诚实守信可以降低交易的成本，提高交易的效率，这对双方乃至全社会都是有利的。而轻诺寡信的效果正好相反。没有信用支撑的市场经济是难以想象的。从一定程度上说，市场经济就是信用经济。网购人数和销售额占比的快速回升让人们相信，中国公众之间的信任度正在大幅回升，一个诚信型的社会正在重塑之中。

网购以信用为基础，信用的提升必然促进网购的发展。反过来，网购的发展也会带动信用的提升。因此，网购与信用是一种互动的关系。只要这种互动是良性的，那么网购和信用就能在相互促进中共同提升。

移动互联网商家与消费者建立信用的几个要素：

第一，把最优质的产品卖给顾客。

第二，把最好的服务卖给顾客。

第三，尽量向顾客保证退货。

第四，在网站支付方面，让顾客尽量选择使用第三方支付平台。

神莫神于至诚，祸莫大于无信；人无信而不立，业无信而不兴。信用是商家与买家之间的桥梁，没有信用就没有交易，即使有交易因失信也会无以

为继。

（3）信仰。

支配战士行动的是信仰。他能够忍受一切艰难、痛苦，而达到他所选定的目标。

——巴金

互联网创业没有信仰很难成功。

——百度副总裁朱光

互联网行业与传统行业根本差别在信仰。

——3G门户创始人张向东

我们真正应该思考的是，引领全球的为什么是苹果、谷歌、Facebook？除了一流的产品，最重要的是它们无一例外都拥抱普世的价值观。

事实上，目前中国创业者正在面临着全球最具成长性和潜在规模的市场。王冉强调，Facebook上市给中国创业者带来的是一种信仰的传播。"很多企业都可以成功，有的是小打小闹的成功，有的是中打中闹的成功，但只有让世界变得更加美好的企业才有可能获得Facebook量级的成功。"王冉说。

李开复则更加直白地指出，要想像Google、Facebook一样成为伟大的公司，需要有一颗伟大事业的心态，比如更多的追求，但都不是仅仅为了赚钱。

但这样的心态目前在中国看起来很稀缺，"浮躁"是一个普遍现象。创业门槛低、一夜暴富让许多人加入互联网创业大军，从视频、团购到移动互联网，从蜂拥而上到一哄而散，大部分驱动力都是"利益"二字。

比如国内的SNS企业，"开放"已经成为一个大力宣传的标配，但实际上却屡遭诟病。

艾德思奇是一家数字营销公司，同时是Facebook认证的亚太地区合作伙伴，不少国内游戏、电商企业都通过艾德思奇向海外投放广告，有的游戏投放金额已经超过百万美元。尹天英是艾德思奇海外营销事业部总经理，在他看来，国内 SNS 平台与 Facebook 的最大差异就是"真正的开放"。

他以国内 SNS 公司为例。虽然 SNS 公司宣称开放，但是实际上更多的理念是赚钱。"比如对于一些热门赚钱的游戏，这家公司会自己进行投资开发，并且在平台上倒入更多的用户资源。"这样一些做法对其他游戏开发商显然是不公平的，也影响了平台在用户体验、平台功能方面的创新。

相反的例子是，在 Facebook 上却诞生了 Zynga 这样市值超过 60 亿美元的企业。

联想投资董事总经理刘二海指出，一般开放平台上很难出现大公司，因为平台会抑制大公司的出现，正如原厂商和代理商的关系。在 Facebook 上出现了 60 亿美元的公司！也说明 Facebook 是恪守规则的。也正是 Facebook 上有 Zynga 这样的大公司，Facebook 才更强大。这对于很多中国的平台们有启示作用。

《保卫萝卜》研发商飞鱼科技 2014 年正式登陆香港联交所，股票代码为 01022.HK，发行价为每股 2.2 港元，融资 5.702 亿港元。飞鱼科技的招股书显示，截至 2014 年 6 月 30 日，飞鱼科技营收约合 1.29 亿元人民币，其中来自手机游戏的营收约合 9000 万元人民币，占其公司总营收的 69.6%。

飞鱼科技被业内认为是以冲刺 IPO 为主要目标而在 2014 年 7 月成立的。如今成立仅仅 5 个月就成功赴港上市，这让飞鱼科技 CEO 姚剑军和总裁陈剑瑜备受关注。根据相关资料显示，姚剑军是知名连续创业者，创办过站长之家、CNZZ 数据等网站与企业。总裁陈剑瑜则是美图秀秀公司的联合创始人。

飞鱼科技由厦门光环游戏与手游研发商凯罗天下（北京）两家在业内小有名气的游戏公司组成。这两家公司都分别拥有非常成功的产品。光环游戏2008年成立，其最具代表性的产品是页游《神仙道》。《神仙道》搬上手机平台后，仅以流水计算，仍是2013年中国十大手机游戏之一。凯罗天下则是知名游戏《保卫萝卜》的开发商。据报告，于2012年8月上线的《保卫萝卜》，在2013年平均月活跃用户就超过了1690万。

其实公司合并也是一种进化方式。在合并前这两家游戏公司最大的特点就是产品知名度远远超过公司知名度，但它们都拥有极佳的盈利能力，两家公司都多次拒绝了收购邀约。那为什么要合并呢？当时有猜测称，合并后的飞鱼科技开始筹备上市。合并仅两个月后，飞鱼科技即向联交所递交第一版招股书，猜测随即得到确认。根据招股书显示，飞鱼科技有5款手游和两款页游，截至2014年6月30日，飞鱼科技营收约1.29亿元。

但成立仅仅5个月就成功上市，难道手游公司上市潮真的要到来了吗？按照公告，飞鱼科技本次集资净额约5.702亿港元，其中40%用作扩展及改善游戏组合；约20%用作扩展营销及推广活动；15%用于在选定的海外市场成立及扩展国际营运；15%用作各种技术及免费在线游戏或业务、合作伙伴关系及授权机会的潜在收购；余下10%用于补充营运资金及其他一般企业用途。

飞鱼科技上市解决了眼下门槛越来越高的手游创作资金问题，也能够吸引到更多的人才。但手游行业依然缺乏长期有效盈利模式。不过，无论是还在苦练内功还是已经获得成功的手游公司，如何持续地推出卖座的作品仍然很困难。曾经火爆一时的《愤怒的小鸟》母公司Rovio就正在陷入裁员传闻。

而国内的手游企业大同小异。有数据显示，现在手游大部分都不赚钱，手游行业的门槛也在不断抬高。虽然创业者热情甚高,但真正能拿出成功作品赚钱的仍然凤毛麟角。

事实上,招股书显示页游市场依然是飞鱼的重要业务。此前接受媒体采访时,姚建军曾发表了对页游市场的看法,他觉得页游市场经历过蓝海和红海,现在又逐渐转变为蓝海,因为更多做页游的公司和团队都在转型做手游了。如果有团队想做页游且用心做好,那一定也会有收获的。

这或许可以说明,单纯手游公司独立上市还缺乏概念,行业的上市潮还未到来。

当然,梦想和信仰总是容易在各种江湖险恶中被扼杀。比如历尽千辛万苦上市的土豆网,最终不敌投资人的意志和市场环境,与优酷网合并。

也是在创新工场 Facebook 上市聚会上,土豆网 CEO 王微端着一杯红酒对众人说,"我们很快就要退市了(全场大笑)……其实无所谓。我们上市立刻就破发,虽不是很光荣的事情,但却很有趣。"不过王微继续说,"梦想仍是梦想,一步步往前走,将来怎么样,做了就知道了。"

也许胸怀成就伟大事业梦想并不是中国企业马上能够做到的,但是要把握社交时代的机会,也是 Facebook 上市带来的启示——一个新的创业时代的来临。

所有的人都会有自己的思想和期望，但是梦想成真的人却是少数，关键的区别就在于有没有坚定的信仰。因为人一旦拥有了信仰，就拥有了巨大的精神力量，这种力量就体现为永不放弃的行动。

拥有信仰的人会十分明确自己的人生方向和价值追求。这也使得他们无论面临任何挫折和困境，都会百折不挠，不言放弃。

可以说，信仰确立了个体的人生意义和价值标准，也成为个体毅然前行的巨大动力。反之，信仰缺失将使人生变得迷惘彷徨，了无生趣。

第三章
开　放

章节导读

　　1700～1850年是英国工业革命时期，恰好中国从全球首富的位置上开始第一次衰退。1850～1970年是美国工业革命时代，恰好中国第二次从全球首富位置开始衰退。从2000年开始的第三次工业革命正席卷全球，中国能否把握住这次历史性的机遇？衰退还是提升？中国梦面临考验。其实，考验只有一个正确答案：开放，再开放。

　　移动互联网思维是处理人和人之间关系的哲学，其中大量的思维密码并非虚拟，而是物质的。既然是物质的，我们就应尝试着从研究物质规律的物理学中寻觅打开密码的钥匙……

公元 1500 年，中国曾是全球最大经济体。此后衰退。直到 300 年后的 1800 年，中国再度成为全球最大经济体。此后再次衰退。时隔 300 年，21 世纪到来，中国会不会再度成为世界最大经济体呢？

1700 年到 1850 年是第一次工业革命时期，恰好中国从全球首富的位置上开始第一次衰退。

1850 年到 1970 年是第二次工业革命时代，恰好中国第二次从全球首富位置开始衰退。

从 2000 年开始的第三次工业革命正席卷全球，中国能否把握住这次历史性的机遇？衰退还是提升？中国梦面临考验。

其实，考验只有一个正确答案：开放，再开放。

在信息经济日益高涨的今天，移动互联网的趋势不可阻挡。但是，移动互联网尚未到达真正"革命"的时候。要达到真正"革命"的条件至少需要具备如下几点：

● 技术人才准备。今天的移动互联网技术人才都是从 PC 互联网转型而来，他们本身都需要脱胎换骨。

● 硬件准备。手机屏小损害眼睛，长时间的"低头族"有得颈椎病之患。

● 设计准备。移动终端的显示屏小，容易受到商品信息量变狭窄的限制。

● 支付系统准备。分散的互不兼容的支付系统给用户带来不便。

● 安全防护准备。手机端数据的流失意味着个人隐私完全被侵犯。

● 法律法规准备。防止移动信息决堤，是事先必做的防范之举。

● 移动互联网下可信移动平台接入机制的准备。

第一节　开放，没有边界

自造时代

现代意义上的工厂的边界越来越模糊。用户都是设计师，工厂上游的原料商也加入到制造产品的过程中。随着3D打印机和激光切割机的引进，工厂几乎变成了一所高科技实验室。互联网络把原本的弱关联变成了强关联。

今后的工厂会认识到网络效应的威力：将人脉与点子结合，力量呈滚雪球似地变大。随着移动终端的加入，社群与创意的合成，使网络效应更加现实，更加可触摸。

这股力量的崛起发起于草根，源于去品牌化生活运动，得益于移动互联网助阵，借助于互联网链接，得到了3D打印等高科技的支持，完全改写了工厂的生产销售模式。由过去的设计师设计，产业工厂大规模标准化生产，再到销售部门的模型被颠覆。

富有个性的、众筹创意的多批次小批量订单滚滚而来。小企业由于饥渴度高和灵活性强，将是自造业时代的主要推动者和受益者。而今天你看到的规模庞大的标准化作业的工厂将会像恐龙一样从地球上消失。显然，目前大企业还没意识到它的长尾效应在自造业时代到来时会显得无比笨重，缺乏躲闪腾挪的空间。

是又一次"恐龙"们灭绝的前兆吗？自造者是要把 DIY 网络化、产业化吗？靠垄断信息制造产业信息不对称为生的大规模标准化工厂到了被信息经济撕碎的时候了吗？我给你看看自造者运动的三大特色，随便哪一项都能改变我们今天的生活：

●众筹创意、众筹设计、众筹蓝图……所有的与人的创造力有关的活动将不再在实验室里进行。人人都是创意家，人人都是设计师，人人都是建筑规划师。这将是移动互联网风行的理念。

这种风尚盛行的结果是传统工业中的研发设计部门该裁员了，甚至可能消失。

●人们把设计好的东西放到社群的网络中，哪怕有一次细小的发明打动了你，社群中的你就会成为购买者，并自愿地勇敢地向 1000 人传播。认可发明，比发明本身更有兴趣点。

这种原子量级的裂变导致了今天传统企业的销售和广告部门显得苍白无助和多余。

●在自动统计好需求订单之后，不是急于将设计档案格式寄到制造公司，而是将它晒到另一个网络社群……原料供应商为你计算成本，挑选最适合的材料，运输物流单位帮你计算产品到你家里的时间……这一切都在网络上进行。

这种制造业的透明度和公开性阻挡了暴发户的产生，却是可持续的交易模式。商业成就不再向亿万富豪倾斜，而是向类似小企业主这些中产阶层抛媚眼。分散的生产模式意外地促进了社会的和谐稳定。

在未来，今天所有的工厂都有存活的机会，问题在于你是否对自选时代持开放态度。

芝麻开门

以移动互联网为代表的世界第四代互联网的发展趋势是高举技术融合的大旗，要求所有的技术与发明在网络效应面前持开放态度。

为何发明人愿意这么做呢？在技术专利保护不甚成熟的今天，网络上发明专利的开放会不会让这些发明家饿死呢？非也。任何发明家理应有一个技术发明专利群，其中有一部分是获利来源，而大部分是不赚钱的沉默专利。把沉默专利拿到网络上晒一晒，不仅有利于人人参与发明，还能让自己的技术更成熟，而且能为技术专利的预售创造足够的人气。

技术与发明专利的开放原则是"利他利己"。倘若你坚持不开放并顽固地建坝建很高很高的墙，那么我说你完全忽视了网络的力量。

移动的效应比常见的网络效应更可怕的一招叫"翻墙术"。不管你建多高的墙，再高的墙都高不过移动讯号发射塔。假设翻不过你的墙，移动网络会迂回进攻，干脆用已关联技术做替代——娶你，你不干，想嫁给我的人多着呢！

除了技术发明专利的开放之外，以下开放将是趋势：

1. 开放源代码

如今软件业不断开放源代码。如 Firefox 浏览器、Android 平台手机、Linux 网络服务器。在中国的软件业，开放最彻底的是 360 杀毒软件和小米手机，所以 360 战胜了金山软件，小米手机从竞争最激烈的电子产品中脱颖而出。

鉴于研究小米手机的书籍汗牛充栋，在此不再赘言，但是有一条我必须讲，我觉得在小米成功的所有因素中，开放是其中最重要的关键要素。

开放不仅仅是一种姿态，更是一种心态，是一种敢于从源代码开始的开放行动。

2. 开放世界

边界就是壁垒。设置边界就是阻挡信息流动。第四代互联网移动互联网可没有那么傻，推倒行业的壁垒开放垄断行业的边界是移动互联网送给人类的礼物。

如开放了汽车维修的壁垒，4S店的利润就会下降，因为人人都是维修工，甚至汽车出现小毛病也不必把车开到汽车维修厂。再如开放了公路信息，人们就不再用交通广播接收信息，而可以使用移动手机的语音提示功能，从而减少了道路拥堵，减少了事故。又如开放了诊疗信息，从而解决了由于信息不对称造成的医患矛盾。

开放，的确是个好东西。最应该开放的是银行。银行是个倒空卖空的机构，它本身不创造任何价值。如果让银行继续靠政策垄断它的业务范畴，其结果必然是与民争利。

中国新一届政府说，改革开放到了深水区。这句话一开始好多人不理解，中国不是已经很开放了吗？其实，从浅水区到深水区的开放更难有战略价值。

我们都知道，现在90后甚至00后都已经逐步走上社会主流的位置，而且以新时代为代表的消费者开始关注自我。40、50后经历饥饿年代，他们无法容忍浪费。70后、80后属于物质逐步丰富的一代，但仍受教育和以前的消费基础深深的影响。而90后、00后是物质过剩的一代，他们很少有过所谓饥饿的感觉，他们关注最多的就是自我，经常能听到他们说"来一场说走就走的旅行"。从一些手机品牌名字我们就知道，中兴、华为、联想这都是有家国情怀的创始人，才会将企业的使命和国家连在一起。而90后、00后被互联网影响，他们接收的资讯来自全球。他们的价值观发生了变化。价值观是由获得信息的内容所影响的，而获得内容的手段方式和媒介也发生了变化。他们不再是被动信息的接收者，而是信息的发生者。中国现在不光面临全球化和科技互联化带来的变革挑战，还面临着社会结构的深层次变化。

3. 开放思想

思想开放是一切开放的根源。思想一开放，地球将变样。

正如苹果鼓励音乐粉丝"选择、编辑、烧录"（Rip. Mix. Burn），自造者也开始了"选择、修改、创造"（Rip. Mod. Fad）；将物品进行了3D扫描，以CAD程式修改，再用3D打印机制造。这都是思想解放的结果。苹果从SONY手中解放了音乐，从柯达相机手中解放了照相功能。其结果是SONY公司倒闭了。SONY倒闭在思想不开放的大门口。

微信之所以能成功，就是因为它的开放性。微信现在已经成为国人手机上必备且打开率最高的应用之一。微信在我们常用功能的基础上不断完善和开发功能，目的是打造一个智慧城市，把用户体验做到极致：

● 智慧票务。微信电子票核销，无须排队入场；虚拟票窗，所见即所得；基于微信订阅、红包、朋友圈、WiFi提供全方位解决方案；智能化管理减低人力、物力成本。

● 智慧医院。在线上可以做到分诊、挂号、候诊、检查缴费、取报告、药费缴纳，我们只需线下去医院问诊、检查、诊断、取药。

● 智慧客运。在微信上规划行程，查询剩余车票；微信购票，可免取票；车站导航；二维码车票，自助乘车；平安到家后，还能查询目的地天气及购票返程。

● 智慧社区。停水停电实时通知；生活缴费公众号内实时收缴；微信预约家政维修和各种上门服务；微信客服实时解决物业纠纷；基于地理位置推荐周边商家服务。

开放让世界吹起了混搭风。在未来,越来越多的产品之间边界模糊,互相替代性加强。

总之,开放不是为别人着想,而是为了自己的救亡。永存开放思想的企业家是无往而不胜的,一个持续开放的民族也是不可战胜的。

然,开放没有边界,但,开放却有底线。

第二节 开放的密码

开放的科学观

移动互联网思维是处理人和人之间关系的哲学,其中大量的思维密码并非虚拟,而是物质的。既然是物质的,我们尝试着从研究物质规律的物理学中寻觅打开密码的钥匙。

内开放

在开放的形式中，最重要的开放是内开放。随着大数据时代的到来，一个个问题接踵而至——怎么用好大数据？大数据仅仅用于记录某一事件的发生概率是不是太浪费了？大数据是不是一种有效率的管理手段？

运用大数据管理，还可以以善治恶。

> **【链接】**
>
> ### 商业巨头是怎么玩转大数据的
>
> 在大数据推动的商业革命暗流中，要么学会使用大数据的杠杆创造商业价值，要么被大数据驱动的新生代商业格局淘汰。
>
> 大数据的商业价值
>
> 大数据这么火，因此很多人就跟起风来，言必称大数据。可是很多人不但没搞明白大数据是什么的问题，也不知道大数据究竟能在哪些方面挖掘出巨大的商业价值。这样瞎子摸象般的跟风注定了是要以惨败告终的，就像以前一窝蜂地追逐社交网络和团购一样。那么大数据究竟能在哪些方面挖掘出巨大的商业价值呢？根据IDC和麦肯锡的大数据研究结果的总结，大数据主要能在以下4个方面挖掘出巨大的商业价值：对顾客群体细分，然后对每个群体量体裁衣般地采取独特的行动；运用大数据模拟实境发掘新的需求和提高投入的回报率；提高大数据成果在各相关部门的分享程度，提高整个管理链条和产业链条的投入回报率；进行商业模式、产品和服务的创新。笔者把他们简称为大数据的4个商业价值杠杆。企业在大踏步向大数据领域投入之前，必须清楚地分析企业自身这4个杠杆的实际情况和强弱程度。

（1）对顾客群体细分，然后对每个群体量体裁衣般地采取独特的行动。瞄准特定的顾客群体进行营销和服务是商家一直以来的追求。云存储的海量数据和大数据的分析技术使得对消费者的实时和极端的细分有了成本效率极高的可能。比如在大数据时代之前，要搞清楚海量顾客的怀孕情况，得投入惊人的人力、物力、财力，这使得这种细分行为毫无商业意义。

（2）运用大数据模拟实境挖掘新的需求和提高投入的回报率。现在在越来越多的产品中都装有传感器，汽车和智能手机的普及使得可收集数据呈现爆炸性增长。Blog、Twitter、Facebook 和微博等社交网络也在产生着海量的数据。云计算和大数据分析技术使得商家可以在成本效率较高的情况下，实时地把这些数据连同交易行为的数据进行储存和分析。交易过程、产品使用和人类行为都可以数据化。大数据技术可以把这些数据整合起来进行数据挖掘，从而在某些情况下通过模型模拟来判断不同变量（比如不同地区不同促销方案）的情况下何种方案投入回报最高。

（3）提高大数据成果在各相关部门的分享程度，提高整个管理链条和产业链条的投入回报率。大数据能力强的部门可以通过云计算、互联网和内部搜索引擎把大数据成果和大数据能力比较薄弱的部门分享，帮助他们利用大数据创造商业价值。

（4）进行商业模式、产品和服务的创新。大数据技术使公司可以加强已有的产品和服务，创造新的产品和服务，甚至打造出全新的商业模式。以 Tesco 为例，Tesco 收集了海量的顾客数据，通过对每位顾客海量数据的分析，Tesco 对每位顾客的信用程度和相关风险都会有一个极为准确的评估。在这个基础上，Tesco 推出了自己的信用卡，未来 Tesco 还有野心推出自己的存款服务。

大数据的商业革命

> 通过以上4个杠杆，大数据能够产生出巨大的商业价值。难怪麦肯锡说，大数据将是传统4大生产要素之后的第5大生产要素。大数据对市场占有率、成本控制、投入回报率和用户体验都会起到极大的促进作用，大数据优势将成为企业最值得倚重的比较竞争优势。根据麦肯锡的估计，如果零售商能够充分发挥大数据的优势，其营运利润率就会有年均60%的增长空间，生产效率将会实现年均0.5%～1%的增长幅度。
>
> 在大数据推动的商业革命暗流中，与时俱进绝不仅仅是附庸风雅的卡位之战，要么学会使用大数据的杠杆创造商业价值，要么被大数据驱动的新生代商业格局淘汰。这是天赐良机，更是生死之战。成功者将是中国产业链升级独领风骚的枭雄，失败者拥有的只有遗憾。

第三节 开放的底线——信、善、和

大凡成功的企业都有其相似的特征。我把它们的基本特征总结为三个字"信、善、和"。信生善，善生和，和生财。

这是开放的底线。

信

对于一家企业而言，除了运营和销售，其他都是成本。从这个意义上说，经营工作是企业家的第一要务，是大于一切的"天"。因为个人有信用，企业有信誉，所以用户信赖，所以用户的持续购买保障了企业的基业长青。为什么Google能在物欲横流的今天依然洁身自好且保持不败的神话？因为它的创始人、执行官和大部分员工都懂得要想长期发展，就必须在整个工业界、在大众中树立良好的形象并赢得大家的信赖。信商触碰了信用的最深处——提倡个人信用是企业信誉的最核心竞争力，个人品牌是企业品牌最核心的资产。在未来时代，信商提出以信交友，就是不把消费者当成购物者，而把他理解为活生生的人。经营工作人性化，销售体系数字空间化，用互联网平等公平的信义为出发点，让客户成为粉丝再营销自我，达成不销而销的最高境界。

苹果产品行销全球与乔布斯创造出来的无数个果粉有直接联系。如今乔布斯已驾鹤西去，但留下来的他的创造性精神文化以产品为载体供人们消费。卖苹果之前先制造果粉。中国有个"褚橙"卖得很好，我买过尝过也不觉得怎么好吃，但还是愿意再买，价格高一点也可以接受，原因很简单，我买的不是橙子，而是褚时健不折不挠的人生态度。我是褚粉，当然吃褚橙。

信者，生于心，现于行。信源于真实，以深刻的文化内容呈现，以人类共同偏好的价值观借一个朗朗上口的故事，飞快传播。信生翅，信不需要太多广告投入，这无形中减轻了企业开发市场的成本压力。可是有一种投入必不可少，那就是企业家个人的真实价值观。做一个有内容的人，做一个有故事可讲的人，做一个感动别人的人。这种投入更需时间、耐心、毅力。

记得年轻时在上市公司天士力当顾问时，闫希军总裁最经典的一句话是这样说的，"男人40岁以后才懂真正办企业"。的确如此，40岁以前的男人迫于生活和社会的压力，赚快钱觉得理所应当，哪有长期规划？大凡大企业家的确有一个40岁以后开悟的过程。觉悟得早点成功就来得快点。

创办信商以来，我边做边悟，逐渐悟到的只有一个字——信。

善

世界经济学有一个"企业赢利平均值理论"。研究30年发现，处于同一水平线而采用不同战术的企业，其30年内的公司股值几乎均衡。

我也有一个"华氏幸福平均值理论"。我研究了100位大企业家的内心幸福值，发现他们成功后和做大前幸福值也是均衡的。上市公司老板的苦恼只有上市后才知道。

假如一个人的幸福不是企业大小和赚钱多少决定的，那么没有理由用"恶"的态度生产诸如有毒食品的劣质产品。产品的背后是人品！人的态度决定产品对用户的态度。假如你把用户看成你的亲兄弟姐妹，你的善良被激发出来，你收获的不仅仅是钱，还有对等的善意回馈。

在尔虞我诈的商业竞争中，能提倡不作恶且坚持做到这一点是非常难能可贵的。什么是不作恶？用中国的古话来说，就是要做正人君子。当然，不作恶反映在商业上，就是要公平地和对手竞争，不采用非正常的手段。2002年，除了微软，其他主要门户网站都采用了Google的搜索引擎，只有微软还在采用长期亏本、摇摇欲坠的Inktomi公司服务。当时Inktomi的市值只剩下一亿美元，比巅峰时掉了99%。很多业界人士认为，Google如果买下Inktomi并关闭其服务，便可以轻而易举地垄断整个搜索业务，但Google没有这么做。身在硅谷的Google深知很多硅谷公司深受垄断导致的恶意竞争之苦，如果这时Google采用这种合法却是恶意的收购手段来清除对手，将令整个硅谷失望。所以，Google宁可让雅虎将Inktomi买走并成为自己在搜索领域的对手，也没有做损人利己的事。Google这种君子之风在日后得到了巨大的回报，几乎硅谷所有的公司都将 Google 视为一个可信赖的朋友。即使是 Google 的主要竞争对手雅虎，在遇到困难时也向 Google 求救。随后 Google 在整个 IT 领域，除了一家公司没有任何大公司与它为敌；而它的那个对手，在整个 IT 领域，几乎没有一个大公司朋友。

信他才会爱他。因信生善，因善生爱。用爱心做出的产品会是市场上完美的精品，何愁没有长期用户？经常出国的人不难发现，国外很多百年老店孤零零就那儿一个，你问他为什么不多复制出几个店，他会说他还能剩下多少度假的时间。

中国市场不缺产品，缺少"善"。

和

在大学教 MBA 这么多年，有一个问题一直很困扰我。为什么中国的中小企业老板读过这么多管理课，但自己的企业能力却没有太多管理提升？为什么国外的 MBA 却有不一样的成效？

表面上看是中国的大学 MBA 教育没有自己独创内容，更本质上我认为这是社会大环境不让人相信书本上的东西。坐在教室里越听教授讲越激动，出了门冷风一吹还得回到急功近利非常浮躁的状态。土之不肥，奈何种乎？

这是一个全中国人必须重视的微观经济现象。如果中小企业没有可持续成长的土壤，就一定诞生不了像苹果和谷歌这样的世界级企业。假如我们换个角度，用"和"的眼光看企业管理，我们就有可能改造这块土壤。

管理冲突大多源于管理沟通和利益分配不均。如果以和谐为目的营造体制机制，以和为贵对待合作伙伴，以利他再利己的和谐思维，我觉得管理会变得简单而有效。"和"不仅仅是目的，更应该是手段。

当 Google 的搜索引擎变得非常流行后，很多公司都愿意出钱将自己的搜索排名在 Google 的结果中往前靠，但 Google 坚持搜索排名不出售的政策。如果想通过 Google 的流量来做广告，Google 非常欢迎。但 Google 会在它的页面中注明哪些是广告商的链接，哪些是搜索结果。很多人都认为 Google 这种做法实在有点傻气。在他们看来，如果 Google 把一些愿意出钱的商家的排名往前提，公司将多一份收入，商家们也高兴。这岂不是两全其美的好事？然而，Google 的创始人却不这么认为，他们说，"我们的用户在他们做决定时是相信我们提供的信息，搜索结果是我们用已知最好的算法产生的，它们公正且客观，并且没有受到任何钱的影响"。Google 这种做法在短期失去了一份收入，但却使它在网络搜索市场的份额不断增长。

企业运营是"天"，生产产品是"地"，管理的对象是"人"。天生地，地生人，人生财。如同信商的三大理念，信生善，善生和，和生财。信天、善地、和人，一个美好的信商时代开始了。

【链接】

（声音）吴晓波：信用是你唯一需要保全的财产

创业是一个幸存者游戏。所有的创业者都可能面临灭顶之灾。这就如同一幢房子，很可能会突然着火。在熊熊烈焰中，你需要冒着生命危险抢出来的唯一财产，不是椅子、电器或账本，而是你的信用。

2005 年，我（吴晓波）去天津寻访孙宏斌。那时，孙宏斌是中国企业界新晋的"最大失败者"。

孙宏斌于 1994 年创办顺驰。2002 年之后的两年里，顺驰由一家天津地方房产公司向全国扩张，成为房地产界最彪悍的黑马，气势压倒万科。然而，在 2004 年二季度的宏观调控中，顺驰遭遇资金危机，孙宏斌被迫将股份出让给香港路基，成为当年度最轰动的败局新闻。

一开始，孙宏斌答应接受我的约访。然而在最后一刻，他派出了一位老同学接待我："什么都可以问，我都会如实答，不过宏斌不愿意出来。"在一周的时间里，我先后访谈了地方政府官员、银行、媒体记者以及顺驰的几位高管，渐渐把成败脉络摸索清楚了。就在这个过程中，我（吴晓波）突然有一种预感：孙宏斌还可能重新站起来。

预感基于这样的一个事实：在企业即将崩盘的前夕，孙宏斌很好地维护了与当地政府的关系，解决了与银行的债务问题，对那些遣散的员工也尽量妥善安排。也就是说，在最困难的时候，孙宏斌唯一竭力保全的资产是信用。

孙宏斌是一个个性极度张狂和偏执的人，顺驰的失败在很大程度上与他的这一秉性有关，可是，他恰恰又是一个重视个人信用的人。

所以，在写作顺驰案时，我（吴晓波）最后谨慎地添上了这么一段话："这位在而立之年就经历了奇特厄运的企业家，在四十不惑到来的时候再度陷入痛苦的冬眠。不过，他只是被击倒，但并没有出局，他也许还拥有一个更让人惊奇的明天。"有趣的是，这段文字居然应验，孙宏斌随后创办融创，在2009年的那拨大行情中顺风而起，并在2010年10月赴香港上市。

第四章
移动互联网五十四把金钥匙

章节导读

华红兵,中国式营销教父,2001年首次提出《中国式营销》,风靡全中国。第一次把西方营销理论中国化,并且提出以"6P"理论颠覆"4P"理论的中国化营销思想。

2008年出版了《一度战略》,这本书到现在都是各大图书馆的珍藏,而且这本书是全国营销专业研究生的论文珍藏典集,使中国营销的理论发展到顶峰。

2013年出版《顶层设计》。

2010年到现在,一直都走在移动互联网的最前沿,从中国式营销教父到移动互联网营销教父,形成了融合品牌学、营销学先进理论的移动互联网华氏五十四条,是当今移动互联网最全面的理论套装。

接下来,把五十四把金钥匙——华氏五十四条送给你。

一　专注

观点导读

任何互联网公司成功首要的共同要素是专注。专注，专注还是专注。

互联网本身是专注于信息传播的，任何互联网公司成功首要的共同要素是专注。专注，专注还是专注。

从微信，看到专注的社交；从淘宝，看到专注的电商；从口袋购物，看到专注的导购；从百度，看到专注的搜索；从唯品会，看到专注的特卖……互联网离不开专注。就如同腾讯做不好电商，阿里做不好社交。只要把所有重心放在一处，想失败也难。专注不仅仅是坚持，而是在坚持的同时保持专注。只有几近疯狂的专注才会成就核心竞争力。腾讯做QQ的第三年，这只企鹅差点被卖掉。由于腾讯的坚持，才有了今天的微信。阿里巴巴也倒闭过，500元一个月的薪水坚持下来了。在互联网领域，如果在低潮时不再坚持，就无法继续专注下去。

实际上，互联网公司有一个"三段论"——进阶理论，分别是初始、优化、量变。拿国内上市公司唯品会举例。唯品会的合作商户2009年76家，2010年411家，2012年1075家。三年营业收入分别是280万美元，3258万美元，2.27亿美元。唯品会用了三年时间经历了初始、优化、量变三个阶段，已经是国内互联网公司中成长最快的了。试想，这三年内唯品会只要有一次决定转向，放弃定位，就不会有今天不俗的表现。

在互联网领域有很多传说，但所有的传说都跟专注有关！

二 不疯魔，不成佛

观点导读

把产品做到极致,把用户体验做到极致,把标签思维做到极致。

互联网不同于线下实体店。线下实体店是营销的区域闭环,换句话说,用户购买半径的限制决定了用户消费的不挑剔。因此,线下实体店用购买便利性掩盖货品的不极致。

互联网不一样。互联网没有边界,打破了信息不对称,信息流动变得简单容易,原有的暗箱消失,很多产业链的价值便会消失。在电子商务里离开一个网站只需按下鼠标,用户的转换成本低。当用户可以零距离接触到所有产品信息并进行对比甄选时,他们会因而变得十分挑剔。由于注意力效应的出现,用户会趋向于选择那些与众不同的产品。他们只有网购后感受到非常强烈的消费体验,才会进行企业想要的口碑传播。让产品的用户去口碑传播,是互联网降低企业营销成本的真谛。这就不难解释为何很多传统企业转营互联网营销遭遇亏损,缺少对互联网思想精髓的根本把握是个中的本质原因。

互联网企业必须追求价值的极致化,因为不极致,不疯狂。如果不能在消费者心中占据一个位置,就可能面临被淘汰的局面。只有极致的产品才能在互联网上吸引用户注意,也只有当这些产品为用户带来极致体验时,互联网才能真正帮助到企业。说到底,互联网是个工具,起决定作用的是产品本身以及企业家本身是否具有互联网思维。

那么,怎样的产品才极致呢?我讲三个互联网极致产品开发应当遵守的逻辑。

(1) 20/80 原则。把产品定位于 20% 的用户,避开 80% 的大众。大众的产品市场定位已经被开发过度了。

(2) 疯子精神。只有把自己逼疯,才能把对手逼死。互联网用户要的是

100分满意的产品和服务。

（3）痛点思维。优先考虑用户的痛点。任何行业都有诞生极致产品的机会，因为所有产品都有用户体验的痛点。你只要解决了，你就使产品向极致化靠近一步。别人给痛，你给痛快。你就是差异化极致产品的基因。

三　尖叫点思维

观点导读

华氏尖叫理论三部曲：做足减法，放大痛点，制造关注。

什么是用户极致体验？什么样的体会叫尖叫？为什么我说，只有那些有尖叫点的产品才适合移动互联网？

让我先从尖叫说起。你见过歌迷见歌星的场面吗？那种发自肺腑的声嘶力竭的尖叫，那种不顾一切的呐喊，生动、愚蠢又可爱的尖叫的背后是人类爱恋自己的呈现。

没有热爱，就没有泪水。没有炙爱，就没有尖叫。拥有不那么淡定的粉丝才说明产品带给用户的极致体验。苹果乔帮主做到了，小米雷军做到了，还有看到本文的人可能做到了。

移动互联网不同于互联网。它的界面之小更需要我们思考如何实施"尖叫战略"。我觉得可参考华氏尖叫理论三部曲：做足减法，放大痛点，制造关注。

做足减法

一款让用户从头赞到尾的产品，是让用户摸不着头脑的产品。尖叫点越多，越没有尖叫点。围绕核心尖叫点做足、打磨到极致，把那些与产品核心功能联系不够紧密的尖叫点放弃，只突出一个。所谓极致，就是把一点突出放大。

放大痛点

拿放大镜把用户的痛点放大 100 倍。用户购买只为了两个需求：满足快乐和消除痛苦。为了让用户掏钱去逃离痛苦，你必须预先放大她的痛点。这就像追女孩子，放大她的痛苦的催泪战术，更能让她产生你才是她知音的感觉。

制造关注

不要让用户觉得你的产品随时随地随便可得到。一个随便可以买到的产品不容易被重视，要善于制造消费紧迫感和产品的独一无二感。不在这里买，别处买不到；不马上购买，可能永远买不到了。这就叫关键时刻。

那么怎样才能建立移动互联网的尖叫局面呢？你应该做哪些准备呢？下文详解。

四 极客主义——少数即多数

观点导读

极客，数量不多，但引领多数。"少即是多"是移动互联网的消费道理。

互联网注重"传播"效果，移动互联网注重"分享"；互联网客户虚拟经济的色彩比较明显，移动互联网由于一人一机的载体形式，更具有实体经济的味道；互联网强调"量大体大"的商业模式，移动互联网支持"小而美，特而美"的可持续商业模式。这是华氏总结的互联网与移动互联网的三大区别。

移动互联网必须基于极客思想。

雷军说，"因为米粉，所以小米"。这就是移动互联网的商业逻辑——先有粉丝级用户，再做极致化产品。以创始人个人魅力影响力凝聚价值观相似的粉丝，并且让产品体现这种价值观。雷军的第一批用户是那样的少得可怜，是一群技术和创业爱好者，我称之为"极客"。极客也是客户，但不是普通大众客户，他们是一群忠诚的粉丝，不拿雷军一分钱工资，每天替他宣传思想。他们不要回报，甚至不在乎产品缺陷，他们把消费现象推向了一个极端，他们甚至不许别人说雷军一句坏话，他们活在自己创造的英雄世界里，舒展思想，释放自己的情绪。他们就是极客。

极客，数量不多，但引领多数。这是"少即是多"的移动互联网的消费道理。比起天天盯着多数人不放，我们更应该想想怎样满足少数派。因为移动互联网的核心运营思想就是"极客主义"。

五　卖场变情场

观点导读

有情场，才有极客。情是黏度最高的物质。

移动互联网不同于 PC 互联网之处，在于移动互联网使用了用户的碎片化时间。那么没有移动互联网时，人们的碎片化时间在干什么呢？交友，恋爱，运动，休闲，购物，和家人在一起。人类的自然习惯不会因为移动互联网而改变。互联网是为人服务的，所以，响应人类的习惯才是工具化网络所要服从的规律。

仔细研究，你会发现，人们的碎片化时间都是用来处理情绪的，自己的和别人的。所以进入移动互联网的产品或服务，必须有办法制造消费情绪。把用户当人看，而不仅仅理解为购买者，我们占用了用户碎片化时间，因此要顺势而为，给消费者以丰富的情绪消费。

每个人，每一天，都有不同的情场。比如，我热爱张学友，20 年不变。我超赞迈克·杰克逊，人类再也无法超越他所创造的浑然天成的音乐形式。我崇拜摇滚歌星崔健，只要给一支话筒，他站着不动就把全场掀翻……我的情绪啊，我的场。这应该成为移动互联网的特殊性，因为碎片化时场的出现，变卖场为情场，成为可能！

喜，抑或悲。有情场，才有极客。情是黏度最高的物质。

六　特供模式

观点导读

商业模式是柔性思考的呈现和延展，我们只需要一个词——"特供"。

通过研究所有的互联网成功企业，可以发现它们对自己所创造的特立独行的商业模式的顽固不化的坚持。那份坚守，那份执着，那份愚钝，让人感动。外面的人总看到他们光鲜亮丽的一面，总喜欢把有血有肉的商业思考事后总结出商业模式，却容易忽略成功者为何要坚持的内在动因。

初始之心，定终点。探索一个成功模式成功之前的奇思妙想的可爱度，比一句简单的创新语句去归纳总结更有商业审美情趣。赞叹佩服一个成功者内心深处对世界悲悯式的思考路径，比模式本身商业价值的成功更能带动人类对成功的重新定义。我把这种说不清楚的成功者基因称之为"柔性思考"。

商业模式是柔性思考的呈现和延展。

"特供"能属于平民消费吗？平民是否有权享受绿色蔬菜、生态水果、定制服装、健康干预、专家保健、科技体验？……我们能不能把世界上最棒的产品和服务，以不可思议的低廉价格，给予更多平民参与消费体验的机会？

"简单相信"才能降低用户购买时的选择机会成本。用户买错了产品也是成本。我们能不能设置一个开关，把不守信的产品和服务挡在门外？

放弃80%，把用户对准20%消费者。寻找令人尖叫的产品。把雷军式的人物挖掘出来。我们深信不疑，有更多的雷人级产品被不懂营销的企业家雪藏。

发现小而美。一个城市中有没有规模不大但是出品很好吃的饭店？一个行业中有没有产量不高，但十分精美的手工产品？健康行业中有没有没有药准字批号，但比药品功效还好的产品？旅游路线上有没有令人尖叫的线路，但还没被人发现？

我们只需要一个词——"特供"。

七　屌丝逆袭

观点导读

不懂屌丝，不要搞移动互联网。

未来十年流行什么经济学？是屌丝经济学的天下。不懂屌丝，不要搞移动互联网。

以往商业社会的主要驱动力是"炫耀性消费"和"炫耀性休闲"。LV 和海天盛宴令人神往的时代过去了。现在谁还带 LV 呢？当今中国第一夫人的穿戴引发了国货潮。在屌丝经济发刃之初，第一夫人无意但却猛烈地推动了去品牌化，去奢侈化，去"高大上"化。

何谓屌丝？中国第一屌丝当史玉柱莫属："（我）人丑了点，心色了点，良心'坏'了点，嘴巴大了点"，还一直穿着"红上衣，白裤子，红短裤"。这是史玉柱的标准形象。在退休时，史玉柱再次强调自己的屌丝身份，生怕别人跟他抢。"我是屌丝史玉柱，以后谁自称屌丝，向本屌丝交一分钱品牌使用费。"

史玉柱做屌丝还有一层深意：不管我做脑白金还是做网游，你们都不认同，既然我不能站在道德制高点，不断被质疑，那我干脆做屌丝，不做高富帅，我就是一老混混，你拿我怎么样？在史玉柱的决绝与果敢的背后站着两个人的身影。其中一个是舞台上的屌丝陈佩斯，一生只演社会最底层，从小偷到混混到汉奸。但是谁敢说陈佩斯不是中国最受人尊敬的喜剧之王？

移动互联和屌丝结缘是历史的选择，更是商业化的需求。从商业模式上看，屌丝经济是彻彻底底的"长尾经济"。单个个体消费数量不多，金额不高，但是消费群体庞大，占据这个社会的绝大多数。况且，社会普遍意义上的无力感和越来越强烈的失落感，会使社会主体人群屌丝化，加入屌丝的人群会越来越多。移动互联网的社交属性又加剧了屌丝活跃度。更重要的是，屌丝的思维是以偶像为中心，一旦成为某个产品或品牌的粉丝，就会奋不顾身地热心传播。高富帅以自我为中心，是品牌传播链的断点，而不是续点。

　　为何说"高大上"是品牌营销的断点？这是因为他们属于炫耀经济学，属于卖弄经济学，与移动互联网的分享参与平等的理念完全背道而驰。如果有哪家移动互联网企业把客户定位于"高大上"，那它将注定失败。屌丝则不同，在屌丝眼里，没有商场，只有江湖。商场讲规则，江湖讲义气；商场讲处罚，江湖可以自由发挥。屌丝买东西不是因为炫耀，不是因为需要，而是因为喜欢。感情和义气是屌丝购物的动力。

　　谁抓住了屌丝，谁就拥有移动互联网一席之地。

八　非控制性参与

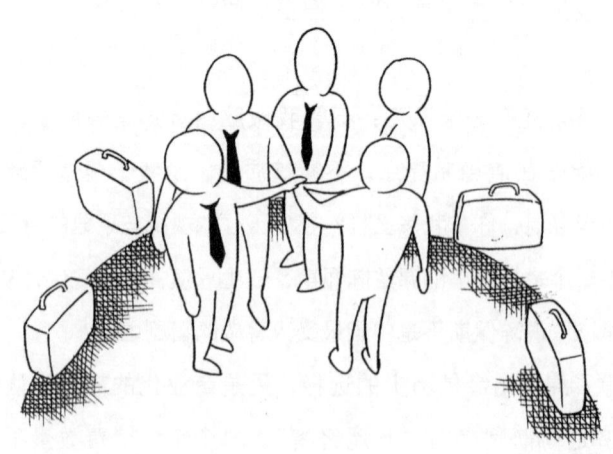

观点导读

巨头控制性思维不适合移动互联网的基本思维模式。民众参与式的自下而上的发动，才是下一个移动互联网巨头诞生的自生命体。

未来，以下两类企业做移动互联网不可能成功：一是当今的互联网巨头，二是制造业巨头。

为什么说他们一定不会成功呢？不管他们多么有钱，也不论他们如何布局，都无法成为下一个十年移动互联网的老大。这是因为：

第一，巨头控制性思维不适于移动互联网的基本思维模式。当今世界的虚拟经济和实体经济的巨头们，均是十年前先进思想的领跑者，所以历史上过去十年的辉煌属于他们。但是他们也只能属于历史人物。因为他们身上有一种最致命的精神毒素，叫控制。

2014年年初，大佬们见到移动互联网公司就扑过去，拿钱去砸。结果很快实现我的预言。一种先进的思想一旦被一种落后的思想控制，用物质捆绑并控制，就是这家移动互联网公司死亡的开始。基因被替换，新物种不会诞生。

第二，民众参与式的自下而上的发动，才是下一个移动互联网巨头诞生的自生命体。为什么小米可以不花一分钱做广告就拥有那么多粉丝？因为小米让用户参与到研发过程中，用户会认为这是他的手机，并向所有人推销他的产品。当越多人黑小米，小米用户就越拥护；外界压力越大，他们就越团结。我们可以看到这个核心的变革，消费行为变了，营销方式也变了。这不是简单的技巧，是一种观念的变革，我们要让民众参与，要真正学会聆听消费者的声音。其实商业的本质就是与消费者零距离，你才能知道他们需要什么，才能给他们极致的体验和极致的差异化。今天，一个重要的思想误区是，人们对于一家新初创的移动互联网公司的质疑：这家公司和腾讯有合作吗？和阿里有关联吗？……似乎巨头的背书才是成功的保障。

本人的大量调研显示，2014年上半年上线的移动互联网公司都不是未来十年的领军企业。它们都将成为殉道士。移动互联网网是一场全民商业娱乐，是自下而上的智能终端的平民狂欢。

　　第三，移动互联网是对互联网的迭代更新，是一场彻彻底底的商业革命。我们应该富有这样的远见：任何基于互联网基因的IT企业，转型移动互联网都不会成功。正如孙中山先生领导的民国革命不会容忍清王朝的遗老遗少去领导革命一样。移动互联只属于新人新面孔。

　　不管你愿不愿意，移动互联网是一场迭代革命，而不是修修补补。

九　替代性倾覆

观点导读

　　功能手机最大的特点是拥抱生活。智能手机拥抱互联网的结果就是移动互联网的萌芽。这是一次全新的颠覆，是替代性颠覆。

先请看一组数字。2010 年第四季度，智能手机第一次超越个人电脑（9300 万部）。2011 年第一季度，电脑没有增长，智能手机又增加 1 亿部。从此，电脑一蹶不振。历史的拐点出现了。

2014 年是移动互联网的创始元年。以前我们用的手机叫功能手机。功能手机最大的特点是拥抱生活。智能手机又向前大大推进了一步，拥抱互联网。智能手机把互联网带到一个从未有过的全新高度，它是手持的电脑。在多数时间，在流量允许的情况下，智能手机可以联网。通过手机信号塔提供的无线连接要比通过建筑物间的铜缆、光纤更廉价。笔记本电脑的电池在一天内会用完，智能手机也能用一天，充电耗能更少。智能手机价格比电脑便宜得多。更重要的是全球有一半以上的人不会用笔记本电脑，而全球所有人都会用手机。

智能手机拥抱互联网的结果就是移动互联网的萌芽。这是一次全新的颠覆，是替代性颠覆。人类第一次开始实现真正意义上的全民互联。从肯尼亚的渔民到北极圈内的探险者，从巴西热带雨林土著到西藏牧民，地球村联网开始形成。这在个人笔记本电脑靠地下铜缆支撑的互联网时代是不可能实现的。

地球智能化开始了。所幸的是，移动互联网时代，中国跑在了美国欧洲的前面。

移动互联网全景思维
MOBILE INTERNET
PANORAMIE

十　拆墙

观点导读

移动互联网的真正意义在于打破了横亘在行业或者门户之间的那道墙,把看似不关联的事物进行了有机关联。

我吃过一道名菜,叫"佛跳墙",直到现在也弄不懂为何它这么叫。移动互联网的萌芽,让我意识到未来世界的营销词典中将会把"资源整合"这四个字删掉,改为"拆墙术"。

所谓资源整合是对参与整合的各方的现有资源各取所需。移动互联网时代的思维方式不一样,不仅可以现有资源各取所需,而且可以翻过几道墙,获取你想不到的资源。

举个简单例子,在高速公路上出了车祸,你会第一时间报警,打120求助电话。在等待救护车到来的这段时间,也是生命救助最关键的时间,你还能做什么?取出你车上的救助工具?拿出你常备的应急药品?你也只能这样了。但是有了移动互联网,你可以上传图片视频,你可以迅速定义自己所处的位置,你可以在全球最顶尖的医学专家的指导下,对伤患进行非常专业的诊疗,并且把你的现场救助和处于移动状态的救护车取得联系,最大限度地救助生命。

移动互联网的真正意义在于打破了横亘在行业或者门户之间的那道墙,把看似不关联的事物进行有机关联。随着数据库的运用,随着云计算、云数据、数据云的来临,移动互联网让世界产生所有的关联,放大了人类的所有想象力,释放了全世界的创造力。或许有一天,人类将永生。人死后可以把他的脑子里的数据上传给数据云,移动终端接收这一信号,这个人就可以不"死",像活着一样陪着你聊天说话,只不过他变成了一部手机。

这不是梦,这是一种可能。

十一 敢于试错

观点导读

敢于快速试错,已经成为互联网精神的一部分。敢于试错是以效率为前提的解决问题的现实选择,快速调整试错效果是优化产品的必经之路。

敢于快速试错,已经成为互联网精神的一部分。敢于试错是以效率为前提的解决问题的现实选择,快速调整试错效果是优化产品的必经之路。那些遇到一点错误就一蹶不振的人,是没有互联网精神的人;那些看到困难重重就选择退缩的人,是被互联网边缘化的人;那些被所谓的专家吓死的人,是连试错的勇气都没有的人。

拥有互联网精神的人都是勇士。真的勇士敢于直面困难并迎难而上。真的勇士敢于承认错误而快速调整。在互联网领域,试错是一种微创新。在移动互联网领域,试错可能是一种常态。这是因为,在互联网领域你可以看到未来三年甚至更远,但在移动互联网领域,你最多看见未来三个月。因为参与移动互联的几大通信运营商、政府机构、金融系统、腾讯公司每天都在调整,或者说都在摸索着前进。如打车软件被叫停就是政府机构参与的结果。

没有人否认移动互联网将一统江山这一基本预测。在前进的道路上,试错是唯一的方法。只不过,我们需要在试错过程中始终把试错成本控制在最低范围内。不玩烧钱的游戏是我们试错的前提。

没有完美的产品,只有不停的优化;没有完美的个人,只有敢于试错并不断调整的团队;没有完美的模式,只有试错的勇气和认错后不气馁的毅力。

十二　模糊的智慧

观点导读

模糊,是一种大智慧。

检索所有的互联网成功创业者后,我们发现,创业的路上,模糊是个智慧。腾讯微信在 2011 年面世时丑得不堪入目,以至于中国移动、中国联通都没注意这个改变中国通信产业方向的力量。随着微信的产品优化和 6 亿用户的聚集,中国移动、中国联通已悄然失去制定通信战略的权利,只能与狼共舞,狼让怎么跳就得怎么跳。腾讯是模糊战略的实践高手。

在谷歌创始阶段,两位创始人请来了 CEO 施密特。当时微软正处强劲势头,一如今天的阿里马云,谁敢挑战微软,微软拿钱砸死他。施密特制定的第一个战略就是"不要把谷歌描述成一家技术公司,以免引起微软注意"。模糊战略就是不要鲁莽地去冒犯比自己强大得多的对手,尽可能长时间远离巨人的视线。

终有一天,你会发现:模糊是一种大智慧。

十三 自律

观点导读

企业管理学核心解决的是关于自由与纪律的话题。出于效率的考量,多数人倾向于选择有限自由礼让严肃纪律。

企业管理学核心解决的是关于自由与纪律的话题。出于效率的考量,多数人倾向于选择有限自由礼让严肃纪律。这不是互联网思维带给我们的礼物,我们有着不同的理解。

心智健全的人不需要纪律。只有心里不平衡的人才需要约束。正如健康的人不知道自己有多强壮,只有虚弱的人才知道自己虚弱。

为何需要纪律?那是因为有太多的诱惑需要面对。为了抵制这种寻求欢愉的欲望,人们才设置了很多障碍。任何形式对阻止的反抗都是思想暴力,我们的人生就是建立在这样的阻止上。像一个大坝既阻止了洪水,也阻挡了洄游的鱼群，大坝为了人类的自由而牺牲动物的家园。然后，这些阻止汇总起来叫"纪律"。

我们不得不承认，人必须有秩序，但未必一定通过纪律获得秩序。纪律、训练衍生出来的秩序，就是爱的死亡。除了金钱物质，人必须懂得规矩和体贴，但如这种体贴并非情愿，体贴会变得表面化。在无条件服从中，是找不到真正的秩序的。

移动互联网时代不存在数学意义上的绝对秩序，却存在于每个人内心深处的爱与自由共同维护的相对秩序。这份秩序支撑每个人在信仰面前保有自律。

十四　快速反应

观点导读

移动互联网最根本的特性就是快。练就一身快速反应能力，是对自己的厚爱。

我们从未有过这样的挑战：不是被竞争对手所逼迫，而是被一只无形的手推着前进。想跑得慢点都不行。这只手叫"移动互联网"。

当大卫·李嘉图和亚当·斯密发现"看不见的手"的时候，那只手叫"市场"。今天无数只看不见的手伸展至经济以外的社会各层面，我们的一切行为被移动互联网包裹得喘不过气来。互联网碰撞了移动通信，不亚于火星撞击地球的震撼。原理之一就是移动特有的"快捷"功能被互联网 N 次方放大。各大领域的蘑菇云快速形成中……

这一次你无法脱身。在互联网时代，你可以拿实体店的消费体验来抗衡网络进攻。也的确有成功者，但是假如所有的消费者都来自移动互联网世界，你拿什么抗衡？移动互联的与商业有关的最根本性改变是改变用户的联系人，改变用户的交流方式，况且这种改变不可逆转。这就会让不进入移动互联网的产品变成哑巴产品。要知道产品和消费者之间唯一的一座桥梁叫"交流沟通"。这座桥正在被移动互联网占据。

这并非耸人听闻，这是不可逆转的事实。只有对新事物的最敏感的触觉，始终不敢懈怠，从不放弃投入热情，积极参与，才不至于被风云变幻的变迁浪潮抛弃。

今天，你够快吗？

十五 野蛮成长

观点导读

移动互联网的成长更加野蛮。它是野草的原理，无人护理却野蛮生长。

  为什么我们所有人都感觉到了移动互联网急促的脚步？为什么我们所有人都感觉到集体压迫感，在移动互联网尚未形成之时？

  这是由移动互联网成长特点决定的。如果把实体店的成长比作一棵大树，植树造林是个漫长的过程。所以在实体店时代，你会变得不紧不慢。

  互联网的成长是盆栽鲜花的原理。在那么多资本推动下，森林被伐，树木被移，满山遍野的花朵争奇斗艳。再加上无数个小蜜蜂的花粉传播，野花开满地。森林是被花痴们砍倒的，因为种树太慢，种花儿快。

  移动互联网的成长比前两者更加野蛮。它基于野草的原理。一开始野草丛生，无人护理却野蛮生长，一夜之间满山遍野。

  不管你愿不愿意，它就长在那里；不管你注不注意，它继续前行。这就是野草的精神。移动互联网就是一根野草。

十六　飞行模式

观点导读

移动互联网，让人类集体进入飞行模式。这是一场技术变革，还是人类的一次生产生活方式的变化？

"现在，飞机准备起飞，请大家把手机调到飞行模式……"还记得飞机起飞前空姐的提醒吗？我们没想到，移动互联网让人类集体进入飞行模式。这是一场技术变革，还是人类的一次生产生活方式的变化？这是人类开始向宇宙大迁徙的前奏曲吗？

以质变而论，人类已经历三次大变革：

第一次变革历经数千年，为了提高生存效率，人类发明了奴役动物的办法——比如"牛车"。为了延伸人类的双眼双腿，人类又修筑了互联互通的道路，从而让马车通过。这次变革，使动物界集体失声，顿悟人类的智慧从此千年服从。

第二次变革仅用了 200 年，人类发明了蒸汽机从而发明了机车。随着高速公路的联网，加油站出现了。最开心的是动物，它们变成了宠物，不再被奴役。

第三次变革只用了四十年，人类从打仗用的枪支中发现弹药的力量，于是，子弹头高铁出现了。从此动物看不懂人类想干什么……

是的，移动互联网时代来了，人类正在学习一种新的生活模式——飞行模式。动物笑了，原来你们人类又回来了……

十七　全网思维

观点导读

移动互联网是人类所有思维方式的终极融合。

移动互联网全景思维
MOBILE INTERNET PANORAMIE

移动互联网是人类所有思维方式的终极融合。这个观点被越来越多的业内人士认可。这也不难理解，为什么移动互联网喊了这么多年却不见一家巨人级企业诞生？原因很简单，诞生它需要的条件太多了。用一句时尚广告词表达：不是所有的互联网都叫移动互联网。

接口是互联网的关键。即便是金融支付、精确定位、街景录入、物联网络、智能云端等这些基础都已生成，也不是随便一个人都能做成移动互联网公司的。成就这份时尚，需要如下思维：

①第三方策略思维；

②低成本的运营思维；

③全网全景的营销思维；

④不树敌的柔性思维；

⑤拿得起放得下的轻快思维；

⑥慢就是快的逻辑思维；

⑦批发思想的培训人思维；

⑧参与性组织的路线思维；

⑨小草精神的人梯管理思维；

⑩永不满意的极致思维。

更重要的是，这群人一定要有人生重大失败的历史经历。没有过失败阅历者读不懂移动互联网的精髓。因为，它需要一个人的多种人生体验的阅历叠加，再加上独特的想象力，方可触摸到移动互联网多维的空间感。

十八　放手

观点导读

我们每个人都有两个身份，一个是真实世界的人，一个是理想世界的人。

当我们作为一个网民围观一个社会事件时，如果发生冲突的双方一方是穷人，一方是富人，请问你帮谁？多数人会选择帮穷人。紧接着再问你一个问题，你是希望自己变成穷人还是富人？多数人会选择变富人。

原来，我们每个人都有两个身份，一个是真实世界的人，一个是理想世界的人。这就揭示了为什么很多老板转型做移动互联网没有成功的内在原因。作为一个领导者，在理想世界——互联网上寻觅平等宽容，在现实世界——互联网公司里一味玩专制。

每个独裁者都会为自己的专制找到 N 个冠冕堂皇的理由，而且往往拿所谓的道德制高点说事。这是最可怕的领导人，用现实摧毁理想浇灭星星之火时还把对方推到道德的对立面。而往往是缺乏互联网意识的人处于领导岗位上。这是常态。

忽然想到解放战争。当时解放军打过长江，面对国民党士兵时打出一个条幅"你们家里都分了地啦"。国民党没法打了——我家都分了地了，还打什么？共产党不是军事优势，而是土地政策优势。那时的成功叫"解放"。

十九　跨界

观点导读

跨界，是把看似不关联的事物用近乎疯狂的设想让其产生关联。看似不着边际的跨界思想有其存在并发展的合理性。

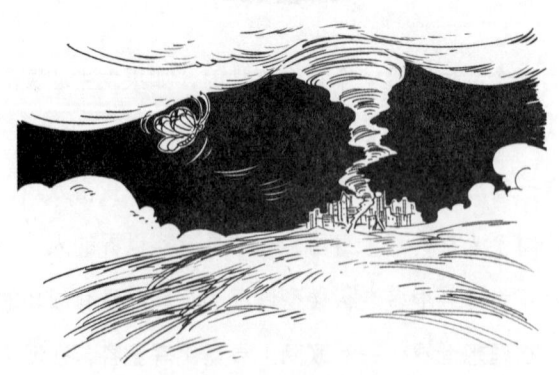

今天的创新任务很重。企业不仅要在本行业中完成垂直创新，还要做到横向的跨行业创新，谓之跨界。

1998年是数码世界跨界创新的元年。谷歌跨过数据之间的壁垒提供高效的搜索解决方案。著名的巨企IBM在干什么呢？如果IBM出手进行跨界数据整合，哪里会诞生谷歌？苹果从电脑到智能手机跨界时，诺基亚在干什么？消费者用钞票去投票，奖励跨界之举。

2014年是数字世界跨界创新的元年。从此开始的未来十年，中国乃至世界必将诞生属于这个时代的巨人企业。请看，腾讯在微创新出基于移动通信的微信工具时，中国移动、中国联通在干什么呢？真想不通这些有钱有网络的老巨人企业为什么不敢跨界思考？

"人类失去联想，世界将会怎样？"还记得20年前的广告吗？如今的移动互联网时代，联想在干什么呢？当年的巨人，未来的失去者。

理由有一个就够——用户需要。

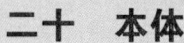

二十　本体

观点导读

移动互联给消费者个性显现的自定义提供了无限遐想。

为什么说移动互联网是一次真正的"全民网络盛宴"？这是由于消费主体的革命性转移造成的。

手机商业革命的本质是消费者的"5W1H"（who，人物；when，时间；where，地点；what，事件；why，原因；how，方式）全部过渡到以消费者为中心。也就是说，从以前的提供方生产者制造市场需求，变成以消费者自主任务为中心的产业格局。产地与消费者的直联模式，加上"无论何时何地均可交易"的移动应用，使这场商业革命来得相当彻底、无比震撼。

传统营销学的产品卖点即将落伍，品牌定位、品牌诉求点也将失去商业价值。移动互联网时代，流行的是消费者"自定义消费模式"。移动互联网给消费者个性显现的自定义提供了无限遐想。比如在未来的网上商城，消费者可以根据自己的习惯差异，从海量的令人尖叫的产品群中挑选出常用产品和服务，从而自定义消费，再也不用跟着商家的吆喝声走。

跟着自己走，让商家说去吧。不是淘宝的买卖关系，不是唯品会的价格纽带，而是"我的生活我作主"。这才是消费革命的本质——从消费主体到若干个个体。

二十一　进化论

观点导读

移动互联网的进化是跳跃性想象力的全兼容。

我们目前面临的全球化交流和公司贸易的主要障碍是语言。但是进入移动NET时代，自动翻译系统的载入移动互联网使这一切变简单。移动互联网靠跨界技术不断融入而进化成连我们自己都不敢想象的"神器"。

我描述几个场景给你看。

澳大利亚的渔民把刚刚捕获的大龙虾的照片上传到WOOTRUE移动网上，广州的消费者用手机购买，第二天大龙虾便上了广州人的餐桌。

病例电子化和基因技术加入移动互联网大合唱后，"处处是医院，随时可诊断"的愿望得以实现。再也不用只为了一个普通的感冒去医院排队。有孩子的人都有深夜在儿童医院挂号的经历吧。移动互联网有个以效率为中心的进化过程。

护理领域也发生变化。空巢老人的照顾在今天是个难题。未来通过安装平板终端以及摄像头使得儿女如同时刻在身边。WOOTRUE 设有空巢老人用品及服务专区，让老人"有尊严地活着"。

移动互联网是个无限大容器。

二十二　不做霸主做盟主

观点导读

随着乔布斯重新执掌苹果，苹果就完全采用了不做霸主做盟主的新思路。

传统市场的竞争往往是企业内部的单打独斗。比如在计算机领域，往往是

芯片厂家之间的竞争，比如说英特尔、微超之间的竞争。而手机终端竞争主要是摩托罗拉、爱立信、索尼、苹果等。行业壁垒的存在使它们不敢跨界相拼。

随着企业发生这样的竞争，不仅效率低下，而且浪费资源，于是开始根据产业链的占有进行强强联合，形成不同的阵营。在计算机时代，最大的强强联合的领先者就是操作系统的微软，和基于芯片功能建立的 winter 联盟，同时捆绑了硬件的老大 IBM。这三家的联盟就把当年乔布斯做的苹果计算机和苹果集团打败了。

当乔布斯重新执掌苹果，苹果就完全采用了不做霸主做盟主的新思路。

其实当年索尼是最有可能创造出苹果模式的，它具有视频、音乐、手机终端、影视等内容，但是它没有将其协同捆绑进行创新营销。而苹果公司做到了这一点。所以苹果公司成功靠的并不是独创的技术，也不是霸主式的垄断地位，而是对跨行业的资源的整合，也就是说放弃霸主而做盟主。

不吃独食，学会利他、分享，才是移动互联网思想。

二十三　微创智造

观点导读

任何企业的根本任务有两个，一是盈利，二是创新。而新时代的创新源于微创与智造。

移动互联网全景思维
MOBILE INTERNET
PANORAMIE

微创就是微创新，智造是智力加创造。在当今中国中小企业普遍面临上天做电商无门入地做实体店无路的时候，我们怎样去进行完全的更新？此时最能带来价值的就是微创智造，即不依赖技术而是依靠商业模式去创新。智造需要企业去重视无形资产和智力资本，这才是移动互联网所应该具备的基因。

为什么 iphone 手机可以替代诺基亚？大多数人的回答是：哇！它是更时尚、更酷的手机。

苹果公司在产业链上获得百分之五十的利润。其外观时尚功能强大的背后，暗里遵循了这样一个颠覆性理念：苹果在开发新产品时不去做市场调查，因为它不追随和满足现有的消费理念，而是去创造一种需求。

我们看看，mp3 在苹果之前就有了，ipad 也并不是苹果公司独创的，苹果公司只是在 mp3 以及 ipad、智能手机上进行了微创新。最重要的是微创新过后再利用轻公司、轻资产的模式生产，就连显示屏也是采购三星的，只保留自己的研发和品牌。

无数成功的互联网企业让我们知道，在这个时代，只有通过手机与传统产业的融合进行微创新，这才是取得成功的不二法宝。但是仅有技术和产品的创新亦远远不够，只有商业模式的颠覆性变革才有可能成为投入少赚钱最多的龙头"轻公司"。

二十四　从 01 到 NO.1

观点导读

互联网就是由 0 和 1 所构成的数字世界。

我们都知道，互联网就是由 0 和 1 所构成的数字世界。那么谁将会在这个 0 和 1 的数字世界成为下一个世界的首富——NO.1 呢？

我可以预言，它一定得符合如下六个条件：

第一，它一定是在代表大方向是朝阳产业背景下。这个朝阳产业的关键词是移动互联网。

第二，它一定不仅是依靠产品和技术，而且是依托于商业模式的创新去重新定义一个传统行业。

第三，它一定是个跨行业的平台扩张者，一定是利用手机和传统行业的黄金融合机会来获得空前成功。

第四，它的成功一定是利用信息库为核心资产的轻公司来运营，进而调动线下无数以物质资产为核心的重公司。借力打力，用四两拨千斤的巧实力来获得产业重构的成功。

第五，它的突破一定是选取了在移动信息化过程中对某一个核心矛盾的解决方案上。

第六，它必须有巨大的胸怀去兼容世界，比产品和技术更高的是胸怀，比胸怀更高的境界是心态。

二十五　先觉先行

观点导读

先知就是首先知道。当你知道这是一场史无前例的伟大机会时，你就要先觉，觉醒自己的互联网精神和意识，然后去先行。

中国人创造词汇都有哲学思辨的味道。危机，就是危险当中承载着新的机遇。我们提到手机对传统行业的冲击并非要将传统企业付之一炬，而是要传统企业把服务业务等通过移动信息化技术找到新商业模式。

在今天的手机移动互联网的技术还没有完全成熟的时候，许多人选择的是等待观望。等待可能会让你丧失这种先知先觉先行的良机！先知就是首先知道。当你知道这是一场史无前例的伟大机会时，你就要先觉，觉醒自己的互联网精神和意识，然后去先行。我们要成为一个先行者，在一个新兴行业尚未成熟的时候展开行动占得先机。

当移动互联网的技术都已经非常成熟的时候，你只能成为后知后觉后行者。财富从来奖励的是先知先觉者。但凡企业家都具备这种试错精神，并且在不断的试错中去优化自己的模式和产品，在不断的实践中锤炼企业，使之变得更加成熟。

二十六　I Time

观点导读

移动互联网重新定义了 IT 的含义：IT = I Time。

移动互联网全景思维
MOBILE INTERNET
PANORAMIE

移动互联网重新定义了 IT 的含义：IT = I Time。

佛教认为：众生皆可佛。欧洲文艺复兴提倡：人是万物之灵，平等与个性解放。市场营销的观点是：客户是上帝。那么救世主说：上帝只有一个，人类尚处于蒙昧之中。尼采说：上帝死了，每个人都以为自己是上帝。当移动互联网到来的时候，人们才发现：人人是上帝已成现实。

移动互联网时代，消费者由群体性行为演变成个体化行为。这就促使企业在产品定位、市场营销以及企业管理等深层理念方面发生颠覆性的改变。正如互联网的编码是由 0 和 1 构成的，我们今天的服务对象已由一群人精确到 1，一个人，这与工业化批量生产的标准化服务背道而驰。

所以做惯电商的人不理解信商模式。在企业追求规模、产值和大批量的时候，个体化演进会促进生产方式和管理方式产生颠覆性转变。

无人能逃离这场变革。在人人都是上帝的时代，广告寻找形象代言人已毫无益处，因为移动互联网最终会变成粉丝经济。从对偶像的崇拜变成以自我为偶像。移动互联网时代还会以消费者个体为最小的营销单位，这也预示着个人品牌的出现恰逢其时。人们从英雄崇拜转为人人是英雄。这就是移动互联网的本质，因为移动互联网基于每个个体手中的手机。传播方式也会发生变化，从过去以推广式的广告行为，逐步转变为消费者自主需要的自媒体传播，更重要的是在传播过程中会加入很多消费者个体的认识。所以每次传播，消费者都把自己的热情、创造力发挥得淋漓尽致。在未来，每一款产品都是消费者创造的，而非工厂。

我们嗅到了，人人是上帝的时代翩然而至的气息。

二十七　能量公式

观点导读

移动互联网的关键词不是流量，而是能量。

大多电商靠买流量起家。但移动互联网的关键词并非流量，而是能量。

信息是可以用量化单位计量的，bit（比特）是信息的最小单位。比特数越高，代表图像、声音、色彩清晰度越高。信息的剂量也是按照一千倍计算，最小单位是比特。这是信息社会的计算方法，我们参照信息社会的计算方法来模拟未来十年的财富生成，便发现其实也只有这两种商业模式：全是0和1的组合。假设我们把 0 当作用户，把 1 当作需求，未来手机的财富模型只有两种：

第一种是 01 模式。01 就是指锁定同一群人，永远只赚他们的钱，尽可能满足这一群客户在生活、工作娱乐学习领域所有的需求。比如制作动画电影、玩具服装等，它永远只为青少年服务，只赚这个钱。它的行业边界不断扩张，但用户从来都是固定用户群。

第二种是 10 模式，就是只专注于一种需求，但这种需求满足了所有人。比如宝洁公司做洗发水，它开发了众多品牌，但是满足所有人的同一种需求——洗头发。

01 和 10 模式是手机在未来最成功的商业模式。

二十八　自造化

观点导读

互联网的自造模式就是让用户创造内容，再让用户自己消费。

在移动互联网时代，很多应用和内容并不一定是商家和企业生产的，甚至不一定由政府主宰。今后绝大多数产品将由群众自发生产，在群众自发的互动中、碰撞中创作出真正有创意的产品。这在以往是一件非常昂贵的事。极致的差异化就意味着昂贵的成本。但在移动互联网时代，因为是去中心化的，每个人都可以是服务提供商，都是自媒体、新闻发生源。在美国 LBMB 公司，人人都是酒店的服务提供者，它采取众包大大降低了商业成本，真正体现了毛泽东说的：只有群众才是历史的创造者。

为什么腾讯和阿里作为移动互联网公司，以其当前的财力、物力、人力和物流为什么不能迅速在移动互联领域取得成功？移动互联网公司和电商公司有着基因的不同。电商的原理是中心化甚至集权化、集约化、大规模化，而移动互联网公司恰恰是去中心化，分散化和自造化。这两种不同的方向和基因，就是为什么中国还没有诞生一家大型的互联网公司的原因，这也就解释了为什么电商巨头在面对移动互联网这个最后人类的掘金机会的时候，却彷徨无措。

移动互联网是自下而上的一场全民狂欢。

二十九　圈子能量

观点导读

一个具有相同需求的圈子世界可以宽泛自我的思考境界，通过有共同趋向性的信息交流和归属感来扩展内心的体验，展现自我属性。

　　人的自我行为是由认识决定的，而这种认识多起源于与他人的互动。他人的评价和态度反映了自我的一面，同时也会映照到自我塑造和认识的本能。延伸下来，可以认为，自我认识是社交媒介中进行信息传播的一个起点，这种自我认识随着人际元素的推动而不断更新、衍化，进而也影响了人际传播的进程。

　　"企鹅"基于伟大的原始 IM 功能长生不老。但显然，同一旗下的微信 sir 在即时聊天功能上更胜一筹，这不仅仅源于人们喜新厌旧的本性，更是它在基于聊天传播功能上的"自我"进化。微信是个活泛的圈子。在这个无比华丽的圈子里，自我的认知及他人对自我认知的映射是一个强有力的吸引源。每一个以特有含义冠名的微群里都生活着一群多多少少有类似特质的"自我"。而使这一同性物质得以延续的关键点就是自我实现本身。

　　我们天生的日常交流因为外界环境的限制而带有含糊性，这多多少少牺牲了自我价值的落地，而一个具有相同需求的圈子世界可以宽泛自我的思考境界，通过有共同趋向性的信息交流和归属感来扩展内心的体验，展现自我属性。如果只停留在模仿真人版聊天的短暂喜悦中，依托于公众账号的情绪种植将只能在虚拟的符号化环境中生存。而注重自我发掘的需求一体化形式则会让你在微信世界里诗意地栖居。如果在日常工作中你的自我本能需要有意规避，那么在抛却物理世界的圈子里，你可以展现本真的自我。而这个角色定位是乐意为之的。你可以体验流动和多重的自我，进而通过这种平行的自我展现参与人际交流互动，在信号—反馈—信号的自我塑造中成长和发展。

　　微信成为企业合作伙伴，它的开放性和自由性不言自明。但微信 sir 的红火从心理学角度来说，是对实现自我的一次大解放。尽管微信三番五次地设限制令，但微信的沟通本能促使自我大放光彩。看似是有圈的圈子，实则是无圈之圈，它的开放和包容、它的分享和平等，都将会使每一个独立的个体在这里获得尊严和勇气，进而在自我的世界里诗意地栖居。

三十　情感强连接效应

观点导读

家庭是你的第一世界，那里有家人；生活圈子是你的第二世界，那里有经常面对面的朋友；移动互联是你的第三世界，那里有虽不常见面但却想见面的熟悉的陌生人。

传统的交往关系中，face to face 的交往是主要的互动方式。在互联网时代，人们忽略时空进行即时交谈，并且依然可以面对面交流。时间可以纳入经济学的成本范畴。在时间追踪者的眼里，每一声"滴答"都蕴藏了经济价值。人们对移动互联网的依恋是它的碎片化时间利用，如同零散在地的珠子，一个神奇般的魔术就可以变成一串完好无缺的项链。微信受宠，是因为它的文化特质迎合了我们的社会生活环境，我们可以在地铁上听音乐，在等电梯的间隙发图片，在蹲马桶的时候预订一张优惠电影券，在吃饭的间歇里添加微友……这些碎片化的时间串联起丰富美好的生活。生活因移动而精彩。

我们不曾见面，但我知道你用的洗发水牌子；我们是陌生人，但我们无话不说。人人微信的时代，我们的朋友圈仿佛在一夜之间涌现了一批熟悉的陌生人。这些好友的形象以三种面貌存在：第一，"say hi"，"say bye"型，只说了一句"你好"便销声匿迹的好友，也就是传说中的垃圾好友；第二，老死不相往来型，你不言，我不语，你虽然在我的圈子里，但从未走到我的世界里来，这种是僵尸好友，死活都要潜水；第三，"声声不息"型，这种又分不同情况，心灵相吸者有之，广而告之者有之，滔滔不绝者有之……总称熟悉的陌生人。想在这样的陌生人世界里获得长期交往的权限，即建立情感强连接效应，信任是首要基础。如果忘掉这条潜在的交往规则，你就会被自动孤立在这个世界之外。要想和对方建立稳妥的交往关系，你就必须敞开心怀（当然，敞开心怀、马不停蹄地发广告者除外），诚信交往。这就是为什么信商名下的朋友圈倡导真头像、真名字、真交流，这是由微信的游戏规则决定的。就像在足球场上，如果不遵循赛场规则，你球踢得再好又有何用？我发现在微信圈，凡是一点也不透露自己的信息或只是僵硬广告索取的微友基本上走不到深层交流的地步，往往是在一开始就因缺乏信任而被剔除了。

微信空间里并没有明确规定的制度、条文去规范控制微信使用者的行为。这种基于信任的好友关系是自动生成的，同时你的开诚布公也是自我身份建构的过程。随着交流的进行会在流动的空间范围内建立起情感的强连接效应。如果有一天，你突然没有亮相，大家会纷纷去关心和询问你的动态。这是陌生基础之上的熟悉反应。

在没有制度硬性连接的关系网上，唯有"发乎情，止乎礼"的交流方式才可收获幸福的种子，建立温馨的情感家园。当然了，这种信任必须是有原则和有基础的，对陌生人的开放程度限制在自我安全的底线内。逐渐生成信任机制才会形成亲密的情感强连接效应，建立有效的人际关系网络。而这种依托于网络的情感强连接效应一旦落地开花，层层深入，将使陌生人真正成为线上线下、物质情感的契合者。

家庭是你的第一世界，那里有家人；生活圈子是你的第二世界，那里有经常面对面的朋友；移动互联是你的第三世界，那里有虽不常见面但却想见面的熟悉的陌生人。

三十一　注意力经济

观点导读

在移动互联网下，有价值的不再是信息本身，而是注意力应用。

当移动互联网在扩张中逐渐融合时，我们有了一个几乎是零门槛的平台去洋溢表达以及创造受众规模。我们知道，当事态发展到人人都有能力去完成某件事时，它的重要性就会被瓦解，因为它失去了唯一和独特。信息泛滥成灾，在移动互联网，有价值的不再是信息本身，而是注意力应用。

内容作为非严格意义上的创作，是用来大众消费的。但很显然，很多内容并不称职。人们经常记录的多是日常琐碎、八卦闲谈。在微信公众账号的内容输送中，能够坚持原创、够有内容、分量十足的并不多，公众里多的是伪创作，个人里多的是灌水帖。在这个平民狂欢的时代，没有英雄，或者是只有一分钟的英雄。十五分钟里可能诞生一个英雄，十五分钟后这个英雄就化为平民。变化太快，防不胜防。我们所说的注意力经济并非眼球经济，仅仅依靠本能的噱头来制造舆论并非长久之策。对比眼下十分惹火的"逻辑思维"和任何一则网络版头条，就会发现其中的质的区别，不是大尺度、隐私曝光等字眼，只能说它是冰山一角的小伎俩，但非策略。真正的策略是此地无声胜有声，是公开面与公众面的双管齐下。

注意力的实现需要一定规模的崛起，没有规模的关注不足以使注意力称奇，而交互性微媒的便利使用可以维持注意力的结构性传播。当然，当注意力爆发到一定的水平，这种交互性将会受到自动限制，因为庞大的受众群体会摧毁整个系统的互动。所以往往在一个富有规模的群体中，交互性存在于少数人中，绝大多数受众可能会在初始阶段引发注意力风暴，之后是睡眠状态，也许不是永久的，如同沉睡中的活火山。朋友圈的点赞行为就是对注意力的一种关注回馈。这种注意力的面积大小取决于多重因素的影响，譬如粉丝量、内容、个人环境。

在信息爆炸的时代，稳定的注意力存在都是经过过滤后的可行体系。尽管每个小群体都保持潜伏性，但注意力的获取一旦保持稳定，注意力经济将会变得轻松和低成本，且注意力本身也可以帮助他们获取彼此及外界更多的注意力。

三十二　开启云传奇

观点导读

未来最贵的商品是"云"。

颠覆是互联网的热门词。面对云的颠覆性创新，企业的态度各有不同：老企业多是本能抵制创新，沿袭熟路，因为创新否定原来的成熟产品，核心客户群就会发生动摇，而当这些创新价值被有的企业利用，并吸走一批固定的客户群时，创新的颠覆性才会开始，但领军位置已被占领，陷入困境的企业不容乐观——这就是云的颠覆性。

有直觉力的企业已经抓住云计算的可能性，试图在云中解决一个项目，组建一个团队。知道如何利用云来盈利的中小企业将会更受青睐。

有了云，设计的传统程序就会被打破。确定好市场，咨询好客户，就可以直接设计系统，整合软件中的模块，以达到最佳规范；能让企业了解潜在客户的兴趣，免费做市场研究。在颠覆性变化中，企业与客户是社区存在的便携方式，除了产品的销售，还有知识、服务和情感的回馈沟通。企业的反馈渠道增多，自然会带动产品的更新和企业的发展。

不管你采取什么策略，云都将是一股日益强大的民主化力量，它将更多的数据、计算力送到终端客户的手中，在客户和强大的数据中心交互进行数字文化的传播。

利用云可以有针对性地选择合作方，缩短沟通的距离。这不仅可以展示给客户感兴趣的专业知识，也可建造交互社区，给客户提供双渠道，满足客户的终极需求。云能否将你的企业带向成功，答案在掌握者的手中。

三十三　智慧城市

观点导读

物联网创造了新的产业链条，为企业发展和政府管理等带来了巨大的发展空间。物联网的智慧包容是以前各种网络所难以达到的。

物联网创造了新的产业链条，为企业发展和政府管理等带来了巨大的发展空间。物联网的智慧包容是以前各种网络所难以达到的。如果人类的触觉、物体可以被感知，我们的生活将是高度信息化和智能化的沟通和互动，智慧性的物界环绕将会带给我们温馨、智慧的生活体验。

物联网在信息化和工业化的交叉中有效融合，承载海量信息的连接和传输，通过技术终端的集成实践达到我们想要的目的。"一个城市，一个梦想"。未来我们执着于智慧城市的构建和信息传播，以更透彻的感知和广泛的互联互通构造智能化愿景。每一座城市都有它独特的智慧基因，用智慧去推进城市发展，用感知去拓展物联优势。

在个人应用领域，手机是整合、集成各项服务的终端力量。移动互联的智能化捆绑和差异化发展，会是每一位用户亲身体验和感知产品的生动模式，是抢占企业发展的蓝海。

在移动互联信息技术的整合下，每座城市都是神采飞扬的人物形象。它不再是冷冰冰的钢筋水泥墙，而是建立在平等与沟通之上的"善解人意"，在诸多物联网的殷切互动中走向智慧世界。

智慧城市，物联网络……10年后我们的城市将智慧满天下。

三十四 拥抱不确定

观点导读

市场是动态的,态度也是动态的,世间的一切都是动态的。以动态视角看问题,才是可行的判断策略。

市场是动态的,态度也是动态的,世间的一切都是动态的。以动态视角看问题,才是可行的判断策略。

经常会有人问我:你不是怎样怎样吗,怎么现在又变成这样了?我无言以对,解释就是掩饰嘛。其实一个人怎么说并不重要,重要的是跟进市场的动态步伐,合理取舍与应变。举个例子,一个传统企业在运势良好的情况下它说自己不会步入电商。而在市场上的电商价值维度日益升温,传统企业受到挫折时,它就开始走电商路线,认为电商路是应该的。这与出尔反尔没有关系,或者说，这是极有价值的出尔反尔。与市场的动态需求相比，这种前后反差的变化微不足道。在互联网的市场领域，随时变动是一种常态，也是必需的动态跟踪。

世界是跳跃式发展变化的。你会发现，有些板上钉钉的事情会因为一些出乎常规的变化而使竞争格局突变。在移动互联网时代，我们习以为常的常量因素也会成为新的变量。这种新变量的出现除了会给企业造成持续生存的挑战和变化外，也会出现奇点，促使行业变革，酝酿出奇制胜的爆发局面。

互联网的特性已然深入到传统行业的内部。突变理论适用于世界的一切。曾经钟爱的诺基亚、摩托罗拉倒下了，苹果也可能被变化埋葬。信息化社会从软件到互联网再到移动，它的断点本质愈来愈自然呈现。不可否认的是，恰恰是变量引起的不确定性使小企业在良莠不齐中获得发展。

时间会改变一切。其影响会随着时间的推移而逐渐黯淡。任何起初因惊喜而产生的溢价效应都会在时间线上逐渐递减。世界是向前的，唯有抓住眼前突变，迅速出击，才能够在看得见的远方获得生存干粮。

变化是机会产生的本源。在颠覆与被颠覆中抓住生机，在确定与不确定中拥抱未来。动态视角看世界，你的生活更精彩。

三十五　关系有价

观点导读

互联网的世界，就是产生大关系的世界。换言之，要想在互联网混出一个眉目，就得马不停蹄地和各种关系打交道。

人一出生就和这个社会产生了关系。关系是个剪不断、理还乱的网。因为在关系链条中，既有自然生成的客观关系，也有主观建立的关系网。而关系的纵横向延伸又是无止境的。从根本上说，关系的终极目的是满足人的需求，无论这种需求是现实存在的，还是理想主义的，它终将缠绕在人类一辈子的生活中，不离不弃。

互联网的世界就是产生大关系的世界。换言之，要想在互联网混出一个眉目，就得马不停蹄地和各种关系打交道。微信目前是互联网界的红人，它的关系体现在社交中。我们可以随时随地与熟人产生关系，与陌生人产生关系，与身边的和不在身边的物事产生关系。关系的名头越大，可能你的潜在需求就越容易得到满足。

众筹就是建立关系的路子。有了熟关系，众筹就是小菜一碟。植根于移动互联网的微信版比PC终端版更牛气的关系使移动互联版微信占领了用户碎片时间的高地。这块高地非同小可。一方面，当关系经常发生情感接触和互动时，这种情感在日积月累中就会愈发深厚和浓烈，人们在关系网中就愈容易奠定稳定的信任基础，进而产生习惯和依赖。另一方面，当关系铺盖的范围广泛而频繁时，关系的实用指数将会大大提高，甚至出现垄断局面。

众筹不仅仅是时间和成本的问题，更是关系凝聚力量的问题。没有关系，众筹在实操中将寸步难行。所以在互联网红遍全球的时代，单枪匹马不是长久之道，要做就做关系户，像一只不知疲倦的蜘蛛一样，拥有学而不厌、诲人不倦的精神劲儿，织好自己的关系网。它不是个力气活，但是个长久之策，临时抱佛脚总是不行的。还是用逻辑思维举例，罗胖通过关系圈请会员们去吃了一顿"霸王餐"。末了，各大商家却都抢着去为罗胖的下一顿"免费午餐"买单……这是逻辑思维的众筹众联的关系魅力，与它已根深蒂固的关系影响力密不可分。关系品牌打得好，众筹众联落到点上，成功自然水到渠成。

三十六　圈子

观点导读

圈子世界的构造为人与人之间的交往渠道打开了便利之门，微信的圈运动直接降低了人们的交往成本和需求难度。

说到微信，不得不说微信圈。都说娱乐没有圈，但微信是圈里圈外都是圈，整个就是圈连环。圈子里大有学问在。学透了圈子经济学，你就可以在圈子里游刃有余不逾矩。

自从有了微信，世界仿佛突然变大了。好久不联系的手机联系人可自动成为微信圈的推荐好友。多年失联的QQ好友也被动地圈了进来，在主动与被动间的接触和聊天中，圈子自然而生。

都说在六个人之间组成的圈子中就会有个熟人冒头。虽然这种六维理论并未总能使圈子的价值得到体现，但潜在的圈子世界确实是充满诱惑和无数可能性的。微信通过个人的微信圈、公众账号的收听圈、微群的集合圈等进行了大量的圈地运动。全国人民无圈不在。

在不断的圈运动中，大家被大大小小的圈子套在了一起。这些个圈名目不一，目的各异。但不容置疑的是，圈子世界的构造为人与人之间的交往渠道打开了便利之门，微信的圈运动直接降低了人们的交往成本和需求难度。

有人说，微信是个很玄妙的东西。我想它的玄妙之处也在于圈子的柔韧性，它的成功一定不是开始于赤裸裸的交易之上。如果没有信任做媒，圈子很难成行。建立在社交门下的圈子，是很在乎人性细节和人情设计的。比如微信在收发方式上更自由妥帖，它不显示你接收的提醒，也可以根据需求屏蔽朋友圈信息。任何人之间的关系交流更加自然和流畅。

微信并不是万能的上帝，但人们会发现，微信的圈子功能越来越被人们认可和习惯。从日常生活的角度看，微信圈子就是交际功能的体现，随时和密友取得联系，随时发布最新动态。从需求利益的角度讲，微信通过它的含蓄和直接交往方式巧妙地把同一需求人群聚集在圈子里，既有人气效应，又可以互通有无。

有需求便有经济。圈子也是个人身份需求的标榜。譬如小清新、重口味的形容词一样，它代表的是一种气质和归属感。没有圈子，就仿佛脱离了时代的轨道一样。这也是微信圈运动盛行的理由。至于圈运动能够促成多大的效益和能量，则要根据圈进的圈子来定了。

互联网讲究的是格局。有了高瞻远瞩的思维境界觉悟力，圈运动自会风生水起。

三十七　终极单品

观点导读

未来企业为了活下来，在追求产品极致化的竞争对手面前，必须把产品从多品种模式调整为"终极单品"模式。

未来十年，中国都处于互联网颠覆进程中。移动互联网的出现，又加速了颠覆的革命性和彻底性。传统行业被革命，PC互联网被移动互联网洗牌，这两种革命性任务同时到来，让我们应接不暇。这是今天所有企业家感觉到前途迷茫的原因。

未来只有一种企业，叫新兴企业——传统产业和互联网融合在一起的企业。新兴企业在提供内容方面有哪些根本性变革呢？最主要的变化是未来的企业为了活下来，在追求产品极致化的竞争对手面前，必须把产品多品种模式调整为"终极大单品"模式。把一款产品做到极致，才能让消费者尖叫。只有消费者尖叫，才符合互联网企业靠消费者口碑传播而非靠广告传播的特性。

终极单品企业在产品内容和形态上分为三种。一是终极大单品，体量大到达至垄断者的行业地位，这和传统思维中靠多品种产品形成大行业垄断的操作规程完全不一样。二是终极小单品，个性化定制，体量小，小而美。企业通过把用户需求细分占据一席之地。三是终极快单品，快速升级的技术类产品，靠迭代思维快速推向市场博取消费者尖叫。除了以上三种产品类型的企业，其他企业很难活下来。作为一个企业的战略决策者，需要用"以终为始"的思维看待现在传统企业的互联网化。互联网时代思维的改革是"1"，其他的围绕"1"而进行的运营和执行都是"0"。没有"1"，再多的"0"都是负资产。

一如2014年世界杯决赛，德国对阿根廷，教练是"1"，所有的队员是"0"，假如德国队赢了，别忘了教练勒夫的功劳！

三十八　终极大绝杀

观点导读

移动互联网改朝换代的革命性集中体现在对传统企业的三个绝杀。一是"极致产品绝杀",二是"终极底价绝杀",三是"快速迭代绝杀"。

传统企业因为是重资产的太空漫步的模式,导致渠道、广告、设备、市场等综合运营成本很高,所以追求高利率也是被逼无奈。在移动互联网时代,由于点到点的直销模式逐渐形成,价格上采取免费策略,这必然形成趋势。既要把产品做到极致,又要实现成本价销售。假设面临这样的行业竞争对手,重资产的传统企业还能活下去吗?

移动互联网改朝换代的革命性集中体现在对传统企业的三个绝杀。一是

"极致产品绝杀",二是"终极底价绝杀",三是"快速迭代绝杀"。佩带以上三种新式武器的未来企业将在所有的领域干净彻底地结束传统企业的生命。

为什么一定是这样的结局呢?传统企业的竞争,拼的是企业内部的核心竞争力,如企业文化、企业管理、企业内部流程再造、科研经费投入。移动互联网时代,企业拼的不是企业内部资源,而是资源配置能力、产业链整合能力和用户聚合能力。猜想一个可怕的可能性吧,过去拥有先进技术的企业处于产业价值链的上游,让市场为它打工。而未来将颠倒过来,技术性企业将处于最不赚钱的位置,只能为市场打工。

"顶配加成本价",将是未来竞争的常态。由于互联网把信息对称起来,产业全透明导致一个产品的成本核算由消费者来完成,企业失去定价权。一个尴尬境地出现了,一方面你不得不把产品做到极致,另一方面你必须裸价销售。

问题来了,一个裸奔的企业如何盈利,如何发展呢?

三十九 终极大市场

观点导读

移动商务消费逐渐代替在线渠道销售商品服务,依托于终极单品和终极服务的体验式销售,最后赢得终极大市场。

风投钟情的消费技术领域将被具有移动优先力的创业公司占据。前不久由李冰冰、任泉、黄晓明三位明星联合发布的 VC 计划里就明确了有意投资移动创业公司的指向。信誉经济是未来经济行业的主流，富有人格魅力的企业在企业人的人格背后，尤其强调了信任与契合。移动商务平台恰恰具备这种功效，让大众触摸到更真实的人格。如果没有令用户认可的品牌、使用户尖叫的产品、让用户膜拜的魅力，就很难在移动互联网领域开拓疆土了。

移动商务的发展势如破竹。要想成为风投界竞相追逐的香饽饽，就得看清行业形势。移动支付和移动零售的实现还只停留在一个雏形期，待开发的余地远远超过现在。

在移动商务领域，移动支付和零售是基础。无论是提供工具支撑，还是专注于网页平台的建设，按需和基于应用的服务改进在不断增强，是对移动端的优化。目前的火爆游戏、消息服务更多依靠广告植入和虚拟商品盈利。而传统电商若想成功转型，就必须专注于实体商品和服务的开发利用，并且摆脱固有的营销思路。规模不再是硬道理，塑造移动互联网新风尚就是要抓极致，重细节，讲人情。

我们看到移动支付流行后，移动 POS 系统的支付方式迅速蔓延，但身边迅速以此为营生的朋友们并未尝到甜头。这是一个很具有挑战性的行当，且涉及信誉、资本等问题，需要技术火候，信用风险评估。

移动零售的实现在优惠推送服务上已经搁浅。陌生的售后评价将不再被认可，基于用户互动形成的情感互动才可能取信于人，并且利用更贴心的服务来帮助和引导用户发现需求和便利渠道，优化交易流程。在移动手机上按需涉及原生、原配的用户体验，关注便捷性和真实参与度，积极优化改进，实现无缝对接，使用户愉悦消费，企业快乐收入。

移动商务消费逐渐代替在线渠道销售商品服务，依托于终极单品和终极服务的体验式销售，最后赢得终极大市场。

四十　终极大布施

观点导读

世界上最大的赚钱秘籍是布施。布施分财布施和法布施。前者属物质层面，后者属精神层面。任何一种布施都是人类的终极追求。

世界上最大的赚钱秘籍是布施。布施分财布施和法布施。前者属物质层面，后者属精神层面。任何一种布施都是人类的终极追求。

佛祖法布施，终于拥有千年企业也难企及的精神、物质财富：数不清的销售终端——庙宇，用之不竭的现金流——善款，取之不尽的忠诚用户——信徒。佛教也是一点点发展起来的，刚起步时也面临人财物短缺的窘迫，以布施为行为准则慢慢成长自我裂变。

利众才利己。这种亘古不变的古老思想被今天互联网思维传承，延伸至"免费模式"主导的PC互联网全领域。在移动互联网开局的2014年，又被嘀嘀打车演绎成"付费模式"。作为新兴的互联网企业，必须借鉴人类历史上最伟大的商业发明——财布施，才能以核子裂变的速度从实体经济的包围中脱颖而出。传统企业与其说被互联网打败了，不如说被历史规律抛弃了。

互联网并非人类文明的颠覆者，它只是商业工具的颠覆而非历史规律的反动。相反，互联网是历史文明结晶的传承者。如果说PC互联网传承了财布施手法演绎了免费模式，那么移动互联网时代将上演法布施的大戏。经过了过去十年的送积分送赠品送大礼的满天大促销，送"赞"送"笑脸"送"大拇指"的时代到来了。一家企业通过善举所聚集的人气，比买流量的PC电商更能持续获得用户的信赖。

四十一　终极大逃逸

观点导读

世界变平了是互联网思维，世界变真了是移动互联网思维。我们正在朝着人类第四次逃逸的方向奔去。

根据宇宙大爆炸理论，我们的星球是从浩瀚的太空中逃离出来的。人类活动也经历了三次逃逸。

第一次，人类从森林从树上逃到平原，为了集体逃离野兽的侵犯，于是村庄出现了。

第二次，当平原不能持续满足人类对温饱的要求时，毕竟靠天吃饭的农耕作业链不断被打断，为了逃离贫穷，工业出现，城市诞生了。

第三次，城市能带来知识的交换，却无法满足对城外信息的知晓，为了逃离信息的贫困，互联网出现了。

我们还会有第四次吗？从表象来看，移动互联网也是互联网的延伸部分，都叫互联网，自然是同属一个时代。我却不这么认为。世界变平了是互联网思维，世界变真了是移动互联网思维。我们正在朝着人类第四次逃逸的方向奔去。第三次人类的逃逸以互联网开始，使人性之贪婪发展到极致，谎言登堂入室达到最高潮。

高潮过后是荒废。人类必须学会自我救赎，从互联网的废墟中挣扎着站起来，重新定义生命的意义。如今，互联网思维炒得很热，然而我不跟风。因为那些东西根本不是互联网思维，最多是"术"层面的聒噪，缺乏缜密逻辑的推导。噪声多于灼见，概念被肆意包装。

四十二　终极大海战

观点导读

实体经济是陆战，互联网是空战，移动互联网是海战。

实体经济是陆战，互联网是空战，移动互联网是海战。

海洋占据我们赖以生存的地球表面积的70%。我们能把珠峰踩在脚下，却从来不曾触摸到海洋最深处。登珠峰叫征服，探深海叫触摸。海洋永远不会被征服。

象征着蓝色文明的互联网海战具有如下特征：

第一，人人处于生态圈。处于大海中的任何动物在破坏生存环境时都必然殃及自己。不像阿里和京东之间的电商大战，更不像国美和苏宁的陆地肉搏，移动互联网是彼此依存的生态圈。

第二,快鱼吃慢鱼。都说大鱼吃小鱼。不是这样的。小鱼跑得快,慢鱼吃不到。移动互联网的核心思想是一切要快。

第三,分层生存法则。海洋生存之道,乃分层生存之道。移动互联网领域会出现在细分市场的互联网公司的各自精彩,不可能再出现电商时代的阿里一家独大统揽全局的局面。适者生存的规则被替代,只要有特色就有生存的理由。

于无声处听惊雷。平静的海洋正在蕴藏一种超乎寻常的能量。

四十三 知识美学

观点导读

知识之美,美在不俗;知识之美,美在身处异端却依然坚持。

知识就是力量。培根说出这句名言已三百年。他当然不知道今天的互联网

时代是"信息产生力量"。互联网通过改变知识传送的路径，进而改变知识本身。

然而信息的泛滥加重了人类对知识鉴别的负担。当专家们的双眼被眼前利益的尸布蒙蔽，知识被碎片化信息绑架了，整个世界的整体性消失了，事实取代了理解，数据取代了情感，被分解得七零八落互不关联的知识就不再是给人类带来智慧的森林。一个只有落叶的世界是多么的可怕。

可惜人们并没有认识到这种危害正在撕碎人类知识深处的道德底线。PC 互联网时代使知识"非人化"，使一般大众深陷"非人的折磨"，从而对知识心生畏惧，逃之夭夭。大量的知识成为人们的负担。比如，当百度推行以"竞价排名"为搜索依据，人们在对它的商业模式赞不绝口时，可曾想过被淹没的真知的哭泣？有价新闻、僵尸粉丝、虚假点评、涨价再折……PC 互联网把人类辛苦几千年积攒的对知识之美的膜拜，彻底变成了对丑形恶意的堂而皇之的推崇，对物质的崇拜变得没有底线。

要知道，电商巨头们是靠着对海量信息的几乎垄断性支配，进而支配你的消费心理和行为的。制造海量的消费时尚去扭曲你的眼光，编织鸿篇大论来遮掩自己的丑恶。

知识之美，美在不俗；知识之美，美在身处异端却依然坚持。让我们反思互联网吧，移动互联网时代，获得信息入口的主动权将从电商巨头手里转移到用户手中。手机在握，爱谁是谁。这就从根本上颠覆了电商存在的群众基础。

四十四　异端的力量

观点导读

"沉默的螺旋"原理：为了防止成为少数派而受到排斥，每个人在表明自己的立场之前首先会观察四周，当明了多数人所处的地位时，他才大胆表明自己的观点加入，以取得地位优势；否则他会沉默。

解放知识，必先解放思想。

童话故事《皇帝的新衣》说的是为了不做个愚蠢的人，朝廷上下都在附和骗子，只有一个小孩子说了真话。

这种现象叫"沉默的螺旋"原理：为了防止自己成为少数派而受到惩罚，每个人在表明自己的立场之前首先要观察四周，当明了多数人所处的地位时，他才大胆表明自己的观点加入，以取得地位优势；否则他会转向沉默。

2013年的"双十一"电商营销狂欢，谁曾想到过是一场"抬价再打折，处理库存"的商业欺诈游戏？策划主导那场游戏的主角如今被审判了吗？没有。为什么？因为整个社会都学会了在错误的大多数人面前保持沉默。这种可怕的沉默侵入我们的生活中，会让我们赖以生存的社会面对恶行大行其道时保持一种奇怪的沉默。看到路边有人流血受伤，多数人不选择施救，选择沉默；一切与自己无关的均以沉默处之。社会将随着集体的沉默而沉沦！

中国传统文化中的糟粕如"事不关己，高高挂起"之类的中庸之道，又放大了"沉默的螺旋"的作用。一个时代异端者的缺失，是这个时代的失败。对那些看似极少数的异端思想的保护，是智者的责任。

四十五　有限理性

观点导读

移动互联网把经济学人性化，深层次去解释人与人之间的经济关系、行为动机、喜好偏向、价值取向等问题。这就从理论上解释了人也有不理性的一面，并且不排斥这些不理性，认为感性的经济学才是正常的经济学，是谓"有限理性"。

人在信息面前就束手无策吗？被数字包围的时代，情感何所依？决策是一门科学还是艺术？飞速发展的互联网交易的是商品还是人类的情绪？

从数字和信息的包围中挣脱出来，充分释放人性的光辉，是移动互联网带给世界最重要的价值。基于个体通信而诞生的互联网工具，不可能和基于光缆诞生的PC互联网有基本属性的一致。移动互联的属性是人，PC互联网的属性是光。所以说，再大的光芒都无法遮挡人性的光辉。

是人就会有七情六欲，有眼泪有欢笑有咆哮有冷峻才是真正的人。长期以来我们对互联网有偏见，认为那是一个虚拟的世界，一个购买便宜货的世界，一个身体出轨的世界。在这样的世界里，经验丰富者会提醒你，在互联网世界，不要玩真的，不要感情用事，不要沉醉其中。

未来的世界不是这样的。移动互联网世界是一个真实的世界，是一个有信誉的世界，是一个可以付出真爱的世界。信用和品牌构成了移动互联网大厦的两根支柱。移动互联网就是把每个人的信用联网。传统电商最害怕的事情终于出现了，他们靠低价、流量、吹牛来联网。移动互联网的到来将是对他们的碾轧。

经济学给人的感觉大多是物质的投入产出、货币关系、供需产能等问题，也是PC互联网的理论基础。移动互联把经济学人性化，深层次去解释人与人之间的经济关系、行为动机、喜好偏向、价值取向等问题。这就从理论上解释了人也有不理性的一面,并且不排斥这些不理性,认为感性的经济学才是正常的经济学,是谓"有限理性"。

四十六 超越日本

观点导读

在新兴的移动互联网时代,只有亚洲有机会引领世界。美国第一次失去了世界互联网霸主的机会,中、日、韩谁有可能引领世界呢?

这是中国最后一次超越日本的机遇吗?我们这个民族拿起什么样的先进武器领先全球?中国梦的互联网机遇在哪里?

今天,全球进入一个新的移动互联时代,这也是IT产业继硬件、软件和PC互联网之后开启的第四个王朝。前三个王朝,中国全面落后。多年来,中国的互联网产业以美国为师,源于美国的商业模式被"Copy 2 China"。如今中国诞生的所有互联网公司没有一家是模式原创。

没有原创，就没有领先；没有独占性创新，就会永远落后挨打。在移动互联网领域，美国落后了。谁走在了前面呢？我们的邻国日本、韩国走在欧美前面。以手机钱包为例，日本从2005年就开放成功，而在美国，一直到2013年，NFC支付还迟迟打不开局面。日本是世界上第一个商业运营3G的国家，日本首创的运营商——SP模式、二维码、手机钱包等都是完美的封闭体系。

我注意到，在日本的Web和App的历史性对决中，日本政府以国家之力引导转型。在日本，研究中国的书比比皆是；在中国，我们总是遗忘这个可怕的邻居。有价值的做法是研究日本，超越日本。在移动互联领域，我们的对手不是美国，而是日本。

这个引领世界的全球新霸主诞生在谁家，对于国家未来三十年的发展具有里程碑式的战略意义。后台数据库争夺战、个人价值取向争夺战、商业屏蔽争夺战，战战关乎国家命运。沃晒以微弱之力，发轫民间，奔走呼喊，战胜日本！

那么我们是否有机会战胜日本呢？答案是肯定的！

第一，在iPhone走红之前，日本的APP Store自成体系。但在这之后，日本以运营商为中心的移动互联模式被深刻颠覆。这就是说，今天日本和中国处于同一起跑线上。

第二，中国人口庞大，而且闯世界的华人很多，他们都有抗日情结。这为中国移动互联网领先世界提供了用户基础。

第三，中国的线下终端店数量众多，为移动互联O2O做好了准备。日本不具备O2O的线下关键的硬件。

四十七　支付革命

观点导读

未来的支付系统一定是海量的用户需求推动的从下而上的变革。

"当你出门时,只需要带上三样东西,手机、钱包和钥匙,你的 iPod 不在其列。"这是 2004 年摩托罗拉 CEO 桑德尔和苹果乔布斯见面时,桑德尔扔给乔布斯的一句话。

这句话很形象地概括了出门在外人们的两种需求,即通信需求、支付需求。如今这两种需求可以同时在手机上完成了。如果乔帮主还活着,再见桑德尔时他可以这样说了:"当你出门时,你的两种需求可以同时满足,只要带一部 iPhone 手机,而你的 MOTO 不在其中。"

人们出门总是希望所带东西越来越少。手机支付是本世纪最伟大的实用技术发明。手机支付分近场支付和远程支付两种。近场支付就是在消费场所用手机刷卡，远程支付指通过发送支付指令（如网银、电话银行）或借助支付工具（如汇款、邮寄）进行支付的方式。

但是在现实生活中，手机支付的份额大部分是远程支付。如果近场支付迟迟打不开局面，那么移动互联网的O2O模式将很难形成规模优势。移动支付主要由用户手持终端、支付服务、商家刷卡终端三大部分组成。这三大部分最理想的生态链是运营商控制手机终端，金融业控制商家刷卡终端，支付服务由一家民营的平台运营商经营。

理想很丰满，现实很骨感。在中国，不管是中国移动、中国联通等运营商，还是银联，都希望将产业的上下游通吃。中国移动既通过自己的定制手机控制终端，又向餐馆等服务业发放POS刷卡终端，还成立本该民营企业介入的第三方支付服务平台。银联发行了手机的外接设备。其结果是，两大系统各自打造了属于自己的封闭系统，互不相让，进行了旷日持久的支付标准之争，阻碍了支付产业的大发展。

幸好，腾讯借助微信庞大的用户，花大力气推广"微支付"。但微支付不是最佳的解决方案，或许真正的革命性支付方式正在酝酿之中。不过，有一条是确定的，即未来的支付系统一定由海量的用户需求推动的从下而上的变革产生。

四十八　同步社区

观点导读

互联网让地球变平，移动互联网让地球变小。互联网催生出虚拟异步社区，移动互联网则催生真实同步社区。

互联网让地球变平，移动互联网让地球变小。互联网催生出虚拟异步社区，移动互联网则催生真实同步社区。

虚拟社区是一种由兴趣、爱好、目的接近的人群通过互联网组成的松散社会群体，包括同步社区和异步社区。

现有的PC互联网以异步社区为主，如天涯论坛、人人网、遨游网、驴友论坛等。同步社区是实时互动的，交流的信息基本不在页面保留，好友们可以时时在线交流互动。

同步社区形成，最大的受益者是旅游业和医疗业。对于热衷于旅游质量提高的人来说，旅行前成为朋友，并参与到旅游线路的设计中来，是再开心不过的事情。如果能和即将到达的旅游景点的人提前在社区互动，旅行中产生的尖叫会越来越多。

中国步入老龄化社会已成不争的事实。老年病袭来，谁来护佑老年患者愈发脆弱的心灵？除了子女，还有由病友、医生、护士、理疗专家、养生专家、心理专家、运动学专家组成的同步社区，它是老年人依赖的家园。

这些都是只有在移动互联网上才能实现的梦想。在PC互联网时代这一切基本不可能，一个主要原因是老年人不愿意与一个虚拟异步社区交往，他们对安全感的需要远比对药品、食品的需要更迫切。

同步社区的真正好处是在提高人们安全感的同时，也提高了所有参与者的综合效率。看一种新生产力能否替代旧产业，就要看它是否是先进文明的代表者。

然而，被替代者不一定都是落后的，至少在相当长的时间内，PC 互联网还会是舞台的主角。

四十九　新媒渠

观点导读

不变革，必定死。受移动互联网冲击最大的行业是传统媒体，它是被巨浪摧毁的第一个防波堤。你需要抉择：是增加成本筑堤，还是开堤放浪与浪互动？智者会打太极，以柔克刚，化危机为机遇。

进入移动互联网时代，传统媒体该怎么办？是任台风狂飙，还是与浪共舞？

一个不争的事实是，不是人们不需要新闻，而是人们不听你的新闻；不是受众不喜欢报纸、电视，而是传统媒体不喜欢已经改变习惯的年轻人；不是客户抱怨在你那里投放广告没有效果，而是你僵硬永远一成不变的广告形式让客户心生厌倦。

不变革，必定死。移动互联网冲击最大的行业将是传统媒体。传统媒体是被巨浪摧毁的第一个防波堤。你需要抉择：是再增加成本筑堤呢，还是开堤放浪与浪互动？智者会打太极，以柔克刚，化危为机。

传统意义上的媒体只发挥媒介的作用。移动互联网思维把媒介、商户、用户以及关联用户融合在一起，因此广告效率大大提高。传统媒体人的思想将被一种叫"新媒渠"的思维彻底打败。

改变，奇迹就会发生。任何人、任何行业，只要能产生变革的念头，并付诸实践，就可以顺势而为。我觉得媒体变革有三种选择：变大、变小、变无。

怎么变大呢？就是采用一种全媒体移动终端，采用双核处理器和安卓系统，配置 CMMB 移动电视接收模块，可不使用流量免费收看所有的电视节目和报纸新闻。用户还可以和主持人互动，商户投放广告的积极性更高。由于内容兼容性带来的扩充，我称之为"媒体变大"模式。2013 年 5 月，合肥报业集团可以说是改革的先行者，他们根植于本土化，打造了全媒移动终端，成就了"i 合肥"的应用。

媒体变小。变革的出路不只一条，传媒还可以细分市场和用户，根据细分市场的用户需求，使媒介变小，如"微视频客户端"。对广播电视媒体资源进行整合，利用新媒渠技术围绕网络电视、社区、博客、微博、微信等打造出移动网络互动终端，和传统媒体一起滚动传播，彼此放大。南京广电集团微视频客户端开始了此模式的伟大实验。

媒体变无。何谓无？无，亦所有。传统媒体可以借助自己的公信力和发动力，构建一座城市移动同步社区平台，把关心身边事、照看身边人、支持本地货作为主诉求，守护根据地模式其实就是不以传播内容为主，而是以搭平台思维构建的"空媒体"模式。

移动互联网不是狼,人类永远不能与狼共舞。移动互联网是浪,你愿意被浪击打呢,还是选择去冲浪?

五十 异域合作

观点导读

移动互联网和传统企业的碰撞和融合一直在激烈进行,而未来跨界思维和异域合作将是主趋势:传统行业在重塑,新兴行业在跨界。

移动互联网和传统企业的碰撞和融合一直在激烈进行,而未来跨界思维和异域合作将是主趋势:传统行业在重塑,新兴行业在跨界。

未来呈现的趋势主要有:

互联网的普及在达到一个高峰值后,开始呈现放缓现象,但同时在不同地区使用智能手机的人数仍在激增，呈现不平衡的状态。所以从整体上来看，互联网渗透率仍在加速。从移动流量继续上升的趋势来看，手机产生的流量远远超过了PC端，互联网用户向移动终端迁徙已成定局。

在全智能联结的物联网时代，不仅仅是智能手机占主流，以智能家居、智能硬件和车联网为核心的物联网经济将成为新一轮热点。

在网购中成长的85%用户群逐渐成为购买主力军，互联网公司凭借线上运营经验杀入传统产业，而随着越来越多的传统厂商推出单独的线上品牌，使其移动互联模式的新营销路线日渐成熟。这种竞争将日趋白热化。

互联网金融汹涌来袭，传统的安然自得的金融机构虽然依靠其背后强大的支持力而暂时无恙，但也被迫改革与创新。尽管目前的一切新势力都并不成体系，但都在摸索中前进着。目前规模较大的第三方支付是出现得最早也是最具有代表性的互联网金融模式。金融产品的线上销售（以余额宝、理财通等为代表）虽已经开始，但还面临重重困境。另外，互联网信贷和众筹模式也初露头角，它们通过互联网渠道向公众筹集资金，以达到商业合作的目的。

在传统金融与互联网金融的不断碰撞中，必然需要完善一些运营上的不足，如经营漏洞容易被不法分子利用，在无法监管到位的灰色地带也可能会产生法律纠纷，而这些都是无法一蹴而就的事情，需要一个完善与跟进的过程。这个市场的整合和冲突将会继续存在。很多大巨头开始跨界联合，异域结盟。但并不是说未来竞争的主流都是巨头，与他们齐头并进的还有无数涌现出的创业公司，他们各显神通，抢占市场。

原有的分界线和平衡点将被打破和重塑。在这个不分平民和英雄的时代，巨头将和创业者一起涌入江湖，平分秋色，平台不再是优势，学会打组合拳和跨界联合才有生机。过去引以为傲的招牌需要重新开始经营，横向纵向的链条也要重塑。

重整收编并不是坏事，未来还有巨大的潜力可以挖掘。

五十一　1°C 原理

观点导读

在水温只烧到 1°C 时投入热能，待到 100°C 时获得 99 倍的回报。

提及移动互联网，不能不提到一个人，他叫孙正义，被誉为全亚洲对 IT 产业投资趋势判断最精准的人。他用他的"时间机器"理论准确预言了全球信息产业爆发的每一个节点。

所谓的时间机器理论就是通过对趋势的预判获得投资回报。从这个意义上而言，孙正义投资的是趋势，而不是某家企业有无核心竞争力。他的策略是尽早介入，对别人弃之不顾的公司押下赌注，然后放手让伙伴们经营。也就是说，在水温只烧到 1°C 时投入热能，待到 100°C 时获得 99 倍的回报。

孙正义认为，美国、日本、中国这些国家 IT 产业的发展阶段不同，在日本、中国这些国家发展还不成熟时，先在比较发达的国家开展业务，然后等时机成熟时再杀回日本、中国，就仿佛坐上了时间机器，回到几年前的美国。这与我 2008 年发表的《一度战略》营销著作的观点竟然惊人相似。先在传统行业取得成功经验，再往移动互联网行业全力投入，从而获取暴利空间。

有人说现在的中国市场没有暴利的行业，如果你能吃透 1°C 理论，你会发现赚钱是一件非常轻松而简单的快乐之旅。请看孙正义如何运用 1°C 原理的。他的第一份重要投资是 1996 年投资雅虎，占 33% 股份，这是看准了美国市场 IT 行业的成熟度。在美国取得成功后，1999 年他投资新兴市场，这时候遇上了阿里巴巴的马云，并投资 2000 万美元。同样的策略是在 2008 年，软银率先在日本引入 iPhone 3G 版，在没人看好的情况下大获成功。2012 年斥资 200 亿美元收购美国第三大运营商 Sprint，这一回他是拿亚洲取得的经验改造美国的移动互联网，因为他觉得在移动互联网时代，美国落后了，必须向落后地区"输出革命"。

孙正义对移动互联所持有的热情是全亚洲最高的人，早在 2009 年，他的三大预言就深刻地影响着亚洲：一是每个家庭至少会有 10 个以上的移动互联网终端；二是未来手机打电话将免费；第三个预言，据说是 2014 年在广州将诞生一家以城市名片为主题的大型移动互联网公司，叫沃……什么来着？

五十二 悦想时代

观点导读

移动互联网将改变一切，出版业将被颠覆。人人是作家，分享靠大家的社区学习模式涌现出来。移动带来学习的兴趣，互动带动了经典作品的普及，数据不再枯燥无味，呈现悦读艺术之美。

新版《西游记》上演了，白骨精有点爆乳。现在的孩子们读的都是这样的快时尚的书，不读经典书了。

这一点让孩子们的爸爸实在想不通，中外名著干不过时尚杂志里的爆乳，那我们的下一代怎么有厚实的竞争基础？要知道，一个不读经典书的一代是垮掉的一代……

不是我们的孩子有问题，而是我们的出版业有问题。出版业的困境是它既是文化传播者，又是企业竞争者。在利益面前，多数人选择俗能生钱的快公司模式，因为人都有惰性，惰性使人不愿意啃数据，甚至懒得思考。

移动互联网将改变这一切，出版业的理念被颠覆。人人是作家，分享靠大家的社区学习模式涌现出来。移动互联网把学习分成 N 类社区，不同兴趣、不同基础、不同背景的人组成移动课堂，全国最优秀的老师、最杰出的专家以生动活泼的方式演绎着经典文学、哲学或物理、地理。时尚歌手也加入社区，间歇时音乐一段，书法家即时在线秀笔墨，惹得你火急火燎，不需要纸和笔，手机书法模仿秀。

移动带来学习的兴趣，互动带来经典作品的普及，数据也不再枯燥，呈现悦读艺术之美。这就是我说的悦读时代福音。就拿数据来说吧，数据是什么？大部分人会说，数据是一种类似电子表格的东西。这只是说明了数据存储的方式和数据获取的办法。数据是现实世界的艺术快照，数据所暗示的关联和规律，可通过生动的解读使人爱不释手。

不把数据解放，不让人们爱上它，是不可原谅的错误，全因我们即将生活在大数据时代。

我们没有从出版论出版，而是从出版业的终极目的"学习"论出版。移动时代的出版才会回到出版业的原点。

这将是一个美好的时代！这个时代最值钱的将是诗人！

五十三 人人时代

观点导读

移动互联网正在迸发出前所未有的活力,一切静态的信息与不对称的产业都将被移动互联网严重冲击。

什么时候才能把用户当成人,而不仅将用户设定为盈利的基础?

移动互联网正在迸发出前所未有的活力,一切静态的信息与不对称的产业都将被移动互联网严重冲击。在移动互联网商业化过程中,"平台+入口控制"的主导权模式争夺战即将上演,当所有的资金、技术、资源在此集中时,作为移动互联网赖以生存的用户却被边缘化,成为看客。

一个将人性阉割和忽略的移动互联网将是一个怪胎。我担心当前的发展趋势,我担心一幕大戏拉开幕布后,发现制片人是主演,那些伟大的演员——人民,被从戏院的后门赶走,院子里高朋满座的是银行家和夸夸其谈的人。如果这样的景象出现,对移动互联网来说,是毁灭性的失败。

移动互联网的核心精神是"人人"。这两个字含义甚广,既有人人平等之精神,也有人与人自由交互之行为,更有"人人为我、我为人人"之价值观。人类为这一天的到来等了数千年!

可怕的商人们把这项开天辟地的移动互联网商业搞得像战场一样,硝烟弥漫。"智能手机+应用商店"的苹果模式,阿里与新浪的"微博淘宝版"模式,腾讯凭借X5内核浏览器生成的HTML5技术,给每个人开发出HTML5

APP，还是纯粹的商业化，腾讯的微店无非是个人主义商业化战胜淘宝的大物流大资金的尝试。在所有的这一切尝试中，唯独没有发现用户的影子。

BAT 的任何一个巨头，都力图以自己的核心技术构建一个完整的移动互联网生态体系，通过"入口＋平台"进一步强化对用户的控制，再导入各种服务实现盈利。这是合法生意，但合法未必正当。

过去二十年，中国的消费者一直处于产业链的弱势地位。消费者年年都上当，当当上得不一样。移动互联网给了人类一次改变用户弱势群体的机会。永远不要以合法性去掩盖其不正当性，不要以控制为主导方向让平等的精神渐微，不要再次让善良的人们逃离互联网电商的恶意纠缠。

别奢望 BAT 救赎，让我们自己拯救自己吧！

五十四　信用管理

观点导读

PC 互联网是信息，移动互联网是信用。移动互联网更依赖一个人的信用管理。在移动互联时代，一个人老是不守信用，说话不算数，承诺不兑现，将是毁灭自己的最好武器。

微信是搭建在河两岸的一座桥，一边是 PC 互联网，另一边是移动互联网。现在我们正好路过这座桥，你在桥上看风景，我在桥下看你。我知道此时此刻你处于"自我印象管理"时代。晒隐私、晾美照、自恋狂、表现癖，这些都是微信以自我呈现的自媒体舞台的剧情。

我不奇怪你的表演。但我知道，表演者往往会隐藏他的理想自我与理想化表演不一致的活动、事实和动机。传播者发布的都是他有意要发布的，不想展示的内容早已通过自我把关机制过滤掉了。因此，在信息不对称的情况下，对表演者的性格、品质过度信赖，造成认知误判的概率接近100%。

不必大惊小怪，这种自恋文化恰恰是移动互联网到来的前奏曲——用户从印象管理到自我信用管理。微信时代，用户需要精心截取自己生活中最美的片段来构建一个理想中的自我印象。"你并不是你假装的那个人"是微时代人们对自我认同的渴望。

人类有三类渴望：占有、交往和存在。占有是物质需求，交往是社会归属，存在是一种精神家园。这是微时代自恋癖的理论依据。

移动互联网更依赖一个人的信用管理。在移动互联网时代，一个人老是不守信用，说话不算数，承诺不兑现，将是毁灭自己的最好武器。这样的人不仅没有生意，更没有朋友。所以从现在开始要养成自我约束、自我信用管理的好习惯，不然你无法适应未来。当骗人和不守承诺般的信口雌黄成为习惯时，你就自绝于未来。

第五章
移动浪潮中的世界波

章节导读

本章从移动互联网的波心美国开始研究,越过日本,踏遍欧美,冉回到21世纪移动互联网的市场中心——中国。认真阅读本章,你会发现,中国很幸运。美国由于是汽车国度,方向盘束缚了双手,所以有技术优势而无市场优势;我们的邻居日本近200年来一直把中国视为对手,每一次技术革命,日本都领先中国,移动互联网来了,日本再次领先。但,未来30年,历史幸运地选择了中国。

用投资者眼光，全景扫描移动互联网

移动互联网被称为下一代互联网 Web3.0，dropbox，uDrop 这类应用就是典型的移动互联网应用。随着互联网和电信技术的快速发展，移动和互联网的融合是大势所趋。

移动互联网的出现将人们带入移动网和互联网融合发展的新时代，并为移动通信发展提供了更为广阔的空间。各种从互联网上移植过来的下载、邮箱、搜索、博客、即时通信、电子商务、拍卖和 VoIP（网络电话）等业务正通过手机得到日益广泛的应用和普及。苹果、诺基亚、Google 等巨头通过其客户界面掌控能力，争夺移动互联网的主导权。移动互联网分化成运营商（系统门户侧）和终端厂商（终端门户侧），他们之间争夺掌控用户，而传统的通信网络正逐渐被"管道化"，这成为移动互联网商务模式的最大特征。

尽情享受移动互联网的未来吧！

移动互联网在创造了巨大的机遇和挑战的同时，还带来了娱乐、通信、导航、搜索、媒体和商务新方式。

当前智能手机的普及过程进入了发展后期，发达市场已接近饱和，最大的机遇在中国和印度。2014 年智能手机的销量由新兴市场的新用户推动，中国市场规模已经达到美国市场的两倍，是移动应用的第二大市场！

而对于广告支出，我们可以从媒体历史中学到一个规律："金钱跟着眼球走！"当前眼球已经转向移动互联网（人们平均每天花在智能手机上的时间是 1 小时，花在平板电脑上的时间是半小时，移动互联网是唯一正在增加的媒介时间），因此金钱也会随之而来！

这场移动平台战争已经有了赢家，那就是 Android！世界进入"多屏"市场。

【链接】

近日，美国网络媒体 Business Insider 总编辑兼 CEO 亨利·布洛格特（Henry Blodget）发布的报告《移动互联网的未来》引起了人们极大的关注。Android 已赢得移动平台战争；移动媒体是目前消费时长唯一保持增长的媒介；通讯应用、电商应用、移动支付都在呈现迅猛的发展；中国和印度市场将成为智能手机销售量最主要的拉动力量；世界进入"多屏"市场。

第一节 移动互联网源头在美国

对美国人来说，互联网是日常生活的一部分，就像刷牙和洗澡一样。

2013 年 4 月，美国 10 家顶级社会网络网站的访问数量暴增，比去年同期增长了 47%，达到破纪录的 6880 万人。在这些网站中，主动参与的用户数量达到了 45%。其中著名的交友网站 MySpace 排名第一，比去年同期增长了 367%，共有 3840 万用户。Google 公司下属的 Blogger 网站排名第二，拥有 1850 万访问用户，增长率达 80%。另外，同学在线增长了 10%，访问用户达 1290 万。YouTube 和微软公司的 MSN 网站的用户分别为 1250 万和 1060 万。

在互联网时代，网络已经渗透到大多数美国人的工作和生活中，各种媒体的宣传也让人感到网络连接无处不在。社会网络交友、六度理论、长尾理论……这些带有 Web 2.0 烙印的名词，伴随着互联网创新浪潮，席卷世界。

当很多国家还沉迷于纸质媒介或电视营造的梦境时，互联网已经将美国人带到新的世界里面，美国网民数量有力地说明了这一点。2007 年，美国人口大约是 3 亿，在 2006 年 4 月，Pew 互联网和美国生活项目（Pew Internet &

American Life Project）曾经做过统计，使用互联网的人数占其成年人口的73%，达1.47亿人。而在2005年，美国上网人数为1.33亿。与日俱增的网民数量，显示出互联网向现实生活渗透的强劲速度。

美国之所以成为世界互联网的源头，也是互联网创新的大本营，有三个方面的因素起着至关重要的作用。

第一个因素，风险投资对美国互联网创新起着重要作用，直接导致美国十年来经济的持续繁荣。20世纪50年代早期，全美只有二十几家风险投资公司，1958年，在政府支持下，迅速成立了300多家这类小型企业投资公司。1979年劳工部制定了鼓励政策，使得投资机构大量增加且投资额度不断上升。目前，美国风险投资创造了历史新高。市场的资金充裕，风投基金的融资规模越来越大，在网络泡沫破裂后风险资本"谨慎克制"的投资策略也开始发生变化。

第二个因素，高等学校（尤其是著名学府）为互联网创新提供了人才储备。人才是互联网创新的决定性因素。硅谷有高达85%的互联网公司老板们认为，能否获得人才是决定他们选择公司地点的首要因素。硅谷和旧金山有斯坦福大学、UC伯克利大学，波士顿有麻省理工学院（MIT）和哈佛大学，洛杉矶有加州大学洛杉矶分校（UC.L.A.），奥斯汀有德州大学，华府有华盛顿大学及弗州校区，西雅图有西雅图大学（设有技术转移办公室和华盛顿技术中心等机构），培养"多面型"人才涉及教育体制乃至社会、文化等诸多因素，且与学校的校风也有一定的关系。

第三个因素，政府为鼓励互联网创新发挥了重要的推动作用。美国互联网产业发展速度在全球首屈一指，在一定意义上归功于美国政府的政策支持，并与合理的互联互通模式有着密切的关系。

20世纪，比尔·克林顿（Bill Clinton）在担任美国总统期间，美国的和平和繁荣超过历史上任何一个时期。美国互联网也正是在这期间得以蓬勃发展，克林顿签署了许多重要的法令，鼓励整个行业的发展。克林顿曾说："在美国,因特网是广阔的天地,这是大家可以发散思维的地方,因特网是一个完全不同的媒体,比如博客网站,你们可以坐着做访谈,这是很有意思的。"

进入 21 世纪以来,美国的互联网新概念和新形态层出不穷。显然,美国人已嗅到新大陆的气息,在这个迈入新历史阶段的前夜,他们正在积极地做各种准备和探索,为新的互联网时代建立框架和体系。

美国互联网技术和产业的发展版图

近半个世纪以来,美国的企业、政府、科研机构相互携手,主导着全球网络信息技术和产业的发展进程,包括英特尔、IBM、高通、思科、苹果、微软、甲骨文、谷歌等一批 IT 巨头控制着全球网络信息产业链,在半导体(集成电路)、通信网络、操作系统、办公系统、数据库、搜索引擎、云计算、大数据技术等关键技术领域占据明显的先发优势。

1. **英特尔遵循摩尔定律引领芯片技术的创新迭代**

自 1958 年美国德州仪器公司发明了第一块集成电路以来,全球信息产业的革命以半导体芯片技术发展为主要驱动力,成立于 1968 年的英特尔公司及其生产的中央微处理器芯片(CPU)始终居于技术的制高点和产业的核心地位。无论是出于主观的战略规划还是客观的研发规律,数十年来英特尔芯片技术的研发和制造工艺基本遵循着摩尔定律有条不紊地演进发展并保持技术领先,即每 18 个月产品性能提高一倍,前进一个技术台阶,进而带动其他半导体元器件和设备的技术变革。摩尔定律因此成为全球 IT 硬件技术创新的基本规律。

2. **高通以专利授权模式构筑全球移动通信技术生态圈**

高通是一家美国的无线电通信技术研发公司,成立于 1985 年 7 月,在以技术创新推动全球无线通信技术发展方面扮演了至关重要的角色。高通的成功在于通过"无晶圆厂+专利授权"的模式创造了一个以 CDMA 为载体的技术开发商、设备商以及运营商的生态圈，其研发的 CDMA 技术成为世界上发展最快的无线技术之一，并已经向全球数百家移动设备制造商提供了技术使用授权，几乎涉及世界上所有电信设备和消费电子设备品牌。

3. 苹果公司以用户体验为中心开展持续快速的技术创新

成立于 1976 年的苹果公司在全球高科技企业中以持续快速创新而闻名世界，苹果公司的关键技术创新始终以创造完美极致的用户体验为中心，以苹果公司旗下研发的智能手机系列 iPhone 为例，第一代 iPhone 于 2007 年发布，此后每年均有 1～2 个创新系列产品推出，而其操作系统的更新更是频繁，近 6 年来总计约有 50 次的系统升级，软硬件的高速研发步伐使得苹果移动终端始终保持产业竞争优势，苹果手机也因此成为全球销量第一大的智能手机。

4. 微软操作系统凭借广泛的兼容性和捆绑战略得以长期垄断

操作系统是计算机应用软件的摇篮。从微软操作系统的整个发展历程来看，其技术创新始终围绕着对各类软硬件产品的兼容展开，并以产品捆绑的商业模式来遏制竞争对手。也正因如此，微软操作系统及其应用程序（浏览器＋办公软件）得以产生出强大的磁石效应，推动 PC 产业链各环节对其的技术支持，并不断巩固其产业垄断地位。

5. 美国 IT 巨头与政府联手引领云计算、大数据等新技术应用

在美国 IT 巨头和政府的共同推动下，云计算、大数据等技术被视为全球网络信息技术发展前沿。其中，IBM 作为云计算技术的主要倡导者，其云计算战略是研发和并购双管齐下，迄今已投入超过 30 多亿美元收购了多家云计算相关企业。而谷歌则是大数据技术的主要推动者和创新力量。2011 年，谷歌以 7 亿美元收购数据算法分析公司 ITA Software，将大数据分析技术用于解决社会问题，运用集体智慧涉足环境保护等科学技术问题。除了 IT 企业的推动，美国政府也将云计算、大数据等关键技术视为国家战略予以全力推进。如 2011 年 2 月，美国发布《联邦云计算战略（Federal Cloud Computing Strategy）》，要求美国政府每年总计约 800 亿美元的 IT 开支中有 1/4 左右迁移

至云计算。2012年3月奥巴马政府正式宣布了"大数据研究和发展倡议",携手6个政府部门投入2亿美元资金,实现在科学发现、环境保护、生物医药研究、教育以及国家安全等多个领域的技术突破。

Facebook 上市开启社交网络时代

Facebook 的估值已超过一千亿美元。面对如此高的估值,不少人对 Facebook 提出了质疑,毕竟在2011财年,Facebook 营收只有37亿美元,净利润只有10亿美元。那么 Facebook 究竟值不值这么多钱呢?

在我看来,Facebook 的上市可以说是社交网络崛起的真正体现。Facebook 开启了一个新的时代——社交网络时代。

社会最重要的基础是什么?是关系!是人与人的关系、组织与组织的关系!在网络时代,社会的本质没有变,社交网络最重要的依然是关系,只是人与人的关系不再通过身体的接触或者面对面的交流建立,而是通过互联网工具、通过社交网络来建立,所以技术发展的方向是更好地建立和维护关系。社交网络将成为网络时代关系链建立的基础,进而成为网络时代整个社会的基石!

掌握了9亿用户的关系链,Facebook 显然是目前最有可能成为网络社会基石的公司。而且基石一旦建立,必将牢不可破。那么,你觉得 Facebook 值不值千亿美元的价值呢?

社交网络的概念由来已久,但是社交网络时代的真正开启却要从现在开始,从 Facebook 登录纳斯达克开始。

1. 社交网络的崛起

1997年,一家纽约的网站六度空间(sixdegrees.com)取得了真名网络交友服务的重大突破,而六度空间的出现正式拉开社交网络时代的大幕。

六度空间是根据"六度分割理论"创立的,即"你和任何一个陌生人之间所间隔的人不会超过六个",也就是说,最多通过六个人你就能够认识任何一个陌生人。

六度空间首先采用真实身份来确认和映射人们在现实生活中的真实关系,这在当时看来是极富远见的。六度空间创立之初有两个关键功能:第一个是"与我连通"(connect me),如果你输入某人的名字,系统会通过已有的用户来建立你与他的联系;另外一个是"将我加入"(network me),通过这一功能你可以寻找特定性格的那一类人,系统会通过你的要求来识别那一类人。

在1999年,六度空间达到它的最高峰,那时它拥有了100万用户,并被一家公司以1.25亿美元收购。但在2000年互联网泡沫破灭以后,它的新东家选择关闭这家亏损的公司。

1997～2000年可以说是社交网络的第一阶段,以六度空间出现为开始,又以六度空间倒闭为结束。不过这仅仅是社交网络的起步,而不是终点。

2001～2005年是社交网络发展的第二个阶段。2001～2002年,社交网络经过两年多的沉寂后,在2003年迎来爆发。Friendster的失误,给了Myspace机会,让Myspace抢走了社交网络第一的地位。虽然在一段短时间内Orkut能和Myspace抗衡,但很快便败下阵来。而此时,Facebook正在悄无声息地发展。当人们在怀疑社交网络价值的时候,新闻集团以5.8亿的天价买下Myspace,肯定了社交网络的价值。2005年底,Myspace以绝对优势成为社交网络的霸主,而Facebook则成为了第二大的社交网站,一直很混乱的局势在2005年底变得很清晰。在接下来的三年里上演了Facebook和Myspace的争霸赛。

2. Myspace的出现

正当Friendster的用户体验评价持续下降和假用户陷入口水仗时,Myspace出现了。Myspace刚起步时简直就是Friendster的翻版,而Myspace的联合创始人汤姆·安德森(Tom Anderson)曾经也是Friendster的忠实用户。

3. 与众不同的 Facebook

2004 年 2 月 4 日 Facebook 上线，当时 Myspace 万众瞩目，谁也没想到这个在哈佛大学宿舍创立的网站会成为社交网络的霸主。

Facebook 一开始就与 Friendster 和 Myspace 在内的其他社友网站有着本质上的区别。没有大学地址的邮箱不能注册 Facebook，而且登录者必须使用真实姓名。这使 Facebook 具有排外性，但也确保了用户的资料绝无虚假。让用户身份真实有效是 Facebook 战胜 Myspace 非常重要的一个因素。

Facebook 在 2 月 25 日向哥伦比亚大学开放，斯坦福大学成员次日可以注册，耶鲁大学的加入则是在当月的 29 日。后来 Facebook 向常青藤联盟其他学院全部开放。

2004 年 5 月，Facebook 就拥有 10 万用户。

2005 年 6 月，Facebook 用户达到 300 万，10 月达到 500 万。

4. Google +

Google + 将 Google 的在线产品整合，以此作为完整社交网的基础。Google + 的中心要点是朋友和熟人的圈子（Circles），用户可以按不同的圈子组织联系人，如家庭成员、同事、大学同学等，并在小的圈子里分享照片、视频及其他信息。在整合 Circles 里，用户可以选择和组织联系人，分成群，让分享最优化。

Google + 和 Facebook 服务一样，Google + 也有一个中心网页，它可以显示评论、图片、朋友和联系人分享的最新内容。在 Google 网站的顶部有一个工具栏，用户可以由此接入个性化的数据内容，然后将自己的信息添加进去。

Google + 同时结合地理位置服务。在消息列表页面向右面滑动屏幕，可以看到与用户地理位置接近的人发布的消息。在发布个人消息时，用户可选择是否上传当时的位置信息。整个产品是 LBS 与社交服务深度结合的范例。

下一波移动互联网浪潮：可穿戴设备

对于伴随移动互联网而来的新世界，智能手机浪潮只是吹响了第一声号角，可穿戴设备的崛起则将掀开下一个更壮丽的篇章。

从手机厂商的角度看，智能手机发展到今天已经进入平台期，各大厂商除了比拼硬件参数之外已经没有什么新的招数，甚至连 iPhone 也很难让消费者提起太高兴致。

如果真正去理解移动互联网和智能终端，智能手机仅仅只是从上一个时代到智能化时代的一个过渡而已，它不应当承载一切，手机更适合作为连接其他可穿戴智能设备的计算中心，为更多可穿戴设备的普及打下基础。

我们正在从智能手机时代进入到一个智能穿戴的时代，其本质是人体智能化的延伸。

Fitbit 计步器在过去一年风靡全美，Fitbit 发布了新一代的产品 Fitbit Flex，将过去 U 盘造型改造成了腕带，进化成为一款名副其实的穿戴设备。

Google Glass 和 GoPro 摄像机能够记录下你所看到的一切；Nike + 的运动鞋能够记录下你去过哪里；Fitbit 和 Jawbone UP 不仅能记下你每天走路的步数，还能监测你的睡眠情况。所以，穿戴设备的本质实际上是人类各种感官的延伸，将人感知到的一切数字化。实际上，穿戴设备的兴起与大数据时代的到来是相辅相成的，穿戴设备是数据的入口，而对大数据的深度分析能够让人们重新认识自己以及所处的这个世界。

美国消费电子协会（CEA）的研究显示，2009 年可穿戴设备销售总额为 4300 万美元，2013 年增长到 8.54 亿美元。到 2014 年，可穿戴健康产品销售总额达到 12 亿美元，随后将以 35% 的增速逐年增长。

2013 年 6 月，59% 的美国人拥有智能手机。新的蓝牙技术能够使设备之间安全连接，智能手机能像 "遥控器" 一样，控制一系列可穿戴设备。

2014年有大批可穿戴设备涌入市场,谷歌眼镜当属其中翘楚。戴着谷歌眼镜能随时与科技世界相联,如眼镜一角灯光闪烁,是告诉佩戴者15分钟内有会要开。换作智能手机,就是在口袋中不停振动,用户需要停下手头的工作查看是什么样的通知。谷歌眼镜会为用户导航去餐厅的路线,这可比盯着智能手机穿越马路要安全多了。

除了消费类电子产品,被应用于其他行业的可穿戴设备在未来几年内也会出现。现在多数可穿戴设备与健身和健康有关,但未来可穿戴设备可能对卫生保健领域产生深远影响。某件附着在人身上的可穿戴设备,拥有超长续航,能够监视用户的健康。

既然可穿戴设备可能从消费电子领域扩展到其他领域,那么从12亿美元的规模发展到千亿美元,也就不是那么牵强了。

在移动互联网时代的新篇章中,让诸多可穿戴智能设备围绕各自的用户体验发掘创新机会将会成为趋势。例如,研究智能手表的人会更在意人们手部的使用习惯;研究计步器的人会更懂得如何与人的健康相关联;智能运动鞋的厂商则会更关注我们的双脚。更多细分的智能设备加上专业的观察角度将会发掘更多的创新。

事实上,无论是智能手机时代还是可穿戴智能设备时代,他们都只是通向人体智能进化的不同阶段,这个过程既是科技创新的舞台,也是新技术和传统产业进一步交融的机会。由于它直接影响到人类的衣食起居,某种程度上来说,其意义更加深远。

被称作"互联网女皇"的美国KPCB风投公司分析师玛丽·米克尔(Mary Meeker)指出:"未来几十年内,可穿戴设备及新型设备如无人驾驶汽车,将成为新增长点,并引发一场个人数据革命。"

【链接】

特斯拉汽车与互联网思维

2013年第一季度，特斯拉成为北美豪车销量冠军，一年后，钢铁侠特斯拉首席执行官埃隆·马斯克（Elon Musk）首次访华。一个传统汽车行业的垄断者要进入全球最大的市场——中国，想要赢得中国消费者的尊重和认可，他们是如何操作的呢？

特斯拉的血液里流着硅谷的基因，而硅谷基因的核心就是互联网思维。带有IT行业背景的公司有很多，为什么唯独特斯拉制造出市场认可度极高的纯电动车呢？与众不同之处在于，特斯拉将互联网的思想引入到汽车生产中去，这就是特斯拉的颠覆性创新思维。

今天我们尝试着以特斯拉为案例，特别是以特斯拉进入中国市场的一系列策略来分析这个"汽车界的苹果"。

1. 定位

这种未来的车，没有发动机，却拥有超过法拉利的速度；不需要加油，一次充电能行驶长达400公里；既不是自动波，也不是手动波，而是由一块超级Pad操控。表面上看特斯拉就是一块电池＋四个轮子＋一个电脑，但实际上特斯拉以极致的用户体验为中心，如苹果一样将硬件和软件做到无缝对接，创造超越用户预期的极致驾驶体验。

2. 是真正围绕"用户思维"研发的产品

在互联网上，"用户思维"这个词出现频率极高。用户思维的含义是"一切以用户为中心，使用各种手段最大程度地激发用户的参与感，提供极致的用户体验"。目前国内只有"小米"真正做到了这一点，而另一个外来的产品，那就是"特斯拉"。花费7年时间，才研发出了第一款车，站在用户角度将所有的问题、细节，细化再细化，优化再优化。

特斯拉不是按照底特律模式来设计汽车，而是按照苹果手机的模式来设计，一切为了驾控体验、操控感，所有操控设计尽可能符合人体自然生理特征进行精炼，就好像苹果手机的多点触控一样。一个优秀的CEO等于一个优秀的产品经理。从产品定位的角度，特斯拉不是交通工具，而是玩具。从一开始就拉开了与它的主要竞争对手奔驰S级、宝马7系和雷克萨斯LS等豪车的距离。

颠覆性创新之所以是颠覆性的，就是因为它创造了新的市场，为顾客创造了一种或一系列他们最关心但尚未被满足的新需求。

3. 打造让用户尖叫的产品

百公里加速只需4.6秒，没错，只要4.6秒，超跑才能达到，价格只要70万～90万元，而在国内百公里加速在5秒内的跑车，价格基本在150万元以上。最快能在4小时内充满电，充一次可跑400公里，这到底用的是什么电池，这么牛！电池安装在汽车底盘下，车前盖下面和后备厢都可以放东西，后备厢设有两个儿童椅，一辆跑车能容纳5～6个人，简单炫酷的外表，极致的体验，这样一辆性价比超高的跑车，价格相对低廉，穷屌丝们仿佛看到了春天，想象着开着超跑，副驾驶坐着白富美，在高速公路上飞驰。

4. 简约即是美，做到极致

产品设计要做减法，外观简单，内部操作要简化，特斯拉在设计方面遵循了这一原则，设计简约但是很炫酷，正如乔布斯的苹果，由一个按钮进入一个世界，引导用户一层一层深入到产品内部。特斯拉将产品和服务做到了极致，超越了用户预期，无论从车本身的性能以及定价和后续服务都做到了"超预期"。

5. 颠覆与创新

特斯拉没有任何经销商，纯厂家直销，这是传统汽车制造企业从来没

> 在营销上,特斯拉邀请富豪们先去感受体验,不断发展"粉丝",形成良好的口碑,由于富豪们有足够的影响力,常常引起社会的关注,甚至能引导一种潮流。
>
> 特斯拉没有现车,需要预订,可以通过特斯拉官网预订。目前订车订金为人民币1.5万元。特斯拉跟小米的做法非常类似。用好产品让大家体验,积累强大的粉丝群,形成口碑,聚集人气和势能,之后在更大范围接受预订,不断地通过口碑带动,制造饥饿营销的氛围。

第二节 日本移动互联网的兴衰

日本移动互联网发展之迅猛令人咂舌,领先于中国5～7年时间。当我们处于2G时代时,日本已经全面进入3G时代;当我们3G还没普及,日本已经进入了4G时代。但是日本互联网乃至企业的发展又呈现出非常典型的"加拉帕戈斯综合征"特征,离开本土即很难生存,不具备可复制性。

春江水暖鸭先知

移动互联网在美国兴起,日本人灵敏地嗅到了商机。

20年前,在大部分中国人还只是把手机当作打电话和发短信的工具时,日本的功能手机就已经能够看新闻,下载音乐,玩游戏,使用优惠券,看电视和坐地铁了,满大街都是时髦的二维码。日本首创的运营商——SP模式、二维码、手机钱包等移动互联网服务至今仍然深刻地影响着世界。远在苹果做手机之前，日本运营商 NTT DOCOMO 的 i-mode 模式就已经形成了"网络服务—终端—平台—业务—渠道"的完美封闭体系，苹果后来的 App Store + iPhone 体系与之高度相似，而中国移动之后救活了一批互联网企业（腾讯、新浪、网易、搜狐），则也是将 i-mode 模式进行 C2C（copy to China）的成果。

当我们的支付宝和微信还在拼杀移动支付的入口时，日本早在 2004 年就开始大面积普及手机近场支付了，而根据当时日本总务省发布的数据显示，彼时日本移动互联网用户已经高达 7515 万，占总人口的 70% 左右。研究日本的移动支付崛起会发现，NTT DOCOMO 在中间发挥了极其重要的推动作用，从 NTT DOCOMO 的角度而言，当时激烈的市场竞争是迫使其进入移动支付领域并大力推动其发展的动因。

潮起潮落的日本式移动互联网

和中国及美国很不一样的是，日本是先有移动互联网，再发展互联网。在日本，PC 互联网的上网费用一度非常昂贵，这给移动互联网的发展留下了伏笔。许多日本人家中甚至根本没有 PC，一部手机就能满足其大部分联网需求。

早在 2001 年 10 月，日本最大的电信运营商 NTT DoCoMo 就开通了全球第一个 WCDMA 商用 3G 网络。2002 年，日本第二大移动通信运营商 KDDI 获得 CDMA2000 的 3G 牌照。2005 年，软银移动获得 3G 牌照。日本 3G 市场"三分天下"的格局由此形成，其 3G 网络高速发展。日本 3G 用户的比例至今仍是全球最高，超过 90%。

发达的通信网络让日本整个移动互联网产业快速起飞，包括手机音乐、手机阅读、手机支付、手机游戏、手机广告、手机视频在内的各种移动服务蓬勃发展，并培养了一大批如 GREE、DeNA 这样知名的移动互联网企业。

日本移动互联网的大部分应用场景都发生在上下班路上。由于房地产价格昂贵，大部分日本人都住在城市郊区，每天需要依赖公共交通上下班，这是移动互联网应用最好的时段。

2006年，日本第二大电信运营商KDDI向当时还名不见经传的手机社交公司GREE投资了约3000万元人民币，使得该公司年轻的创业者田中良和得以渡过难关，没想到，这笔投资竟然极大地改变了日本人上下班路上的生活。

2007年，GREE公司推出了一款手机钓鱼社交游戏，并立马成为人们上下班路上玩得不亦乐乎的一个应用，许多日本人一个月花费3500～7000日元（合278～556元人民币）在这款游戏上。

在近年经济乏善可陈的日本，手机社交游戏被称作过去10年日本经济的最大增长点，如今，这一市场的增长速度仍然令人惊叹，GREE最新一季度的营业收入增长高达190%，其2012财年的营收达到22亿美元——要知道拥有8亿用户的Facebook目前也不过只有37亿美元营收，考虑到主攻日本市场的GREE用户数仅有2890万，其赢利能力非常惊人。

日本的手机广告同样高度发达。日本电通、博报堂等大型广告公司与运营商合资成立网络广告代理媒体公司，手机用户通过这些代理公司链接到某手机广告客户的网站上。日本手机是单项收费的，用户无须为手机广告付费。和PC网络广告类似，日本的手机广告中手机搜索广告也是最重要的一块，2011年日本手机广告约有40%来自手机搜索广告。

日本移动互联网中最值得一提的当属手机支付。日本几大运营商推出的手机支付几乎覆盖全国的便利店、地铁、餐馆。在日本，手机就是钱包。

假如你在路上感到口渴，就可以用手机直接在街边的自动售货机上购买饮料，只需选择好你喜欢的饮料，然后在传感器上刷一下手机，就完成支付了，类似的商业应用遍布日本大街小巷。

在日本的移动互联网发展过程中，运营商始终牢牢地占据主导地位，其他如手机厂商、银行、移动互联网IT公司等，都围绕着运营商这个核心开展业务。运营商和服务提供商（SP）及内容提供商（CP）按比例分成，运营商起到代收费的作用，其代表模式是 NTT DoCoMo 推出的 i–mode 模式。

这样的情况带来的好处是一些关键标准高度统一。例如，运营商定制的手机内部都会预置手机支付模块，也会预装二维码识别软件，因此这些应用很快就在日本迅速推广开来，极大地促进了日本移动互联网商业的繁荣。

日本社交游戏之所以快速爆发，也和 NTT DoCoMo 及 KDDI 等日本运营商的大力推动密不可分——运营商为社交游戏搭建了非常完善的生态链，日本社交游戏 80% 的付费通过运营商完成，非常便利。此外，运营商搭建了统一的基于 WAP 的手机网页社交游戏格式，让开发商和用户都获得便利。

不过，日本运营商高度强势的体制，极大地扼杀了手机终端厂商的创新活力，这为日本移动互联网日后受到美国模式的冲击埋下伏笔。

正是日本一开始选择了以运营商为中心的日本制式，完全违背了移动互联网的"人本、进化、开放"的三大基石，所以日本的早发优势没有呈现出较好的结果。虽然日本早出发了十年，但目前却被迫和反应较慢的中国站在同一个起跑线上。

苹果来了

对于消费者来说，手机终端正是他们接受移动互联网服务最直接的载体，因此 iPhone 这样的新型智能终端一经出现就对日本产生了巨大冲击。

孙正义领导下的软银率先在日本引入 iPhone。这种革命性的手机终端起初在日本销售也波澜不惊，但在更好用的 iPhone 3GS 和 iPhone 4 推出后，日本国内迅速掀起了抢购 iPhone 的热潮。

尽管日本运营商定制的各种功能手机的服务已经相当强大，但是 iPhone 这样的智能手机的用户体验要远远优于日本的传统功能手机。此后，日本三大运营商又引入多款 Android 智能手机。

然而，智能手机开放的理念却成为冲击日本固有的移动互联网模式的最后一根稻草，以 i-mode 为代表的运营商业务受到严重冲击。

在智能手机上，运营商不能再通过 i-mode 这样的 portal 强制用户看什么、不看什么了。智能手机就像一台小电脑，用户可以安装自己想安装的软件，用浏览器上网寻找内容和服务。这些和通信运营商都没有关系了。

以苹果为首，加上后来谷歌的安卓，打造了一个新的移动互联网体系，这就是应用商店-应用软件的体系。和苹果的其他产品一样，苹果的 APP Store 并不是第一个网络应用商店，却是最成功的一个。用户要使用服务、获得内容，必须使用应用软件。要获得应用软件，在 iPhone 上只有使用 APP Store。至少乔布斯是这么设计的，后来的越狱和各种助手不在其体系之内。

日本过去以运营商为主导的移动互联网模式在本质上是一种封闭的模式，在其发展初期用户甚至不能通过手机接入互联网，只能在 i-mode 内部接受运营商的各种服务。

这种模式在日本曾极大地加快了移动互联网的发展，不过，由于运营商把持一切，事实上造成垄断资源的现象，此外，这种模式有些过于复杂，远不如苹果的 iPhone + APP Store 模式那样灵活。

此外，互联网和日本运营商控制的移动互联网相互隔绝，使用体验很不一样，很让用户感到烦恼。在 iPhone 为代表的智能手机兴起后，这种日本式的封闭模式遭受到了极大的冲击，因为用户可以用手机自由访问移动互联网，也可以在 APP Store 这样的软件商店中自由下载程序。

对于应用开发者来说，通过苹果的 APP Store 或者谷歌的 Android Market 提交应用的速度大大超过原先和运营商合作时的速度，并可以随时更新，创新的门槛被大大降低，而灵活度却大大提高了，因此智能手机中的应用很快变得繁荣起来。从这个意义上来说，开放是移动互联网的大势所趋，就连能够提供极其丰富服务的日本运营商，也抵挡不住开放的滚滚洪流。

如果把移动互联网上的应用比喻成各种跑车，那么 3G 网络就是一条高速公路，这条高速公路的质量直接决定了上面的车能跑多快。作为运营商来说，它最主要的任务应该是去努力建好这条高速公路,而不是本末倒置自己去造跑车。

虽然运营商的增值业务受到很大冲击,但是日本运营商的数据流量、支付等基础业务仍然拥有雄厚的功底。例如,日本运营商定制的 Android 智能手机里面普遍加入了手机支付模块、手机电视模块等特色应用,还有运营商自己的软件商店等基础服务,日本的运营商依旧牢牢控制着移动互联网这条高速公路,不管上面跑的是哪个牌子的车,它都能从中收钱。

因此,过渡到智能手机时代,并没有给日本运营商带来灭顶之灾;相反,当移动互联网应用的创新速度被大大加快,日本用户成为最大的受益者,掌握基础服务的运营商尽管面临"管道化"的情况,但修好管道不正是运营商最应该干好的事情吗?

日本的经验表明,运营商不应该本末倒置地花大力气和民间创业者竞争做音乐、阅读、游戏等业务,而应该老老实实地把基础设施建设好,例如提升网络通信质量、降低流量资费、铺设好支付系统。

经过转型期的阵痛之后,由于基础较好,日本的移动互联网最近又显现出惊人的爆发力。在手机游戏、手机社交等许多方面,日本的发展都远远快于其他国家。

在运营商主导的功能手机移动互联网时代,日本用户积累了良好的付费习惯,人们愿意为移动互联网的内容付费,这为日本移动互联网新一轮爆发积累了良好基础。

除此之外,来自日本移动互联网界的资本也让世界感到震惊。2012 年 10 月,软银宣布斥资 200 亿美元收购美国第三大运营商 Sprint,一时间震惊业界。

此外,日本的移动互联网业界近年来在全球有多笔大手笔,如软银斥资 2 亿美元投资移动广告公司 inMobi,DeNA 斥资 4 亿美元收购美国游戏公司 NGmoco,GREE 斥资 1 亿美元收购社交游戏平台 OpenFeint。目前,来自日本的移动互联网产业资本也正在中国市场上寻求并购机会。

作为世界上最成熟的移动互联网市场，日本过去多年的探索实际上为中国提供了很重要的借鉴，比如手机钱包、移动广告、O2O、移动医疗等，这些还在中国探索的移动互联网新生事物，其实早已在日本运营多年。

以 O2O 行业为例，O2O 需要整个社会成熟度做基础。日本高度成熟的社会商业环境为其 O2O 的发展打下了良好基础。日本整个国家收入差距很小，从最北边的北海道到最南边的冲绳，人们的生活水平相差无几。此外，日本商家的集中度高，如日本的 7 - 11、全家、罗森等连锁便利店已经牢牢地占据了人们生活的中心地位，因此，日本很可能成为全球移动互联网新一轮的试验田，有望率先诞生出一些创新的商业模式来。

在过去多年中，日本探索出了多种适合本国国民需求的移动互联网服务，如地震报警、老年人手机、儿童手机、手机智能交通规划、移动医疗，其在移动互联网改造传统行业方面的实践要远远走在其他国家前面。但是，日本终究没有诞生像中国的腾讯一样的世界级互联网企业。

中国的 3G 时代，也就是移动互联网流量入口战争的开始，直接和智能机时代重合了。互联网玩家们躲过了运营商单一控制移动互联网入口这一劫，直接进入了黄金时代。一大批新锐的辉煌即将在 2015 年登场。

第三节　群雄逐鹿：韩国、英国及欧洲

韩国：全民移动时代

韩国在互联网时代是全球宽带普及程度最高的国家，包括中国在内的很多

互联网公司都模仿了韩国很多产品创意,如盛大游戏当年就是靠代理韩国游戏发家,而国内的一些做社区的网站也模仿了当时韩国非常火的社区网站——赛我网。

在移动互联网时代,韩国是处在一个什么阶段呢?

1. 全民 4G 时代,到处都是免费 WiFi

首先说说韩国的网络情况,现在的韩国全部是 4G 网络,消费者可以选择各种费用的流量套餐,一般在花费不到百元的情况下,流量是用不完的,电话套餐时间也是打不完的,很多套餐都不会对流量封顶,不像国内的运营商,使用流量是有限制的。韩国的地铁里、各种餐厅、咖啡馆等场所都有免费 WiFi,尤其是地铁里,每个人都可以用手机看视频、小说、玩游戏等,因为网络免费,不用担心流量被用完。

2. 手机当卡刷

在韩国,有了高速无线网络的保证,手机在各种移动领域的使用非常普及。几乎 70% 以上的人都用上了智能手机,可以通过手机随时随地移动支付,坐地铁、出门购物等直接用手机实现刷卡支付就可以了,非常便捷。而这点在国内还处于实验阶段。

3. 人人都在用 kakao talk

中国人都在用微信,韩国人都在用 kakao talk。kakao talk 的功能几乎和微信是一样的,可以语音、视频、多人在线等。不过韩国后来推出的类似软件 Line 用的人很少。Line 通过与 360 合作已经进入了中国,不知道会不会有起色。

4. 使用最多的是地图软件

该软件会实时显示当地的交通状况,比如还有几分钟公交车来到、地铁开来,等等,这些信息都是实时地动态更新,对出行选择非常有帮助。

英国：打造世界"数字之都"

注重基础设施建设是英国移动互联网产业政策的重点。2009年6月16日，英国政府推出了"数字英国"计划，概述了英国未来在互联网与通信广播产业方面的战略规划。"数字英国"的主题是：通过改善基础设施，推广全民数字应用，提供更好的数字保护，从而将英国打造成世界的"数字之都"。该计划共有五大目标：一是实现数字网络现代化，升级包括有线网、无线网、宽带网在内的数字网络；二是打造良好的数字文化创意产业环境，广泛吸引国内外投资；三是鼓励从英国民众角度提供数字内容；四是通过打造"泛在网"（无所不在的网络），使绝大多数英国公民参与到数字经济和数字社会之中；五是通过有效应用云计算，完善政府电子政务建设。为实现这五大目标，"数字英国"计划还制定了具体的行动规划。在宽带方面，实施了一项为期三年的国家计划，2012年建成覆盖全境所有人口的宽带网络，实现至少2Mbps的宽带普遍服务，同时政府承诺拨款4亿美元资助铺设高速光纤网络。在移动通信方面，实现移动频谱自由化，提高3G覆盖率，加快下一代移动服务的发展。

芬兰：政府资助"愤怒的小鸟"

以富有创造力的中小企业为国家特色的芬兰，在移动互联网领域同样有出色的表现。目前最流行最成功的移动终端游戏"愤怒的小鸟"，是一家仅有40人团队的芬兰公司Rovio开发的。"愤怒的小鸟"自2010年发布后，便一举成为该公司向移动互联网开发转型的代表性产品，获得了巨大的商业成功。

芬兰是个注重研发和创新的国度，按研发创新资金占整个国家GDP比例来排名，目前芬兰位居世界前三，约4%的GDP被投入到研发和创新中。

芬兰99%的企业都是中小企业，因此创业初期的融资问题最为关键。芬兰国家技术创新局（Tekes）、芬兰创新基金（Sitra）和芬兰国立技术研究中心（VTT）号称芬兰创新体系中 3 大公共板块，负责向芬兰各界的创新活动提供急需的资金和技术支撑。目前，尽管芬兰没有在移动互联网领域提出专门的政策，但其对于具有可持续发展潜力的新兴技术一贯给予最大的支持。

许多中小型企业在创业初期都能获得芬兰国家技术创新局的资助。除了政府方面的资金资助外，各行业协会也会给予帮助。如在移动信息领域，芬兰移动通讯协会在帮助创业型企业与外部资本实现对接、引导企业走向国际市场等方面发挥了不可或缺的作用。Rovio 公司在其将研发重心转移到移动互联网产品之时，就曾受到芬兰国家技术创新局的创新项目资助。

第四节 大数据时代

2009 年联合国制订了"数据脉动"计划，2010 年英国发起了"数据权"运动，2012 年美国实施了"大数据"战略，最近新加坡等提出"大数据治国"理念，"大数据"时代的序幕由此渐渐拉开。2014 年 7 月 25 日，国务院总理李克强在听取浪潮云计算、大数据产业发展汇报后指出，信息化正在全球快速发展，云计算、大数据是一个大潮流。作为继物联网、数字城市、智慧城市之后的又一个流行词汇，"大数据"的定义究竟是什么呢？

大数据概念

维基百科对大数据的定义为："大数据（big data）意指一个超大、难以用现有常规的数据库管理技术和工具处理的数据集。"IDC（互联网数据中心）报告对大数据的定义为："大数据技术描述了一种新一代技术和构架，用于以很经济的方式、以高速的捕获、发现和分析技术,从各种超大规模的数据中提取价值。"大数据研究的目的是将数据转化为知识,探索数据的产生机制,进行预测和政策制定。建立在相关关系分析法基础上的预测是大数据的核心,通过找出一个关联物并监控它,我们就能预测未来。

大数据同过去的海量数据有所区别,其基本特征可以用 4 个 V 来总结。

(1) 容量大(Volume Big)。数据量已经从 TB(1012 字节)发展至 PB 乃至 ZB,可称海量、巨量乃至超量。

(2) 多样性(Variable Type)。数据类型繁多,愈来愈多为网页、图片、视频、图像与位置信息等半结构化和非结构化数据信息。

(3) 生成速度快(Velocity Fast)。数据流往往为高速实时数据流,而且往往需要快速、持续的实时处理;处理工具亦在快速演进,软件工程及人工智能等均可介入。

(4) 价值高(Value High)。以视频安全监控为例,连续不断的监控流中,有重大价值者可能仅为一两秒的数据流;360°全方位视频监控的"死角"处,挖掘最有价值的图像信息。

随着云时代的来临,大数据受到越来越多的关注。

大数据还通常用来形容一个公司创造的大量非结构化和半结构化数据,这些数据在下载到关系型数据库用于分析时会花费过多时间和金钱。大数据分析常和云计算联系到一起,因为实时的大型数据集分析需要像 MapReduce 一样的框架来向数十、数百或甚至数千的电脑分配工作。

大数据在互联网行业指的是这样一种现象:互联网公司在日常运营中生成、累积的用户网络行为数据。这些数据的规模是如此庞大,以至于不能用 G 或 T 来衡量。大数据到底有多大?一组名为"互联网上一天"的数据告诉我们,一天之中,互联网产生的全部内容可以刻满 1.68 亿张 DVD;发出的邮件有 2940 亿封之多(相当于美国两年的纸质信件数量);发出的社区帖子达 200 万个(相当于《时代》杂志 770 年的文字量);卖出的手机为 37.8 万台,高于全球每天出生的婴儿数量 37.1 万人……

截至 2012 年,数据量已经从 TB(1024GB = 1TB)级别跃升到 PB(1024TB = 1PB)、EB(1024PB = 1EB)乃至 ZB(1024EB = 1ZB)级别。国际

数据公司（IDC）的研究结果表明，2008年全球产生的数据量为0.49ZB，2009年的数据量为0.8ZB，2010年增长为1.2ZB，2011年的数量更是高达1.82ZB，相当于全球每人产生200GB以上的数据。而到2012年，人类生产的所有印刷材料的数据量是200PB，全人类历史上说过的所有话的数据量大约是5EB。IBM的研究称，整个人类文明所获得的全部数据中，有90%是过去两年内产生的。而到了2020年，全世界所产生的数据规模将达到今天的40倍。

大数据的大价值

一分钟内，微博推特上新发的数据量超过10万条；社交网络"脸谱"的浏览量超过600万次……

这些庞大数字，意味着什么？

它意味着，一种全新的致富手段也许就摆在面前，它的价值堪比石油和黄金。

事实上，当你仍然在把微博等社交平台当作抒情或者议论的工具时，华尔街的敛财高手们已在挖掘这些互联网的"数据财富"，先人一步用其预判市场走势，并且取得了不俗的收益。

这些数据都能干啥，具体有五大价值：

（1）利用大数据特征，借助云计算等有效工具，深度挖掘流量与数据价值，可帮助运营商实施好流量经营，减轻管道化风险，发扬"云—管—端"的智能管道的威力。

（2）多业务环境下掌握用户体验效果尤为重要，可从海量用户数据中深度分析、挖掘用户的行为习惯和消费爱好，以实施精准营销及网络优化，掌控数据增值的"金钥匙"。

（3）掌握大数据的存储、分类、挖掘、快速调用和决策支撑，并应用于企业的日常运营、维护及战略转型中，成为企业可持续发展、维持竞争优势的重要途径。

（4）充分利用对大数据的分析、挖掘，可帮助找到隐蔽性极强的APT之类的安全威胁，助力信息安全部门找到应对新型安全威胁的有效途径。

（5）通过对公共大数据的分析、挖掘与利用，可减少欺诈行为及错误数据的负面作用、追收逃税漏税及刺激公共机构生产力等，帮助政府节省开支。英国政府即通过此途径节省大约330亿英镑/年。

【案例】

农夫山泉用大数据卖矿泉水

怎样摆放矿泉水更能促进销售？什么年龄的消费者在水堆前停留更久，他们一次购买的量多大？气温的变化让购买行为发生了哪些改变？竞争对手的新包装对销售产生了怎样的影响？以往对于以上问题的回答，他们更多是基于经验，而不是基于数据。

农夫山泉的业务员每天例行到摆放农夫山泉水的超市，拍摄10张照片：水怎么摆放、位置有什么变化、高度如何……每个业务员一天要跑15个超市。按照规定，下班之前150张照片就被传回了农夫山泉杭州总部。每个业务员每天会产生的数据量在10M，这似乎并不是个大数字。农夫山泉全国有10 000个业务员，这样每天的数据就是100G，每月为3TB。

从2008年开始，业务员拍摄的照片就这么被收集起来，如果按照数据的属性来分类，"图片"属于典型的非关系型数据，还包括视频、音频等，并系统地对非关系型数据进行分析。

有了强大的数据分析能力做支持，农夫山泉近年以30%～40%的年增长率，在饮用水方面快速超越了原先的三甲：娃哈哈、乐百氏和可口可乐。根据国家统计局公布的数据，饮用水领域的市场份额，农夫山泉、康师傅、娃哈哈、可口可乐的冰露分别为34.8%、16.1%、14.3%、4.7%，农夫山泉几乎是另外三家之和。

未来的世界一定是数据化时代。一切物体通过物联的方式形成数据,之后融合成一个大的数据平台,提供给各个行业。各个行业借助这些数据平台做它的生意。所以,数据会成为资产。不管你愿不愿意,情不情愿,未来的商业图景一定如此。

在移动互联网的影响下,所有的产业将按照数据信息重新构建。

未来的产业必将遵循数据采集、数据整理、数据分析和决策反馈这样的链条和模式运作。所以你要思考你的公司有没有数据采集的功能,有没有数据整理的功能,有没有数据分析的功能,有没有决策反馈的功能。如果都没有,那问题就大了;如果有的话,那就恭喜你。

在移动互联网的冲击下,很多传统业务将不可逆转地倒下!

以数字生活为核心的数字公民将引领下一代消费者的行为,在改变人们生活与工作方式的同时,还改变了各个行业,从音像店的慢慢消失到有244年历史的《大英百科全书》停止出版纸质版。再过几十年,孩子们也许会问"什么是报纸?""新闻newspaper中为什么会有paper?"就像今天的孩子们会问"什么是书简?"一样。

孕育于信息通信技术的大数据虽然日渐普遍和成熟,但它对社会经济生活产生的影响绝不限于技术层面,它为我们看待世界提供了一种全新的方法,即决策行为将日益基于数据分析做出,而不是像过去那样凭借经验和直觉做出。

大数据的影响正在"吞噬"和重构很多传统行业,广泛运用数据分析手段管理和优化运营的公司其实质都是一个数据公司。麦当劳、肯德基以及苹果公司等旗舰专卖店的位置都是建立在数据分析基础之上的精准选址。而在零售业中,数据分析的技术与手段更是得到广泛的应用,传统企业如沃尔玛通过数据挖掘重塑并优化供应链,新崛起的电商如卓越亚马逊、淘宝等则通过对海量数据的掌握和分析,为用户提供更加专业化和个性化的服务。

不仅在商业方面,大数据在社会建设方面的作为同样令人惊叹,智能电网、智慧交通、智慧医疗、智慧环保、智慧城市等的蓬勃兴起,都与大数据技术与应用的发展息息相关。

中国需要拥抱大数据吗？

可以肯定地说，中国需要拥抱大数据。

为什么？因为我们正面临着一个转型的困境。我们看新兴市场的承接转移，他们有比中国大陆更便宜的劳动力成本而抢走了低端加工贸易。

中国大陆民间资本脱离实体经济，不愿意再做实业。温州的企业家做高利贷和炒房地产。中国自然资源禀赋制约中国制造空间。富煤，缺油，少气。中国靠重化工业拉动 GDP 还能够走多远？

大数据时代是信息化社会发展的必然趋势，我们只有紧紧跟随时代发展的潮流，在技术上、制度上、价值观念上做出迅速调整并牢牢跟进，才能在接下来新一轮的国际竞争中摆脱受制于人的弱势境地，才能把握发展的方向，冲破与西方国家的差距。对于一个国家如此，对于一个企业亦是如此。在如此快速地到来的大数据时代，我们还有很多知识需要学习，许多思维需要转变，许多技术需要研究。公司的规划需充分考虑大数据对于公司的未来发展所带来的机遇和挑战。对于掌握大量数据的公司，需要考虑有多少数字化的数据、又有哪些可以通过大数据的分析处理而带来有价值的用途？比如国内目前的社交网站、购物网站等都掌握了用户的大量的数据信息。在大数据时代制胜的良药也许是创新的点子，也许可以利用外部的数据，通过多维化、多层面的分析给其他企业或个人带来价值。

从宏观层面来看，大数据是我们未来社会的新能源。从企业微观层面来看，数据分析和运用能力正成为企业的核心竞争力。移动互联网加云计算技术推动大数据的产业化。大数据的产业化改变了社会生态。大数据是中国产业升级的重要手段，转型中的中国呼唤拥抱大数据。

第六章
智能·家

章节导读

未来世界永不消逝的终端是家。

在中国传统文化中,家是个至高无上的境界,政治家、军事家、文学家……只要做到最高境界就是家。

在消费市场,一切为了装备一个家。所有的购物都是为了把它搬回家。谁能装备3.5亿中国家庭,谁将拥有万亿级市场份额。移动互联网和家居的结合,使这一切有了可能。

第一节　未来梦　未来一天

远梦

　　这是 2056 年的一个清晨，阳光温和而明媚，这是一个让人心情愉悦的周末。通过触摸智能传感设备，你将室内设置成了橙色调，这墙面并不是单调的橙色，而是动态的图案，智能传感设备会根据你的喜好来调节最美观舒适的画面。

　　一个人生活总会有些寂寞，你从贴心管家商城（全球唯一出售机器人的企业）购回了一个名为米娅的机器人，以填补内心的空落。米娅是个聪慧美丽的机器人，她有着人类的外表和"肉体"，可以完美高效地完成任何事，而唯一的缺点是，她并不具备人类的情感与思想。

　　夜晚你会让米娅休眠，机器人虽说不会感到疲惫困顿，但他们也需要通过休眠来储备能量。米娅起床后，会帮你整理被子，给你挑选合适的衣服。

　　在这个时代是不需要刷牙的，你只需要嚼一片洁牙片便可以清洁口腔，洁牙片中的微灵能在口腔中停留一整天，随时清洁牙齿并释放香芬，保持口腔一天的清新。

　　米娅给你拿来洁面巾，在清洁面部的同时也滋养皮肤，它可以让你的皮肤如同新生婴儿的肌肤般娇嫩光滑，在这个人类可以活两百年的时代，是无法从外貌分辨一个 30 岁和一个 80 岁的人的，就像你现在已经 82 岁了，但你的容貌仍然和 30 岁时一样。

你穿好衣服从卧室出来之后,米娅已经准备好了早餐,一块半个手掌大小的圆饼和一杯果奶。圆饼是由蛋白质、维生素和杂粮等物质压缩而成,一小片就能补充人体所需营养,而果奶却不是单纯的水果和牛奶,精华液、健体素都是它的添加物,人体长寿和不老的秘密就在于此。

餐桌前摆放着可自动移动伸缩的靠椅,当你想要坐下时,它会自动让出空间并在你准备坐下的时候"走"到你身后,不仅如此,后背的靠椅可随着你的身体向前或靠后,完美紧贴你身体的弧度,在你的身体都还没有做出反应时,它就已经通过表面的接触感知到你内心的想法,且及时做出反应,智能调节弧度。自从换上这个椅子后,你就不会再有颈椎病的困扰。

你刚坐上靠椅,米娅就贴心地帮你开启了家中的影音系统,你吃着早餐,听着音乐,偶尔看看桌面上的歌词界面,哼上几句。你已经很久没有自己下厨了,虽然这花费不了你多少工夫,甚至完全不需要技术含量,你要做的只是把你想吃的食材放进自动烹饪器里就可以了。它会烹制出你喜欢的口味,甚至还能给自己"洗澡"。

吃完早餐后,你舒适地躺在沙发上,音乐歌词也跟随着你跳到沙发前的墙面上,然后在纤透显示屏上停下来,米娅此时也坐在了你身旁,这是你每天的习惯,起床后便阅读新闻资讯,偶尔也看看影视娱乐,手指在空中划过就能随意操纵这块纤透显示屏。

想吃零食的时候米娅会从智能箱中取出给你,据说智能箱在几十年前不叫智能箱,人们称之为冰箱,因为它可以通过低温储存食物,保持食物新鲜。智能箱也是可以保鲜的,只不过它还可以保温、购买食物、自动分类食品、给食物清洁祛菌等。

这时候你突然意识到,其实家中的这些设备还真是大有能耐,包括将衣物放进去后3分钟便能取出来直接穿身上的洗衣器,它能将衣物打理得整洁如新;还有能够吸纳灰尘、污垢、细菌并且吐出适应个人自身温度且具有保健安神功效的清香气体的空气球;在你沐浴时能自己调节水温并在你沐浴完后自动帮你烘干身体的沐浴宝，水中添加了与洁面巾相同的特殊纳米物质，清洁滋养着身体……

平时你是不会乘坐自己的车去上班的，只有在周末才会使用它。

这个城市里，行驶在空中的公共交通有电轨公交车和自营小飞船。电轨公交车的轨道都是透明的，这样就不会遮挡住城市的光线，轨道可以移动。当你准备下车的时候对车内显示屏说出楼号和楼层，公交车轨道就会自动调整位置，降落到你家阳台连接电轨车的位置，以便让你安全下车。

电轨公交车比较麻烦的就是车上人越多，耗费的时间也就越久。自营小飞船就没有这种烦恼，因为这种小飞船最多能承载的人数不超过8个，这样就方便快捷了许多，但费用比电轨公交车高。

付费是很轻松的一个过程，指纹付费的好处就是只要手指轻轻一按就搞定了一切。这里的每个人都拥有自己的车，这些车行驶时悬浮在地面上，也无需自己驾驶，甚至在某些必要的时候可以飞起，政府是不允许私人车在空中飞的，毕竟空中是公共交通的领地，地面和地下才是私人车的行驶范围。

你坐上自己的车，任它自由驶向前方，现在你只想四处逛逛，看看外面的风景，顺便淘几件有趣又美观的艺术品摆放在家中。

服装店是城市中最稀有的店铺之一，人们都是在家中购买衣服，通过一面全身镜就能将衣服虚拟"穿"在身上，镜面传感器会准确分析你的身材并呈现你身穿衣服时的样子，然后一键购买，通常在购买衣服后的一小时内就会响起清脆的门铃声，看到快递员的笑脸。

中午你走进一家自助餐厅，一进门，门口的感应器就"感觉"出了你的喜好和心情，你选定一个安静的角落坐下，刚坐下机器人服务员就端上了你想吃的食物。

走出餐厅的时候，你做了一个决定，下午去艾美星球。艾美星球是一个小星球，由于星球上风光无比秀丽以及蕴藏着无数千奇百怪的小物品，地球上的人类经常会在休假日去该星球上"寻宝"。由于虫洞和光速飞船的存在，人们已经可以随意穿越星际。

你坐上车,通过置于耳后的"耳机"芯片联系了在家中的米娅,开启"耳机"后,你的眼前就会出现一块半透明状的显示屏,这显示屏是虚拟的,可以投映到任何物体上,这就是从前的手机的化身,与人沟通聊天、查阅信息、娱乐游戏等都能操作,在听音乐时,音乐会通过传感器传入你的耳朵。

抵达星际空间站的时候,米娅已经到了那里,从购票到坐上飞船你们只花了5分钟时间。飞船如同家一般,让人感觉温暖而舒适,透过窗户,外面是一望无垠的星海,在墨蓝的幕布上,散发着迷人的光芒。飞船降落在一片渺茫的蓝海上,幽蓝色的海水透着微微闪亮的荧光,掬一捧于手中,细小的荧光便开始舞动起来,时而组合成鱼形,时而幻化为盛放的花朵,时而又像精灵跳起舞来。它们就在手心那一捧蓝色液体中,上演着一场场无与伦比的盛会。

你们坐在蓝海上,随着它的流动而向远方漂流着,蓝海有着足够大的密度,人们不会沉没下去。蓝海的表面时常会涌出一些美丽又好玩的物品,你和米娅怡然自得地漂浮着,等待遇见喜爱的物品,然后带着它们一同离开这个人类只能短暂停留的美丽星球,回到你们舒适的家,做一场有关未来的梦……

第二节 我们离智能之家还有多远?

轻松操纵手中的移动终端设备,便可在出门时关闭家中的电源水源,使家中的窗帘自动缓缓闭合。

进屋之前空调就会自动打开,还能够根据用户的习惯,通过人体温感识别系统,提供个性化的温度调节服务。

电视机不再是简单的观影工具,而是可以通过语音识别系统、体感系统操控的娱乐互动平台。

智能灯泡具有记忆功能,能够根据人的移动轨迹和习惯进行光线调节,即便你走到角落里也会有明亮的灯光跟随。

冰箱也不再只是简单地保鲜,还能提供良好的食品管理功能,并且通过冰箱就能直接在网络上购买食物。

电饭煲能够根据不同用户的口味实现数据共享,煮出符合各类口味的食物……

你会惊讶地发现,所有的家电都能够通过一个移动终端设备进行移动操控,并根据数据分析为你提供最智能的服务。而这些具有智慧的电子设备与物联网技术的相互关联控制便构成了智能家居。

所谓智能家居,是指通过物联网技术将家中的音视频设备、照明系统、窗帘控制、空调控制、安防系统、数字影院系统、网络家电以及三表抄送等连接到一起,提供家电控制、照明控制、窗帘控制、电话远程控制、室内外遥控、防盗报警、环境监测、暖通控制以及可编程定时控制等多种服务的智能系统。简单地说,智能家居就是把家中各种设备看作是一个个有生命的物体,通过操纵移动设备来让它们生命化、智慧化的过程。

小荷才露尖尖角(1994~1999)

智能家居并不是一个新鲜的概念。早在1984年美国就有了世界上第一座智能建筑,智能楼宇、智能安防、智能建筑早已被开发,实际上智能家居已被广泛应用多年。

1994~1999年是中国智能家居发展的第一个阶段,此时国内市场还处于一个熟悉概念、认知产品的阶段,市场上还没有专业的智能家居生产厂商。只有深圳一两家从事美国X-10智能家居代理销售的公司在从事进口零售业务,产品大多销售给居住在中国的欧美用户。

智能家居初长成（2000～2005）

在国内智能家居发展的第二阶段，先后成立了50多家智能家居研发生产企业，主要集中在深圳、上海、天津、北京、杭州、厦门等地。智能家居的市场营销、技术培训体系开始逐步完善起来，此阶段，国外智能家居产品基本没有进入国内市场，国内智能家居市场处于开创阶段，市场初步形成。

徘徊不定开创难（2006～2010）

在国内智能家居发展这一阶段，经过激烈的市场竞争，有20多家智能家居生产企业退出了这一市场，而坚持下来的智能家居企业也经历了规模减缩的痛苦。多数企业面临着举步维艰的迷茫，想要开创新的智能家居产品却苦于技术的短缺，在继续往前还是果断退出战场之间徘徊不定。并且在这一时期，国外的智能家居品牌进入了中国市场，目前活跃于市场的国外主要智能家居品牌都是在这一时期进入中国市场的，如霍尼韦尔、施耐德、罗格朗、Control 4等。国内也有一些存活下来的企业找到了自己的发展方向，如天津瑞朗、深圳索科特等。

发展势头猛（2011～今）

在经历了上一阶段的行业调整后，市场秩序逐渐恢复正常，随着物联网、云计算、大数据、移动互联网、人工智能等技术的快速发展与升级，互联网思维对人们生活的影响逐渐深入，以及人们对智能手机等电子设备的日益依赖，智能家居行业进入了快速发展期。

智能大战一触即发

近年来，智能硬件的快速发展，不仅促成了移动终端设备的日益遍及，更使得智能家居完成了一次质的飞跃，从传统认知中的机械式智能，延伸到了诸如筷子、马桶、插座等似乎与智能化关系并不紧密的领域。现在，智能家居市场已经取得一定成就，并且发出了一系列产品，切切实实地将家庭设备物联化。

从消费者角度考虑，智能生活主要可分为两大类场景：

第一类是以家为中心的应用场景。智能家居一般涵盖智慧家庭和智慧社区两个层次。智慧家庭是指以住宅为平台，利用通信、安防、控制技术等将家居生活有关的设施集成，构建高效的住宅设施与家庭日程事务的信息管理系统。以住宅为平台的智慧家庭，能便捷地控制家庭中的各种终端设备，使家庭中各种终端设备能无缝连接、共享信息，甚至能自动为人们完成特定的任务（如智能灯光、智能温度控制、智能能源管理、智能环境监测、智能清扫、智能娱乐），家庭设备与外界交互与反馈（通过家电设备监测自动发出购物、安全管理、健康娱乐需求等指令，与智能社区交互），从而极大提升家居生活的舒适性、便利性和安全性。智慧社区基于智慧家庭，但将应用范畴从住宅扩展至整个社区。除智慧家庭系统之外，智慧社区还包含社区安全防范系统和社区智能管理系统等。

智能家居产品分类

控制主机	智能照明	电器控制	背景音乐
对讲系统	视频监控	防盗报警	电锁门禁
暖通空调系统	太阳能与节电设备	自动抄表	智能家居软件
家庭网络	厨卫电视系统	运动与健康监测	花草自动浇灌
家庭影院	智能遮阳	家居布线	宠物照看

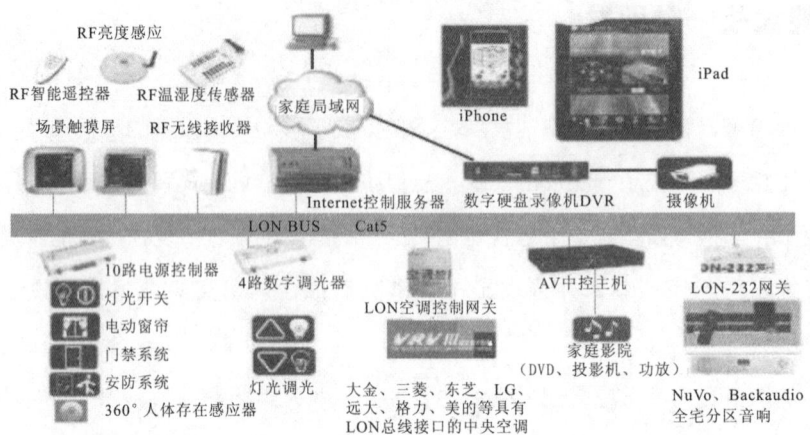

基于 Echelon 公司 Lon 总线技术的智能家居系统

第二类为出门在外的场景，通过一款或多款智能终端，采集个人或环境信息，并借之与各类场景进行交互，提升移动生活的便利性、舒适性和娱乐性。这些智能终端主要由智能手机和可穿戴设备组成，这些场景可能包括室内场景（与智能建筑交互）、驾驶场景（与智能汽车交互）、室外场景（与智慧城市交互）等。

可穿戴设备没有特别精确的定义，一般认为可穿戴设备是持续开机、能轻松被人体穿戴的智能终端。可穿戴设备通常能让人们实时获取信息，有数据输入能力、存储能力和通讯能力。可穿戴设备的形态变化多端，可以是手表、眼镜、织物、隐形眼镜、屏幕、手环，也可以是助听器、手腕电脑，甚至是皮肤上的文身。如谷歌眼镜和智能手环等。智能手环是一款可以为用户记录日常生活中锻炼、睡眠和饮食等实时数据，并将这些数据与移动终端设备同步，起到通过数据指导健康生活的智能产品。与传统智能终端不同的是，可穿戴设备与人紧密相连，以秒为单位占据人们的使用时间，粘性更强，其未来在产品形态、生态系统、商业模式上的想象空间都非常巨大。

广阔的市场在给智能家居行业带来新动力的同时，也令众多企业涌入这个行业，展开一场技术上的较量。

战斗首先从争夺电视屏幕开始。小米首先推出了"小米盒子",随后乐视、阿里、华为等公司也推出了相应的盒子。以乐视 TV、小米科技、阿里巴巴、爱奇艺等为首的互联网企业,纷纷推出智能电视产品,给市场带来了巨大的冲击。

随后是关于空调的争夺战。智能空调通过内置 SIM 卡和传感器,将温度、湿度和开关情况上传至云端。空调厂商可以随时追踪设备的使用情况,进行远程故障处理、分析和预防。由于空调大多需要终身维保,远程故障处理将大幅降低售后成本。从 2013 年开始,美的已在所有变频空调新品中应用物联网智能技术,让所有空调都成为物联网的智能终端设备。

海尔智能家居构建了"一云 N 端"的产业架构,将包括空调在内的每一类产品都变成互联网终端,并且这些终端具备智能感知、互联互通和协调共享的功能,可以实现人与人、人与家电、家电与家电之间的交流沟通,让用户无论何时何地都能充分享受智能时代的最佳应用服务。

新一代的智能路由器

未来无线路由器可以控制家里的电视、空调、电饭煲、电冰箱等,可以进行存储、计算。无线路由器一天 24 小时都能够守卫家庭生活,如同随身携带的手机,充当着家庭管家的角色。目前市场上如 360、盛大、小米、百度等公司推出的类似 NAS 功能的智能无线路由器,能够快速抢占流量入口,形成家庭数据中心和安全中心。

健康生活环境的切入点

2014 年 1 月,谷歌以 32 亿美元现金收购了家电控制企业 Nest,点燃了国内资本市场一波智能家居概念股的行情。2014年初开放给所有开发者的Nest API接口，让智能家居产品和Nest可智能学习的温度控制器连接起来，实现更多类似于控制台灯、空气净化器、安全系统等家居智能化的可能。空气净化器和健康安全的智能家居系统被很多智能家居从业者看好，未来健康安全方面将是智能家居的契机。

目前主流技术的比拼

1. X10电力载波技术

X10电力载波技术是指利用现有电力线，通过载波方式将模拟或数字信号进行高速传输的技术。其最大特点是不需要重新架设网络，只要有电线，就能进行数据传递。

2. 常用总线技术

KNX/EIB总线：又称欧洲安装总线，于1999年引入中国，在欧洲成功使用了近20年。其特点是产品成熟、功能结构灵活，能实现多种功能内容的控制，在中国的代表性应用作品是深圳万科建筑研究中心。

AP-BUS总线：是中国目前唯一拥有自主知识产权的总线技术，是一种针对家庭的全分布式的智能控制网络技术。

CAN-BUS总线：即控制器局域网技术，是德国BOSCH在20世纪80年代初为解决控制与测试仪器之间的数据交换而开发的一种串行数据通信总线，是国际上应用最广泛的现场总线之一。

RS 485总线：由于其布线简单、稳定可靠而广泛应用于视频监控、门禁对讲、楼宇报警、楼宇智能控制等各个领域。

【链接】

几个有趣的智能家居产品

1. Goji 智能门锁

Goji 智能门锁通过 Goji 应用或者同步手机蓝牙连接实现自动开门。即使主人不在家，也能通过移动应用为保姆开门，此外，门锁还自带高清摄像头，替代了猫眼的功能。

2. 惠而普电磁灶

惠而普（Whirlpool）展示了未来智能厨房的概念，这款产品就像一个触摸屏，通过感应技术给锅加热，同时使用者可在该界面操作菜谱，而不用担心被烫伤。虽然该产品只是处于概念阶段，但该公司表示研发工作正在进行，未来5年即可推出相关产品。

3. Mother 生活管理设备

Sen.se 推出的生活管理设备 Mother 可以告知用户在适当的时间需要做什么。Mother 能够将每天使用的一些物品作"量化自我"处理。比如，假设你需要每天服用一种药片，可以将 Mother 附带的 Motion Cookie 附着在杯子上，这样设备就能够自动监控你每天的喝水频率和服药次数。之后 Mother 所收集的数据能够形成一个可视化的面板，用户可以查看过往的行动纪录。

4. Webee 智能管家

目前很多家庭不能实现智能家居的主要原因是没有智能家电。Webee 的周边产品可以解决这个问题，它可以"升级"你所有的家电成为智能家电。它的周边产品包括智能插座、智能灯座等。它还能为用户提供智能安全门锁，有人员进出、家门被打开，它都能及时提醒用户。用户不必担心智能中枢不能覆盖全家，每一个智能周边都是一个小型中转站，它们能够连接形成网路，智能中枢能够通过这个网路将指令传达到每一个地方。Webee有一个学习机制，安装的第一天你可能需要手动设置大部分操作，一个礼拜以后它会学习你的生活模式，一个月之后它就会智能管理你的家电。

5. 墨迹"空气果"

墨迹风云发布的首款智能硬件产品"空气果"是一款智能空气检测设备，支持温度、湿度、二氧化碳、PM2.5等数据的检测和提醒。用户可以在手机上查看室内空气环境，同时"空气果"支持空气质量的语音播报和闹钟功能，当空气质量不佳时会发出提示。"空气果"支持通过APP、手势、语音以及触摸进行控制。后续将开放"空气果"的API，通过用户授权实现与智能空调、空气净化器、加湿器等产品的连接。

诱人的蛋糕

近年来，随着物联网与移动互联网技术的快速发展，曾因价格高昂令人望而却步的智能家居开始褪去"高富帅"的光环，逐渐走进寻常百姓家中。数据显示，我国2012年智能家居市场规模达600亿元，从2013年开始，中国智能家居市场进入快速发展期。预计2013年至2020年平均增长率将达到25%，2020年市场规模将达到3500亿元。同时，国家政策的扶持使得智能家居产业具有很大的发展空间，未来的发展前景将非常广阔。

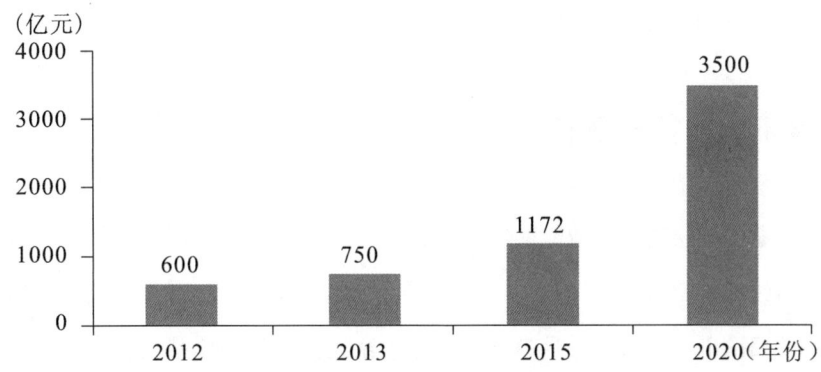

2013～2020年中国智能家居市场规模预测

随着移动互联网的崛起，巨大的市场前景让不少国内外企业瞄准这一商机，电商平台可谓"风华正茂"，而传统企业则深受影响。2014年中国电子商务市场交易规模为3.19万亿元，同比增长27.3%，环比增长13.1%，同比、环比增速均有所上升。在愈发激烈的电商竞争中，在各大商业模式争相齐鸣中，传统企业可谓机遇与挑战并存。各类企业纷纷致力于在智能家居领域抢占先机，从近年来不断增长的专利申请量即可看出这一端倪。国家知识产权局专利局电学发明审查部计算机一处审查员李乐在对智能家居领域进行专利文献检索时发现，截至2014年1月，涉及智能家居的中国专利申请共6304件，其中，国内专利申请5689件，占全部申请总量的90.24%，国外来华专利申请615件，占全部申请总量的9.76%。

2013年2月，工信部发布物联网"十二五"发展规划，把智能家居列入9个重点领域应用示范工程。紧接着，4月1日，国家出台政策要求各个新建小区必须光纤入户，而且具备接入多家运营商的能力。

2013年9月初，工信部、发改委等15个部委又联合发布了《物联网发展专项行动计划》，推动智能家居应用被列为重点任务，将在大中城市选择20个重点社区，开展超过1万个家庭的智能家居试点应用和推广。

12月4日，4G牌照发布，不仅大幅提升了网络的下载和上传速度，对于依靠互联网和移动物联网的智能家居也带来了巨大便利。

不温不火的行业现状

随着谷歌吹响进军智能家居市场的号角,智能家居市场顿时活跃、沸腾起来。传统智能家居发展了20多年,至今为止取得了一定的进步,但技术落后、观点陈旧、创新乏力一直是中国传统智能家居企业的整体特征。从2012年全国需求来看,我国智能家居市场以广东、深圳为主的华南地区占到总需求量的61%,其次以上海为首的华东地区占16%,以北京为首的华北地区占10%,以重庆为首的西南地区占9%,其他地区占4%以下。可见,目前智能家居市场主要集中在沿海及经济较为发达的一线城市。

智能家居必然需要一定的经济基础来支撑其发展,而近十年中国经济飞速发展,人们对家居品质化的追求度大幅提高,与此同时,安全的防范意识也进一步加强,使得市场潜力巨大。不过从现实情况来看,我国的智能家居市场一直不温不火,远未达到很多加入这个行业企业的期望值,那这个"摸石头过河"的市场探索期究竟还要持续多久?

从无盈利到迎来转机

海尔是国内最早涉足智能家电的企业之一,十年前就发起成立"e家佳联盟"。2013年3月,海尔在上海中国家电展上正式推出智能冰箱、智能空调和智能洗衣机等整套产品。然而,海尔虽然已经有智能家电产品上市,但很少大规模做市场推广,目前主要与海尔地产等合作,还没有真正产生收益。"海尔智能家电项目做了十多年,至今尚未实现盈利。"

另一家电巨头美的,近年也大力发展智能家电,包括智能微波炉等。但是,由于没达到一定的收入和盈利规模,其智能楼宇事业部,在美的过去两年战略转型的过程中，已被其他事业部合并。目前，美的智能家电产品由各个事业部分头推进。

深圳、北京、上海做智能家居的小企业很多，有一批已经"死在沙滩上"。与普通家电不同，智能家居产品需要售后服务，一段时间没收益就必须转行。

2014年，智能家居行业迎来了转机。谷歌收购Nest，引起了众多企业的关注。2014年CES（美国消费电子展）上也出现了智能家电热潮，三星、LG、TCL、长虹、海信等都展示了整套智能家电产品。三星把智能家居定为新的战略重点，长虹扬言每月都将有智能家电新品发布。

2014年12月14日，美的&小米联盟正式浮出水面。公告称，美的集团股份有限公司与小米科技基于对双方企业战略、经营策略、行业地位、公司治理、企业文化和价值观的高度认可，就建立强强联合、优势互补的全生态链战略合作事项签署战略合作协议，双方将以面向用户的极致产品体验和服务为导向，在智能家居及其生态链、移动互联网业务领域进行多种模式合作，建立双方高层的密切沟通机制，并对接双方在智能家居、电商和战略投资等领域的合作团队，积极探索多种合作模式，支持双方相关业务的发展。

美的集团将向小米科技定向增发5500万股，募集不超过12.66亿元。发行完成后，小米科技将持有美的1.29%股份，同时美的公告称，小米可以提名一名其核心高层管理人员为美的董事。

这次合作可以被看成是"互联网时代"制造业巨头与科技界企业的跨界合作的一项新尝试，美的集团拥有多年的家电制造经验、核心技术、线下渠道优势，而小米则具备更加超前的互联网思维与营销技巧，双方的合作值得期待。

作为智能家居的一部分，个体的进步必将推动整体的发展。当每个智能家电拥有各自的智能化功能时，这就需要一个智能家居的中控系统将各个智能家电集成到一个平台上面，我们所说的智能家居就此形成。智能家电设备的高速普及和设备无线互联技术的进步，带动了智能家居行业的普及和发展，产业链日趋完善，智能家居的未来无可限量！

扩张的陷阱

1. 炒作概念大于实际

智能家居在初期为了炒作概念，吸引眼球，盲目夸大功能，加上科幻片的误导，在大众心目中的理想智能家居就是无所不能的，但就目前的技术水平来说，很多理想状态要实现起来还有一定困难，智能产品还是缺了点"智商"。据相关媒体报道，有些所谓的智能洗衣机，只是通过简单的"电脑控制"辅以智能概念而宣称智能化，其实就是全自动洗衣机的翻版；有的冰箱通过成熟的自动调节温度技术说是智能化，其实是具有自动变频功能的冰箱……类似的一线终端故事还有很多。市场上大大小小的品牌，均在炒作科幻和未来家庭的概念，过于科幻地宣传智能家居，而没有真正地发掘智能家居对客户的实际用途。

2. 缺乏统一标准

智能家电行业需要一个能实现各品牌设备兼容的协调平台，为各品牌产品之间的互联互通互控搭建一个桥梁，保障不同品牌的产品可以无障碍地"对话"，同时满足消费者多样化和个性化的需求。只有这样，用户才可以根据需要，将软件应用连接到不同功能、不同品牌的家电产品上，创造出真正的智慧家庭的全新体验。

然而，目前中国智能家居行业还没有统一的行业标准，每个厂家各自为战，导致市场上的产品没有兼容性。由于没有严格、统一的标准，智能家居还没有成熟，就被炒得焦煳，智能家居的未来被提前透支。

3. 市场混乱，技术陈旧

很多国产品牌的智能家电技术陈旧，质量不高，甚至没有足够的售后支持,不能够长期进行售后维护;早期的智能家居产品是完全照搬国外的模式,我们都知道西方是单户型别墅为主,而国内是公寓式住宅为主,用别墅的方案来做住宅,肯定不合适的,仅安防这一模块,国内外的需求就不同。欧美别墅的监控设备装在院子里,报警设备装在门窗上,而国内监控和报警设备都装在室内,这就会牵涉到一个主人隐私的问题,所以很多客户对此很是纠结。

4. 跨行合作难

智能家居的稳定运行,以及该行业的发展需要安防、智能家电、系统集成商等的密切合作,但是目前智能家居各行业的厂家都在追求各自的经济利益,导致现阶段不同产业间的合作较困难。

5. 维护成本居高不下

尽管智能家居的前景毋庸置疑,但要在中短期内大面积推广却面临不少困难。目前一款可以通过手机 APP 控制的灯泡价格都在百元以上,用户需要为这一操作方式的改变多付出数倍甚至数十倍的成本,要让大众用户愿意承担这一部分成本需要时间。高科技研发、小规模生产使得智能家居成本居高不下,过高的定价使许多消费者望而却步。为了达到整体效果,智能家居大多需要在装修过程中铺设,对于已经入住的家庭来说改造工程太大。现阶段的种种局限和门槛使得智能家居止步于高端别墅等小众市场,还难以大幅推广。并且,智能家居的后期调试和维护都需要专业人员进行,如果使用过程中出现故障或者需要产品升级,都会产生较高的时间成本和价格成本。

6. 人性化设计不足

实际上,智能家居作为一个为人类提供更便利舒适的生活空间的设施,所承载的不仅仅是使用功能,更应该体现出智能所带来的人性化、智能化体验。而这也是本书的核心观点——人本。无论是哪个行业,以人为本才会是发展的基本之道,更何况是智能家居这个本身就是为人类生活服务的行业。对于智能家电,无论做传统家电的企业还是近几年兴起的初创者们,都给人们描绘了一个无比美丽神奇的新世界,但实际上却没有企业能够做到家电的人性化。那么，应该如何把智慧家庭做到实处呢？

就目前的智能家居产品来看，不论是外形、技术、性能，或是 APP 的界面交互操作方式都存在着极大的提升空间。避开由产业链不成熟所制约的智能家居硬件层面的环节不谈，就以 APP 的设计，以及基于硬件本身的交互界面设计方面来看，都还缺乏人性化的思考。

智能家电的升级方向应该是做到互联互通互动后，能够读懂、识别用户的生活习惯、特征，成为用户的生活秘书。

地球村中的"数据家"

在下一个十年，家庭中的每样家电都拥有大数据。

在智能化加速扩散阶段，泛智能化大潮正在袭来。在需求端面，在现有智能终端普及并使用习惯后，激发出消费者在更多、更细分的场景下对智能终端的应用需求；在供给端面，随着计算机处理技术性能越来越高、体积和功耗越来越小、通信技术传输速度越来越快、传感技术精确度不断提升，未来将有越来越多的硬件产品实现智能化。

根据百度指数 2014 年 1 月份的数据显示，智能家居的搜索量呈明显上升趋势，公众和媒体对智能家居行业的热点事件也比较关注。人们对智能家居的关注度反映了智能家居深入居民生活情况，是衡量行业发展空间的指标。

智能家居及可穿戴设备市场空间极大。根据 Informa Telcom & Media 的预测，至 2016 年全球家庭设备销量将达到 54.9 亿台。其中，联网设备将突破 18 亿台，渗透率将达 33%，而 2011 年联网设备的销量渗透率仅 8%。而根据 ABIResearch 的预测，全球可穿戴设备出货量将从 2013 年的约 5400 万部上升至 2018 年的约 4.9 亿部，其中运动与状态监测类、移动医疗健康设备类、智能手表类将成为最主要的可穿戴产品形态。

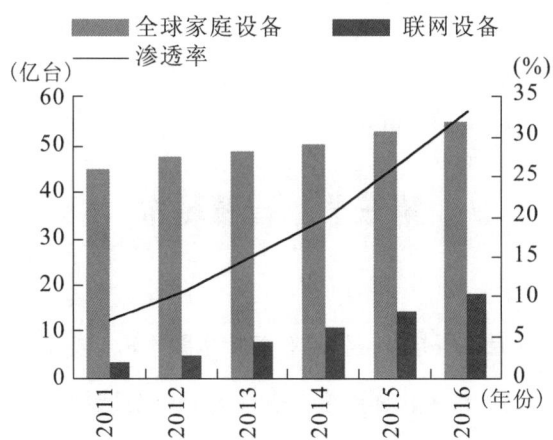

全球家庭设备中联网设备的渗透率

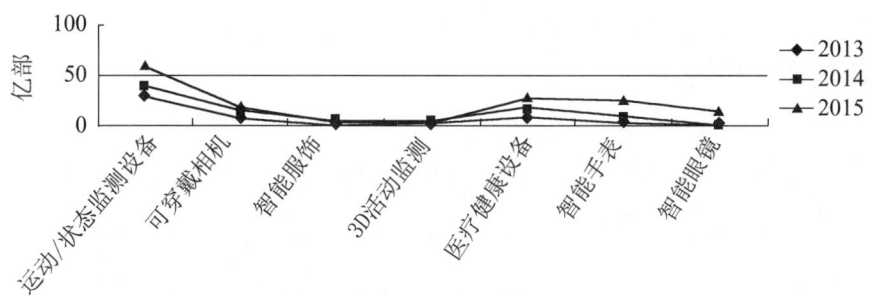

全球可穿戴设备出货量预测

从发展趋势来看，随着物联网尤其是移动互联网的快速发展，未来智能家居市场也将进入成熟发展期，但其要走的路还很长，中间必有坎坷。

第三节 智慧城市

"未来的城市是什么模样?应该是智能技术融入每一栋建筑、每一辆交通工具乃至每一个人的生活中,利用这些技术充分优化社会资源分配,提高社会运转效率,打造一个个更为宜居、经济和稳定的智能城市。"德国科学与工程院教授马科斯(Marcos)说。

城市有智慧吗?

手指轻轻一点手机,便可知道交通状况并选择最佳出行方式;病人无需去医院排队就医而是在家轻松看病检查;家长点开手机就可以看到孩子在学校的学习和生活状况;通过手机或 PC 端进入虚拟图书馆,查阅图书、阅览文章以及教学课件共享;随时随地免费上网聊天、阅读新闻资讯、上传或下载视频图片……随着人类社会的不断发展以及科技的神速进步,"科技改变生活"已然不再只是一句口号,而是切切实实地成了一句箴言,引领人类走向更智慧、更便捷、更舒适的生活。如今,在城市智慧化建设的不断发展下,许多智能应用已经逐渐渗透到人们日常生活的点点滴滴。今天的人们,生活在一个物联网时代,享受着并将继续享受更多智慧城市给他们的生活带来的便利与舒适。那么,什么是智慧的城市呢?智慧城市究竟能给我们带来什么?

"全球智慧城市之父"倪会民给智慧城市下过一个准确、完整、全面的定义,即各城市依据自身条件、要求和目标等,选择使用人类现有思想、科技、模式等所有最优资源,实现城市(含农业)的智慧化,如安全化、方便化、舒适化这三化。

基于国际上对智慧城市的研究和实践,"智慧"的理念被解读为不仅仅是智能,即新一代信息技术的应用,更在于人体智慧的充分参与。推动智慧城市形成的两股力量,一是以物联网、云计算、移动互联网为代表的新一代信息技术,二是知识社会环境下逐步形成的开放城市创新生态。即一个是技术创新层面的技术因素,另一个则是社会创新层面的社会经济因素。

伴随网络帝国的崛起、移动技术的融合发展以及创新的民主化进程,知识社会环境下的智慧城市是继数字城市之后信息化城市发展的高级形态。智慧城市实现了信息化、城镇化与工业化三者间的深度融合,对包括民生、环保、公共安全、城市服务、工商业活动在内的各种需求做出智能响应,实现城市智慧式管理和运行,有助于缓解"大城市病",实现精细化和动态管理,进而为城市中的人创造更美好的生活,促进城市的和谐、可持续成长。

具体地说,"智慧"的理念就是通过新一代信息技术的应用使人类能以更加精细和动态的方式管理生产和生活的状态,通过把传感器嵌入和装备到全球每个角落的供电系统、供水系统、交通系统、建筑物和油气管道等,使其形成的物联网与互联网相联,实现人类社会与物理系统的整合。

智慧的三大基础

1. 宽带泛在的互联

宽带和移动宽带解决的是信息化意义上的信息和知识的移动性。宽带泛在网络作为智慧城市的"神经网络",极大地增强了智慧城市作为自适应系统的信息获取、实时反馈、随时随地智能服务的能力。一个全覆盖的、宽带的、泛在的城域网,成为智慧城市最重要的基础设施之一。

宽带有线、无线网络技术的发展为城市中物与物、人与物、人与人的全面互联、互通、互动提供了基础条件。移动化和泛在化是信息化向高端发展的重要趋势之一。

2. 智能融合的应用

融合是智慧城市的本质。城市运行系统之间的交融协作，通过信息融合，从而达成有效的服务和管理。

在大数据时代，现代城市及其管理是一个极其复杂的巨系统，新一代全面感知技术的应用更增加了城市的海量数据。集大成，成智慧。基于云计算平台的大成智慧工程将构成智慧城市的"大脑"，可通过智能融合技术的应用实现对海量数据的存储、计算与分析，并引入综合集成法（综合集成研讨厅），在人的"智慧"的参与下，大大提升决策支持的能力。技术的融合与发展还将进一步推动"云"与"端"的结合，推动从个人通讯、个人计算到个人制造的发展，推动实现智能融合，随时、随地、随需、随意的应用，进一步彰显个人的参与和用户的力量。

3. 以人为本的可持续创新

以人为本是智慧城市建设的核心，智慧城市旨在构筑面向市民的泛在的、机会均等的城市服务。

"以人为本的发展模式，意味着不仅仅要把技术看作是人类社会的先进手段，还要通过技术让人类社会发展得更加智慧。技术作为手段和工具，为的是达成人类社会建设和发展的目标，但手段本身不能作为目的。"欧洲智慧城市项目协调员莫罗·埃斯波西托指出。

智慧城市的建设，不仅仅依靠科技，更多的是需要市民的参与，需要政府与部门之间，以及政府与市民之间的交流。智慧城市的建设尤其注重塑造以人为本、市民参与、社会协同的开放创新空间以及创造公共价值与独特价值，注重从市民需求出发，并通过维基、微博、Fab Lab、Living Lab 等工具和方法强化用户的参与，汇聚公众智慧，不断推动用户创新、开放创新、大众创新、协同创新，实现以人为本的经济、社会、环境的可持续发展。

一些智慧城市建设的先行城市也越来越突出以人为本的可持续创新。例如，欧盟启动了面向知识社会创新的 Living Lab 计划，致力于围绕市民需求将城市建设为各方共同参与的开放创新空间；再如，维也纳大学对城市体系评价的指标，即智慧的经济、智慧的运输业、智慧的环境、智慧的居民、智慧的生活和智慧的管理六个方面。

智慧城市之所以广受追捧，是它的人本主义色彩在交通、医疗和养老这三大城市功能上大放异彩。

中国的智慧城市梦

从产业规模来看，我国物联网近年保持较高的增长速度。2013 年，我国整体产业规模达到 5000 亿元，同比增长 36.9%。预计到 2015 年，我国物联网产业整体规模将超过 7000 亿元。目前全国超过 300 个城市在"十二五"规划或政府工作报告中提出建设智慧城市，并且有些城市正逐步加大投资额，规划和建设呈现出中国城市管理的特点，比如智慧交通和智慧医疗投资占的比率比较大等。中国力图到 2020 年建成一批特色鲜明的智慧城市。

中国深圳市、昆明市、宁波市等多个城市与 IBM 签署战略合作协议，迈出了打造智慧城市的第一步。北京市拟在完成"数字北京"目标后发布"智能北京行动纲要"，上海市将智慧城市建设纳入"十二五"发展规划。此外，佛山市、武汉市、重庆市、成都市等都已纷纷启动"智慧城市"战略，相关规划、项目和活动渐次推出。国内优秀的智慧产业企业愈来愈重视对智慧城市的研究，特别是对智慧城市发展环境和趋势变化的深入研究。正因为如此，一大批国内优秀的智慧产业企业迅速崛起，逐渐成为智慧城市建设中的翘楚！

2013 年 1 月 29 日，为规范和推动智慧城市的健康发展，住房城乡建设部启动了国家智慧城市试点工作。经过地方城市申报、省级住房城乡建设主管部门初审、专家综合评审等程序，首批国家智慧城市试点共 90 个，其中地级市 37 个，区（县）50 个，镇 3 个，试点城市经过 3～5 年的创建期，住建部将组织评估，对评估通过的试点城市（区、镇）进行评定，评定等级由低到高分为一星、二星和三星。信息显示，国家发改委正着手起草智慧城市健康发展的指导意见，并研究在区域范围内启动智慧城市试点工作。三大运营商已经与300多个城市达成"智慧城市"战略合作协议。国家开发银行表示，在"十二五"后三年，与住建部合作投资智慧城市的资金规模将达800亿元。

根据《2015～2020年中国智慧城市建设行业发展趋势与投资决策支持报告前瞻》调查数据显示，我国已有311个地级市开展数字城市建设，其中158个数字城市已经建成并在60多个领域得到广泛应用，同时启动了100多个数字县域建设和3个智慧城市建设试点。2013年，国家测绘地理信息局将在全国范围内组织开展智慧城市时空信息云平台建设试点工作，每年将选择10个左右城市进行试点，每个试点项目建设周期为2～3年，经费总投入不少于3600万元。在不久的将来，人们将尽享智能家居、路网监控、智能医院、食品药品管理、数字生活等所带来的便捷服务，"智慧城市"时代即将到来。

一切为人

1. 智慧交通

交通是一个城市运作与发展的枢纽，是衡量一座城市发展程度的重要指标。城市就像生命体，一个城市的交通就像人身体里的血液循环，它不是由单一的一个系统构成，而是由多个系统彼此配合、协调，共同完成的良性运转。

在智慧城市中，智慧交通的核心是综合交通数据管理平台和构建在平台上的交通运输管理业务应用子系统，它支持对各类交通数据的实时更新、整合、分析。建设"数字交通"工程是通过监控、监测、交通流量分布优化等技术，完善公安、城管、公路等监控体系和信息网络系统。

同时，建立以交通诱导、应急指挥、智能出行、出租车和公交车管理等系统为重点的、统一的智能化城市交通综合管理和服务系统建设，通过对实时道路交通态势的准确把握和短期需求预测，实现交通信息的充分共享、公路交通状况的实时监控及动态管理，全面提升监控力度和智能化管理水平。智能公共交通动态监控管理系统可以对在途公交车实时跟踪监控，动态调度，从而优化运营效益，提高公共交通服务质量，提高交通资产利用率，确保交通运输安全、畅通。

基于云计算框架的"智慧交通业务应用一体化解决方案"，其核心为基于 ESB 的可扩展交通管理业务应用整合平台，提供包括弹性城市交通基础设施管理、跨部门系统整合和办公协同、智能决策支持、应急预案管理和事件处理、多渠道信息发布等功能。该系统整合分散在不同部门或应用中的交通流量、交通事件、交通设备、停车、公共交通、道路收费、注册车辆等交通运输相关数据，便于用户全面掌握城市交通运输态势和趋势。本解决方案通过对相关各类信息的全面整合和深入分析，提高人、车、路的协调配合能力，缓解交通阻塞，减少事故，提高路网通过能力，利用信息手段提高应急救援管理的系统性和科学性，使高速公路管理更加科学高效，公众出行有了全新体验。

智能公共交通动态监控管理系统（Smarter Bus Solution）是一套实时公交线路监控和调度管理系统。该系统建立在城市业务分析平台上，具有高效、可配置、易扩展的特性。系统为不同的数据源提供统一的接入方式，保障不同资源之间的双向交互和实时更新，同时支持多种 GIS 引擎和预定义应急事件流程配置及管理。该系统的公交调度模块可以实现如下功能：

（1）动态调度。基于公交线路实时的运行情况生成动态的调度指令，调整车辆时间表。车辆优化调度知识库，支持多种车辆调度模型，优化日常的公交运营。

（2）公交运营数据分析。为车辆运营数据定义提供了关键业绩指标，特别是车辆运营和调度数据，实现对公交服务水平的评估。

2. 智慧医疗

智慧医疗致力于构建一个以病人为中心的医疗服务体系。通过在服务成本、服务质量和服务可及性三方面取得一个良好的平衡，从而优化医疗实践成果，创新医疗服务模式和业务市场，并提供高质量的个人医疗服务体验。智慧医疗首先将医疗服务对象、手段、过程、管理等数字化。其次，智慧医疗实现医疗信息资源的交换、共享，实现服务的互联互通和互操作。第三，智慧医疗可以实现智能化的技术创新，如IBM帮助实现中西医各类临床信息整合的标准化、可计算的模型，使医务人员可以准确制定融合中西医的治疗方案。

3. 智慧养老

智慧的养老服务系统是以老人为中心，采取协同式服务、整体化服务、按需服务和实时感知的智能化养老照护系统。

养老综合服务软件平台的建立与完善可分为三个阶段。首先，建立初步的解决方案：建立老人养老专门的档案数据库，对需照护老人的需求进行评估；对老人照护计划进行管理；对养老服务进行管理；对老人、老人亲属、医疗服务提供者、社会服务提供商的接入、信息访问和作业进行管理等。其次，提高养老信息系统的智能化水平：对老龄化人群的社会问题（情感、行为、居住环境、家庭状况等）和健康问题进行分析和风险预测，对需要医疗养老照护的目标人群进行识别，分析判断个体早期干预和最佳干预时间节点。最后，实现对远程数据进行实时采集：在老人家庭或在社区日间照料中心集成布放远程健康、安全类传感器，最终实现老人的健康数据和安全数据的实时采集，让健康照护工作者、社会照护工作者实现远程实时了解所需照料老人的健康和安全信息。

在重点推进"数字卫生"系统建设的同时，遵循行业标准建立先进的EHR存储模型和访问模型，确保有效整合区域内卫生资源，并使其成为活档案，有效服务于医疗卫生服务和决策管理。

大数据医院

医院集成平台为客户提供ITSP医院信息化咨询，对医院信息化进行顶层设计，设计并实施医院集成服务平台和临床数据中心以及运营管理数据中心。建设医院综合运营管理分析应用平台，建设临床科研分析应用平台，更好地支持医院业务的未来扩展，为医院与区域医疗、与其他医院进行业务联系和协作提供具有开放性、扩展能力强的协作平台。实现应用系统集成，优化患者服务流程及临床业务流程，提升医院运行效率；实现数据集成，形成以病人为中心的临床数据库，满足患者和医师对患者信息的查询要求，增加信息使用的方便性，提升用户体验；通过建立医院的数据仓库模型，对医院的运行情况进行深入分析和洞察，针对患者、医保、成本、疾病谱等开展回顾性分析、趋势性分析、预测性分析，为管理者提供决策依据；通过建立临床知识库，将临床诊疗规范、临床指南等知识进行数字化，结合临床路径的实施，提升医生临床决策水平，从而降低差错率，提升患者安全。

此外，智慧公共安全、智慧教育、智慧楼宇、智慧园林、智慧能源等也属于智慧城市的范畴。

永生之地

有理由相信，在"智慧城市"真正到来之时，人类也许已经达到"永生"的状态。自古以来，人类一直在幻想着长生不老，中国古代皇帝为寻求长生不老之谜，常常不惜斩杀良言觐见的忠臣、牺牲大量人力财力，甚至是荒废国事。他们源于对长生不老的痴迷与狂想，服食含有重金属的"长生丹药"，其结果往往是服食不久便一命归西。

然而，长生不老对于今天的我们来说，似乎不再是一个遥不可及的梦想，我们正离它越来越近，仿佛一伸手就能触碰到，关键在于愿不愿意伸手。从愚昧无知、迷信迂腐的几千年历史长河一路走过，人类终于拨开云雾，见到了柳暗花明的又一村——"智慧城市"。

物联网、云计算、数据库、智能芯片等，这些都可能将人类带入"永生"

的境界。有人说过"身体是短暂的，精神与思想却是永恒的存在"，在智慧时代，人类的生死很好地印证了这句话。

所谓"永生"，并非躯体长生不死，而在于精神与思想的长存。躯体会消逝，但个人的精神、思想、记忆以及知识等都将通过智能数据存储在一张小小的芯片中，再通过物联网的应用，计算分析这些数据，从而还原一个真实的有思想有精神的"人"。人类便可以利用逝者 APP 与这个永生的"人"随时沟通、随时联系。

躯体已经死去的人，其精神与思想却仍然鲜活地生活在你的移动互联设备里，你可以和他聊天，视频，就像他从来没离开你的身边。

智慧城市下的佛山

拥有"美的"电器、"东鹏"瓷砖、"海天"酱油等众多明星企业的佛山市，堪称制造业名城，"十一五"期内实现 GDP 从 2430 亿元到 5638 亿元、工业总产值从 5514 亿元到 15700 亿元的跨越式发展。自 20 世纪 90 年代中期开始，传统制造业优势明显的佛山市就大力推进信息化建设，被列为国家首批信息化与工业化融合试验区。历经多年探索，佛山在信息化改造提升传统产业以及城市信息化基础设施建设等方面都取得了明显的成效。2010 年，新一届佛山市委市政府结合该市发展阶段新特征，统筹谋划佛山和谐可持续发展的未来路线和方向，提出要通过信息化、工业化、城镇化、国际化的相互融合、互相促进、共同发展，把佛山打造成为现代产业发达、社会管理睿智、大众生活智能、环境优美和谐以及国际化程度较高的智慧城市。随后，制定出台了《"四化融合，智慧佛山"发展规划纲要（2010～2015 年）》。由此，佛山成为国内 300 余地级市中首个全面系统制定"智慧城市"发展战略，并迅速公开发布，快速推进实施的地区。经过一年多的实践与探索，目前各项成效正在显现。

当前，佛山经济社会发展正处于关键的转型期，必须加快经济发展方式的转变，面对工业化、信息化、城市化、市场化、国际化深入发展的新形势新任务，深入把握信息化、工业化、城市化和国际化发展的规律和趋势，加快"四化融合，智慧佛山"建设步伐，有利于佛山培育战略性新兴产业，形成新的经济增长点；有利于改造提升佛山的传统产业，实现由"工业大市"向"工业强市"转变；有利于佛山加快发展现代服务业，优化产业结构，发展低碳经济；有利于城乡统筹发展，推进基本公共服务均等化；有利于转变政府职能，提高政府对社会公共管理的水平；有利于节约社会发展成本，提高社会发展效率；有利于改变大众的生活方式，提高民众的生活质量；有利于利用国内外资源与市场，加速城市国际化进程。

智慧城市来临的脚步

我国经过改革开放以来 30 多年的发展，城市化步伐不断加快，每年有 1500 万人口进入城市。到 2025 年，中国将会有近三分之二的人口居住在城市。《金融时报》2010 年 9 月 21 日报道：1980 年中国城市人口比例仅 20%，而到 2010 年这一比例达到 45%，是世界上城市人口最多的国家。城市化虽然带来了人民生活水平的提高，但城市要保持可持续发展却受到越来越多的因素的制约，需要转变生产方式，调整产业结构，提高解决各种突发事件的能力。

城市保持经济可持续快速发展急需转变增长方式，突破增长极限。城市发展日益受到土地、空间、能源和清洁水等资源的制约，全球城市化进程所带来的严重问题——环境污染，是残害人类的罪魁祸首！每年有 150 万人因此丧命，水资源问题波及半数人类，发展中国家有 11 亿人面临水资源短缺！16 亿人面临电力匮乏，26 亿人缺乏基本的卫生系统或设备。而城市发展面临的深层次问题还包括如何推进节能减排，推动城市的产业结构调整；如何建立有效的安全监控网络，保证食品、药品的安全；如何整合公共服务设施，最大限度地满足人们在医疗、教育、卫生等方面的需要；如何快速有效地应对突发事件等。这些问题使用传统的技术和管理方法已经难以有效解决，而目前发达国家正在研究如何创新性地使用新一代信息技术、知识和智能技术手段来重新审视城市的本质、城市发展目标的定位、城市功能的培育、城市结构的调整、城市形象与特色等一系列现代城市发展中的关键问题，特别是通过智慧传感和城市智能决策平台解决节能、环保、水资源短缺等问题。"智慧城市"正是基于这个背景提出，其必要性和紧迫性十分明显。

产业转型升级有"径"可寻

以智慧产业带动新兴产业发展。佛山抓住建设国家新兴产业基地、省战略性新兴产业重点地区契机，将智能装备产业作为发展新兴产业的主要内容。一年来，引进建设佛山超级计算中心、世纪互联云计算南中国总部基地、南海云计算中心等大项目，初步奠定在国内智慧产业领域的优势地位，进而带动培育发展与信息技术相关联的新兴产业。

深化"一个融合"：深化信息化、工业化、城市化、国际化四者的高度融合。

实现"两个跨越"：新兴产业发展的跨越、技术自主创新的跨越。

促进"三个转变"：促进经济发展方式的转变、城市管理方式的转变、大众生活方式的转变。

提升"四个水平"：提升物联网和互联网应用水平、信息资源共享水平、公共信息服务水平以及海量数据收集和处理水平。

构建"五个体系"：构建"数字佛山"基础信息网络体系、现代产业发展服务体系、社会民生事业支撑体系、城乡统筹协调发展服务体系、政策资金人才保障体系。

针对未来城市以智慧论输赢的竞争态势，根据当前佛山产业转型升级、城市品质提升的迫切需求，围绕"四化融合，智慧佛山"发展战略，加快信息化与工业化深度融合,以物联网和云计算产业发展为重点,构建智慧产业体系;以东平新城、禅城华南智慧新城、千灯湖金融智慧新区、顺德(中国南方智谷)德胜智慧商务区为突破,带动智慧城市有序全面建设;以智慧应用为导向,着力创新社会管理方式和推进智能民生事业发展,提高民众生活质量,把佛山打造成为全国智慧城市的试点示范高地。

智慧城市下的智能工业4.0——机器人也疯狂

"工业4.0"是以智能制造为主导的第四次工业革命,或革命性的生产方法。旨在通过充分利用通信技术和网络系统相结合的手段,将制造业向智能化转型。

新一轮科技和产业变革的酝酿和推进,也将为我国提供难得的赶超与发展的契机。高端装备制造业是装备制造业的核心,是衡量一个国家产业核心竞争力的标志。

国际机器人专家普遍认为,机器人发展将是第三次工业革命的开端,同时提出下一步机器人产业有待解决的问题,如如何高效地完成"人机协作",即人在机器人的辅助下做更有创造性的工作,而机器人从事精确度高、重复性强的工作。

随着富士康和海尔高调裁员,并开始引用机器人后,制造业将目光集中在机器人的以"机"代人的节点。据东莞有关部门抽样调查显示,近5年来东莞有66%的企业投入资金开展"机器人换人"工作,92%的企业表示未来2年将继续加大投入或者准备开展"机器人换人"计划。某电机公司表示,每引进一台小型关节机器人,可以裁减2名工人,2年即可回收成本。与人工费上涨相反,机器人成本回收时间正在缩短,比人更稳定。可靠的工业机器人能够促进多年来一直推动的产业升级换代,生产高附加值的产品。

在政府的鼓励和扶持下,佛山三水工业园区通过"集成商—租赁公司—

机器人应用企业"三方合作模式,引入了设备融资租赁机构,以类似分期付款的方式帮助中小企业破解机器人应用流动资金瓶颈,以刺激和促进中小企业应用机器人,加快发展。整体来看,一方面是国家多部委的支持政策,另一方面是地方政府层面积极为当地智能工业提供扶持政策。随着扶持政策的立体化、全方位推进,中国机器人产业将持续注入新活力,中国工业智能化进程也在逐步加速。

广东佛山市利迅达机器人系统有限公司位于佛山市顺德区,专攻机器人在通用工业中的应用系统开发、推广及工业设备的智能化、自动化。作为智慧佛山智能工业代表企业之一的利迅达机器人系统有限公司,在机器人系统中的创新技术、优质服务走在国内同行的前列,并获得国家级两化深度融合示范企业称号。面对企业智能转型,短期投入成本高、一次性投入大的问题,作为国内发展机器人与智能制造产业整合的先行者,利迅达用5年时间在广东各主要城市设立智能化机器人加工服务中心,利用智能工业机器人流水线在工业生产中进行某些单调、频繁和重复的长时间或危险、恶劣环境下的作业,以降低工人的劳动强度、减少劳动风险,提高企业生产效率和竞争力,协助企业在工业产能升级搭建重要的平台,并全面服务于广东金属制品产业。这是全球金属制品行业独一无二的示范项目,是全新的带战略性的商业运作模式。

利用服务中心的机器人流水线承接各生产企业的订单,完成带有危险性及精细工艺等环节的生产工作,提高生产效率。利迅达公司为广东智能工业的发展提供了强悍的技术与设备的支持,并积极推动国内制造业转型升级,加快智能化和信息化两化的融合。

未来的加工车间是什么样的呢?生产车间内工人很少,大部分工人都在编程中心内控制操作按钮。而在一条焊花飞舞的生产线上,两个机器人正在工作。它们凭借灵活的六轴关节做着精确的连续焊接动作。一条流水线上,两台机器人正在进行抛光作业,一个机械手不停地利用两条连结线形成3个完美弯曲,然后插入人眼几乎看不到的小孔内。一切井然有序,它们无需休息,也不受情绪影响而"罢工"……利迅达机器人系统有限公司霍总给笔者描绘了这样一幅的景象。

早在2008年,作为华南最大的不锈钢加工中心——佛山利迅达不锈钢加工中心即开始进行升级转型的探索。

"主要解决人力成本的问题。"霍总回忆起当年的决定这样说。

"为什么要做机器人?制造业必须首先解决人力成本的问题。设备自动化、使用机器人系统,在全球已经掀起了新的一次工业革命浪潮。随着人力资源成本的增加,中国在制造业上的优势在削弱。在美国,利用机器人自动化生产,那么他的生产成本是比较低的。所以我们要发展这个计划。"霍总的一番话点出了现在中国制造业最大的问题。

着眼于长远,立足于工业自动化的发展,从事不锈钢加工的霍总开始关注中国工业机器人的发展,探寻跨行业发展之路。而此时多数不锈钢加工企业更加关心的是不锈钢产业链的纵深发展。

如果一个行业周期发展到走不通的时候才考虑转变,那时候可能已经没有机会了。对企业发展的问题要考虑得长远一点,要有前瞻性。

2008年发源于美国的金融风暴开始席卷全球。这场危机在冲击传统制造业的同时也带来了一系列新的机会。为摆脱危机,欧洲有部分掌握先进自动化技术的企业急于寻找新的经济支撑,希望有偿转让技术。得知这些信息后,霍总立即飞往欧洲。经过一番沟通,他和欧洲顶尖机器人系统公司达成了战略合作,经过三年多时间的研发和建设,全球最先进的机器人系统水槽抛光生产线于2011年12月9日成功上线。它的竣工标志着中国机器人系统在不锈钢加工领域已经达到国际先进水平。利迅达机器人系统也备受国家及相关行业关注。

2012年,首届"全国信息化与工业化融合成果展览会"在北京举行。时任国务院副总理的李克强专程走进广东展区,仔细观看了佛山利迅达机器人系统有限公司的智能机器狮子表演,并作了重要指示。2013年5月,两院院士路甬祥在对利迅达调研时就称赞:"市场定位很好,符合市场需要,有很好的社会意义。"并指出：利迅达机器人当前要抓住行业切入点，集中精力，结合服务加工中心，把利迅达机器人抛光打磨生产工业做成利迅达特色的服务制造模式。

2014年，由利迅达牵头，与中科院、华南理工大学达成战略合作，联手搭建机器人应用服务中心新型创新平台。平台集智能产业大研发、大生产、大售后、大加工于一身，设立技术创新中心、技术服务中心、展示体验中心、培训中心、投融资中心等五大分中心；在人才培训领域，将依托中科院、华南理工大学的人才及科技资源，为应用企业开展"机器换人"操作、维护及应用等技能培训；吸收大量学院、公司的技术人才共同参与，推动智能机器人带动智能工业的发展。

用技术创造品牌，让科技引领未来。从不锈钢加工跨界到生产机器人系统，利迅达仅用不到4年时间就完成了从传统的不锈钢加工到高新技术产业的华丽转身！经过3年多的发展积累，霍总的"机器人王国"已拥有多达60个专利。在汽车行业、3C电子消费、家电制冷、不锈钢厨卫、建筑五金、医疗器械等许多领域取得了长足发展，技术处于领先地位。国内知名企业如美芝制冷、美芝精密、格力空调、凯邦电机、凌达制冷、美亚金属、中南铝轮毂、欧珀手机、樱奥厨具等纷纷成为利迅达机器人的客户。

"就像电脑的普及一样，每个制造业企业都将会用到机器人。"霍总非常看好国内机器人的发展前景，他认为，中国机器人系统起步比较晚，随着人力成本的不断攀升，企业的需求会逐渐释放出来，未来3～10年都将是机器人系统的普及阶段。霍总给笔者算了一笔账，现在一般的工人要三四千块钱一个月，抛光、打磨、喷涂工种都在八千到一万元左右。一台机器人一班可以代替两个人，两班制实际上可以代替4个人。一台焊接机器人50万元左右，抛光、打磨、喷涂的机器人价格则是100万元左右。一算下来两年就可以回本。而根据欧洲国家的使用情况，一台机器人寿命可达20年以上。

和家电、汽车等产品不一样，机器人老化的几率不大，更多可能是一些线路问题，其维护费用不高，但软件则需要经常更新。对此，霍总也开始未雨绸缪，希望未来能在软件及系统研发上保持自身的竞争力，向制造服务业继续转型。

利迅达成功的秘诀在于依托本土经验无缝对接企业使用需求。

利迅达调查国外机器人行业在国内折戟的案例后发现，虽然外国设备技术很先进，但在中国却往往"水土不服"，生产出来的产品合格率没有原来设想的那么高。在国内，早期政府政策倾向于解决劳动力就业问题，并不过分讲究精确生产，而国外设备的精准度非常高，一旦操作过程稍有不对，其最终的成品就可能无法使用。因此，利迅达研发的系统首先必须兼容这种"非精确生产"，为客户量身定做系统。国内很多企业并不喜欢进行全套设备的更新，因为一旦全套更新就意味着要将原有生产线推倒重来，成本太高。而国外很少考虑这种情况，设备基本都是整套设计的。这也是利迅达的机会。于是利迅达不刻意追求整套设备的研发，而是采取"分步走"策略，根据客户需求针对某一局部或单一环节进行自动化系统研发，可以用机器运作的部分就先用机器人系统去替代，不可以的暂时不动。

事实上，机器人在珠三角制造业中的大规模应用始于2013年下半年，不到一年时间，机器人已渗透家电、汽配、电子信息、食品等诸多行业，并给这些行业带来了深刻变革。

目前，利迅达已经与北京航空航天大学等院校开展产学研合作，联合开发机器人在高端领域表面处理的应用技术，该公司已开发的机器人系统达到国际先进水平，可应用在各个工业领域。去年，利迅达机器人又成功和中国科学院金属研究所达成战略合作协议，在中国高端市场开展利迅达机器人表面处理综合应用系统的应用。

根据国际机器人联合会（IFR）新近发布的季度报告数据显示，2013年全球工业机器人销售量约在16.8万台，同比增长了5%。中国机器人行业销售量一直保持15%左右的增幅。随着佛山智能工业的发展，在"家电之都"的顺德，机器人的渗透使得家电等传统制造业中的"无人车间""智慧工厂"日渐增多，生产效率和产品质量显著提升。顺德区经济和科技促进局的数据显示，近3年该区实施智能化技术改造项目170多个，投资超过50亿元，企业劳动生产率提高30%，产品优良率提高2%。

  由于对技术要求较高，机器人智能设备属于新兴领域，目前专业人才十分缺乏。虽然国内的很多高校设有自动化相关专业，但工业机器人集成应用的专业非常少。利迅达机器人将在珠江三角洲建立五个加工中心，每个加工中心预计投入1亿人民币，为客户提供全流程的自动化解决方案。未来三年，利迅达机器人的品牌知名度、市场定位、技术定位将会有一个全新的规划。利迅达机器人将朝着高端领域、朝阳行业迈进，更好地面对智能工厂4.0时代引发的制造业新革命。

第七章
移动趋势：顺势还是对抗？

章节导读

为了描述移动互联网对众行业的深刻影响，本章以全景思维的方式扫描了移动互联网对餐饮、农业、医疗、教育、金融、汽车技术、房地产、旅游、游戏、物流等行业的深刻影响。

通过全景扫描，你将发现，由于移动互联网的"人本主义"特性，所以移动互联网发轫于与民生相关的领域，一切与民生关联度较高的领域，不管它是否是垄断行业如金融，都必须接受移动互联网的新规则。

第一节　移动互联网颠覆传统食品供应链

世界经济步入全球化时代，各种食物以亿吨为单位在世界各地流动。当你拿起一个香辣鸡腿堡时，吃到的也许是福建的鸡肉、东北的面粉、江苏的生菜、广东的调料。一款食品由数十个企业合作生产，原材料来自数十个地区甚至世界的各个角落。作为面向消费者的终端企业——餐饮机构，要为消费者提供安全的食品，监督食品供应链是一项艰巨的工作。

如今，人们生活条件大大改善，鸡、鸭、鱼、肉、蛋已不再是逢年过节的"奢侈品"。如果餐厅将这些原料做出特色，人们就会上馆子去尝尝鲜。因此，创新的一般思路应该是用大众化原料辅之以创新的加工方法并精工细做，做出一些在家里吃不到或无法做的菜。粗菜细做就是用平常的原料，改变做法，运用厨师的厨艺使之成为一道新菜，以达到菜品更新和吸引消费者的目的。

但成本上升、采购问题、物流问题、食材质量问题、库存问题等制约着餐饮公司的顺利运营。餐饮公司在日常交易中所涉及的食材种类比较多，有的大型餐饮公司每日需上百种食材，而对各种食材的采购、运输、加工要求又不尽相同。食材供应商有商贩、农产品种植公司、农户等，这些供应商与餐饮定位不同，对产品的要求也不同。没有标准化的产品生产流程和质量保证体系，产品质量难以保证。

目前经营成本增加是各行各业所面临的一个普遍现象，尤其是餐饮企业，所面临的挑战更为严峻。而农产品的市场价格受很多因素影响，波动频繁且剧烈。随着原材料价格的不断上涨，餐饮企业经营的压力越来越大，而人力成本的增加，餐饮企业对厨师及采购人员管理的难度也增加，由此引发餐饮企业对菜品创新、原材料开发、菜品结构调整的难度越来越大，经营越来越困难，对食材供货渠道的选择以及价格的保障也越来越被动。

餐饮企业传统采购一般通过采购人员跑市场或供应商主动推销，以此来获知供应商信息。在采购过程花费大量的人力、物力、财力，同时，反馈信息缓慢、处理问题周期长，甚至存在黑手回扣等问题，直接影响了餐饮企业与供应商之间的交流与合作。

据调查，餐饮业物料采购成本占总成本的40%～60%，企业成本控制的重点和源头都是从采购开始的。对于餐饮企业而言，采购原材料的模式决定着餐饮企业竞争能力的高低。

移动互联网拷问食品供应链服务

从2005年第一家生鲜电商易果网成立至今，经过9年的发展、落寞、转型、壮大，一个个商家在市场大潮中新生或灭亡，观望生鲜电商的发展历程，在2012年前只是普通电商模式COPY摸索，直至2012年底后，生鲜电商之间的竞争由幕后转移到了台前，各种以有机生态为品质标签的生鲜农产品蜂拥而上，从B2C、C2C、O2O等各种模式开始上演生鲜电商备战大赛。经过新一轮的营销大战后，整个生鲜电商行业依然陷入亏损泥潭，普遍面临冷链配送及储存、产品渠道、用户体验等问题。生鲜电商成为电商细分领域未被攻克的最后堡垒，且生鲜电商均限于零担配送，广范围的批发冷配更是无力承载，B2B生鲜电商领域无人尝试。

【案例】

沃膳网食品供应链移动互联网平台化模式

2014年11月27日,由中国烹饪协会主办的移动互联时代快餐·团餐变革论坛大会于北京召开,论坛大会以"移动互联时代催生嬗变"为主题,针对进一步推动餐饮企业转型升级,增强快餐、团餐业的核心竞争力,促进大众化餐饮持续发展,提升餐饮业发展水平,加强创新能力,加强餐饮上下游资源整合问题展开讨论。期间,"沃膳网食品供应链平台"作为以中国首家团餐、快餐以及大众餐饮的食品供应链平台,并以大会协办方的身份隆重举行平台发起的筹备仪式,成为本次论坛大会的亮点。沃膳网顾问华红兵先生发表《移动互联时代食品供应模式的创新》的演讲。

隶属于深圳前海全华食品供应链有限公司的沃膳网食品供应链平台,是由欧亚互动数码发起,引入美国食品供应链平台成功的运营经验,携手国内食品生产基地、成功的快餐团餐业者、农产品供应链企业、国际进口

食材供应商共同创办。覆盖快餐团餐所有的采购品项，为大到厨房用具，小到蔬菜瓜果的采购，提供了一站式解决行业方案。

互联网的技术在美国，市场在中国

——沃膳网（woosun）

结合美国成功的食品供应链运营经验，依照国内餐饮企业的市场需求，沃膳网将现代移动互联网与传统生鲜产品零售业进行创新性融合，开创食品供应链新商业模式。以现代化网络平台和呼叫中心为服务核心，以先进的营销理念，结合移动互联网与市场对接，利用移动智能终端采购，链接供应端与采购端，为团餐快餐连锁企业及食家提供低价、质优、透明、效率与精准的交易配送服务。沃膳网是实时的数据分享管理平台，提供安全食品新流通渠道，保证生鲜食品生产和运输的全程安全性、可追溯性，在顺利实现上下游企业交易的基础上，通过数据中心对大数据进行采集和分析，帮助餐饮行业供应链的供需双方实现电商化和信息化，更好地推动行业发展。

在提高餐饮业供应链效率的同时，沃膳网食材供应链平台以移动互联网络信息为主线，在产业环节发力，通过上游环节品类整合，中游环节配销分销，下游环节快速销售产生利润，对餐饮行业进行优化和升级。与上游农产品原材料生产基地签约，建立供应商严格审核的相关资质，为交易安全和食品安全提供新保障；大宗批量采购，提高采购商议价能力，帮助餐饮企业与上游原材料企业之间建立沟通的平台，提升餐饮行业采购原材料的可追溯性。

沃膳网移动互联模式的创立，改变了传统的营销思维模式，打通原料基地与销售终端的供应环节，通过寻求非业内的合作伙伴，发挥不同类别供应链的协同效应，在避免单独作战的同时达成"1+1>2"之势。通过一站式消费使餐饮企业经营效率最高、成本最低，利润最大；通过网络运营实现线上线下交易；通过附加服务生成附加价值。

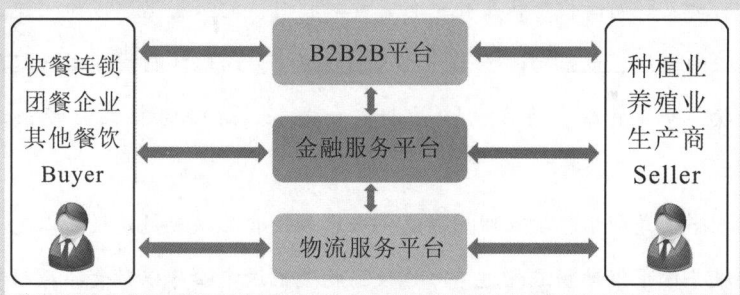

(www.woo-sun.com)

随着移动互联网时代的来临，产业之间的区分越来越模糊，产业链之间合并现象众多，形成一个大产业链格局。因此，餐饮企业的跨界多元化产业链发展成为趋势。对于餐饮业下游餐饮商家而言，只有原材料企业以及中间商（批发商）和下游终端消费者建立一体化的供应链体系，才能在保证食品安全的前提下，快速应变市场，保障消费者的需求。形成这种一体化供应链体系很重要的工作就是与原材料企业以及中间商建立战略上的合作，分工协作收集消费者的信息，建立信息共享平台，协同管理整个食品供应链。餐饮业上、中、下游企业之间的合作重组步伐加快，异地扩张和餐饮上、中、下游的集团化、连锁化成为发展趋势，这种发展趋势本身就是机遇。

面对这个时代的机遇，信息化水平的提高是关键中的关键，是能够实现供应链管理的基础。在当今时代，信息的重要性不言而喻，只有拥有健全的信息体系才能够对食品供应链的管理做到最先进、最完善、最安全。建立公共信息平台来应对市场需求的变化，建立双方乃至各方都可信赖的食品供应链安全保障体系。

从世界范围来看，先进的餐饮业的跨界营销模式，不只是将公关、广告等营销手段进行简单的叠加，而是一种跨界思维的整合，当新的食尚文化与移动互联网时代群体文化进行无缝对接时，它必将迅速成为主流，并以最快的速度、最张扬的姿态得到人们的追捧。而以沃膳网模式兴起的餐饮业跨界整合营销，将成为一种潮流和趋势，势必为餐饮业带来新的气象。

沃膳模式利用移动互联网信息化平台加强食品供应链建设，以完善的物流服务体系推动物流配送中心建设，物流配送中心可以对食品原材料等商品实现集中采购、统一配送、统一管理，还可以对食品原材料进行再加工处理，保证原材料质量的卫生和标准，充分发挥现代流通方式可追溯的作用，更好地保证食品安全。

在食品供应链移动互联网化的时代，沃膳网无疑是最有希望的先行者。

第二节 不移动 不农业

2014年11月15日，从农业新闻频道获悉，致力于农业信息化服务的移动应用平台"新农宝"上线了。据介绍，"新农宝"将配套网上农资商城和线下实体连锁服务店，整合传统农资供应链，改变传统销售模式，实现农资厂家和农户的直接对接。

移动互联网与农业的结合，将会产生怎样巨大的机会？

一部手机+一个APP+一片农地

根据大量数据推测，未来的10～15年，我国农业劳动人口数量将大幅度下滑。未来农村劳动力的年龄结构也将发生重大变化，年龄较大的人口占比将急剧上升。据测算，到2025年，每位年轻农民的平均耕地面积将达到90亩，而到2030年，每位年轻农民的平均耕地面积达到187亩。这样的土地占有量，相对于以前的农业规模化而言，可以用"狂风暴雨般的变化"来形容。

与移动互联网对接的农业，应该呈现的格局就是"一部手机+一个APP+一片农地"。无论你身在何处，一部手机，只要与互联网连接，就可以随时了解农地里的动态，比如测量夜间农地具体温度、相对湿度、空气质量以及病虫害情况等。

移动农业也是机器人的时代

2014年宁波机器人餐厅风靡各大报刊头条，该餐厅的服务员绝大多数已被机器人所取代了。这些机器人不但具有优秀的厨艺，而且还能将顾客服务得十分周到。真可谓一举两得。据该餐厅负责人介绍，所用机器人一次充电可以工作8个小时，单台造价6万元，寿命约5年。中国经济网记者计算后发现，每台机器人的月使用成本费用仅1000多元，这对于餐饮企业来讲，很有诱惑力。

从这个案例可以看出，未来农业的劳作将会交给更多的机器人来做。机器人进入农业生产，可以将农业生产智能化，当然，成本也是其中的一个因素。机器人利用移动互联网平台，从基本的生产方式开始。你可以设置或者安排好任务，不用时时到现场监督，只需打开手机，就可以了解现场情况。在农忙时节，农民在家就可以轻松了解农田的工作进展。利用移动互联网版本的智能机器人进行农业生产，可以提高农产品质量！智能机器人能够第一时间将农田具体情况实时汇报给你。比如说，当测量到农作物有可能被某种疾病侵害，智能机器人会及时汇报农田主人，预防害虫以及病毒的危害，从而保障农作物的生产。目前，很多人都恐惧市面上的农药蔬菜、毒大米以及残留农药的水果，很多人因买不到安全的食品而感到烦恼。未来基于移动互联网的农作物市场将会是什么样的呢？手机APP蔬菜市场将会诞生。很多小农商将自己耕作的蔬菜，通过手机发布到朋友圈或者放置到APP上面进行销售，而这一款蔬菜市场APP会自动监测该蔬菜的来源、新鲜状况以及农药残留监测等等。人们可以放心进行购买，农业与移动互联网的恋爱，从惠农开始，以惠民结束。从此人们在消费农产品时进入了明明白白的消费时代，因为每一种农产品都有了它的出生证，建立起可追溯来源的食品安全体系。

城市人口返乡倒流

根据农村人口调查，我们了解到，进行农作生产的农业人口大量流失于城市。这么一来，农村产生的荒地对于现在城市中的你来说，是莫大的机会！从现在开始，你赶紧跑回乡下承包更多的土地，一部手机，一种移动互联网媒介，足以帮助你成就农业大事业。趁还没有更多人意识到这些黄金农田时，只有把握最前沿的移动互联网趋势，才能成就更大的事业。

未来，农民将不一定呆在田间地头，解放农民，会释放中国更大的生产力。

【案例】

广东雪印集团O2O电子商务平台

在"新常态"和"互联网"经济推动下，我国的农业及农村经济又站在了历史发展的新起点上，从阿里巴巴启动农村战略，到广东雪印集团完成电子商务发展战略规划，农业产业通过电子商务唱主角的时代已经来临。对接互联网已成为传统农业转型、升级的重大经营发展抉择。到2014年，广东电子商务经济已雄踞全国首位，广东的农业电子商务也需要迅速成长起来。面对新形势，广东雪印集团互联网O2O模式将成为中国农业的新地标。"互联网思维让雪印走上一条'电子商务＋基地＋农户＋专业合作社＋家庭农场＋合伙人'的整合之路，简单地说就是农业O2O之路。"广东雪印集团董事长肖勇生说。

"用户为王""消费者为中心""起点是用户""个性定制""由外而内创造价值"这些互联网时代的价值理念，正在悄然影响着千千万万个企业家。在雪印集团农业O2O新模式系统里，雪印公司专注做"O2O电子商务平台"和"渠道"，把千家万户种植、养殖的"小农经济"与千变万化的互联网农产品大市场进行有效的整合，将"农产品的全产业"与"服务与配送的全渠道"融入到雪印公司的"O2O平台"中，这不仅使食品安全从源头得到保障，更是农产品的生产方式、服务模式的重大变革。为此，广东雪印集团在粤北、粤东、粤西建立了符合O2O理念、对接全渠道服务的铁皮石斛基地、芋头基地、蔬菜基地、土猪基地、黑山羊基地、香米基地近千家；同时在珠三角地区的核心城市广州打造了对接农产品全产业链的、拥有全渠道功能的"雪印公司广州农产品配送中心"，并设立专门的电子商务运营服务公司。该公司电子商务服务人员180多人，拥有对广州、佛山、深圳、惠州、东莞、中山、珠海、汕头等大城市、大客户的"全产业、全渠道服务"辐射服务能力。广东雪印集团自主研发的农产品服务"O2O平台"，将全产业前端用户和后端供应链，以及信息单元、物流配送服务、资金服务进行优化融合，通过电子商务平台和落地服务构建雪印农业电子商务生态圈，并与产业链共荣、共享，将全产业链的人流、物流、信息流、金融流、商流、增值流、能量流整合到雪印平台之中，为农业电子商务探索一条高速发展之路。"农业电子商务的过程，总需要有激情、充满好奇心的企业和企业家去探索，做第一个吃螃蟹的人，雪印作为广东省农业电子商务重点企业，正在承担这份责任。"肖勇生董事长说。

第三节 移动医疗触手可及

移动医疗作为最积极的 O2O 践行者，伴随着移动互联网的普及，改变了过去只能去医院看病的生活方式，为大众提供更为先进、轻松和便捷的就诊模式，改善就医难、就医烦等问题，让医疗服务"无处不在，无时不在"。

移动医疗"钱"景动人

移动医疗近来非常热，无论是创业还是投资。面对这个炙手可热的大蛋糕，互联网大佬们都想分一杯羹。2014 年腾讯率先进入投资癫狂状态，两个月狂砸 1 亿 7 千万美元，入主丁香园和挂号网；阿里早有布局，从天猫药馆到牵手海王星辰再到未来医院，不遗余力地敲开移动医疗的大门。当然对移动医疗虎视眈眈的，远非腾讯和阿里，在国外，苹果刚发布了名为"HealthKit"的全新移动应用平台，随后助力糖尿病患者的谷歌智能眼镜也开始进入市场。移动医疗领域俨然成为资本家们竞相追逐的香饽饽，当互联网巨擘不约而同地将目光投向移动医疗时，这个朝阳产业的"钱"景可想而知。

据报告显示，截至 2014 年末，在 iOS 和安卓两大平台上，通过审核的移动医疗 APP 已达十万种，仅国内就有 2000 多种。这两年，医疗 APP 发展迅猛，大部分已进入商业化阶段。专家估计，到 2017 年，移动医疗的市场规模将达到惊人的 125.3 亿元。艾媒咨询也预测 2017 年将达 125 亿元，各大研究机构数据大相径庭，均预示着中国移动医疗市场不久将迎来百亿规模，可谓一座潜力巨大的待掘"金矿"。

也许你会说任何行业都存在陷阱和馅饼的两面性，如果移动医疗是片蓝海，也可能是一片暗礁重重的蓝海。不可否认，移动医疗离普及还有一段距离，但可以肯定的是，移动技术给医疗、保健、医药等行业带来的影响日益突出，老龄化、亚健康人群剧增，慢性病服务需求扩大，及线上的医医交互、医患交互、患患交互等模式不断拓展更新，医疗管理、政策法规也将变革重组，未来医疗健康产业的发展让人充满遐想。

一个智能化的医疗时代即将开启

随着智能终端的普及，人们越来越离不开移动互联网了，由此催生移动医疗的各个细分领域。可穿戴设备、远程医疗、病情监控、云端医院、大数据分析等医疗服务模式渐入佳境。这正是创业者所乐见的——他们设想了一个美好的未来就医场景：

只需要佩戴一个小小的移动设备（腕带、手表、手机挂件等）就能实时监控身体的各项指标，一旦出现异常，就会发出信号。还能根据需要提示吃药、查看病历、连接附近医生、发送化验报告等，第一时间呵护健康。必要时，还能将资料发送到地球的另一边，寻求治疗方案。这不是虚无的科学幻想，而是正在发生的一场移动技术与医疗健康的跨界革命。

医疗这一传统行业，借助移动互联网技术一步步变身为更人性化、更高效的"智能医疗"。

如果当你身体不适或家人、朋友生病，而又没时间去医院的时候，手机若能给你专家指导，告知你是应该去医院，还是直接服药在家调养，这样的信息是否很有价值？

以往医生要查看患者资料，通常要翻找病历、化验单、检查报告等。而患者如果想知道自己的就医记录，比如在哪家医院看了什么病，用过什么药，复诊时间什么时候……除了翻箱倒柜找病历，别无他策。移动互联网推倒了各大医院患者信息不通的藩篱，以汹涌之势强迫医院开放。如果有一个可以装入口袋里的 iPad、手机，它能够记录一切医患所需信息，还可以自查健康状况，24 小时在线咨询，功能一应俱全，这样的应用设备你是否想马上收入囊中呢？

移动互联网改变了医患之间的规则，未来是患者说了算的时代。

很多时候，为了外出拼搏，你可能无法照顾留守在家的老人，但未来只需要一部手机，你就可以随时关心他们，只要把穿戴设备与手机蓝牙相连接，就可以监测老年人的脉搏、血压、血糖等状态，甚至可以收到他们的 GPS 定位及紧急呼救信息。这种新型的智能"养老模式"对于老龄化日趋严重的社会至关重要。

现在如果你还想着去图书馆翻看厚厚的医学书籍，或者上百度、谷歌搜索权威医学文献，那么你就 out 了，一款集结所有临床病例分析及药物、疾病、症状查询，甚至包括权威医学期刊免费下载的移动医学图书馆 APP 正期待你的青睐。

除了埋怨药贵，你可能还会埋怨线下药店毫无人情味。未来移动药店除了购药咨询、送药服务外，还会推出更多个性化服务包括饮食调理、运动建议和用药提醒。目前这块市场尚属空白，机会很大，需求很旺盛。

记得曾经看过一句玩笑话，说"只有掌握了数据，医保才敢支付，医生才敢决策，患者才敢治疗，糖尿病人才敢吃巧克力。"没错，要实现未来移动医疗的美好蓝图，绝对少不了对云端大数据的掌控和精准分析，说不定未来会有个全球云医院，集结了世界各地的医疗数据和资源，一方面弥补了某些国家医疗科研方面的数据缺失，另一方面为全世界的医生和患者提供更有效、更精准的医疗建议和服务。移动医疗是不是很美好呢？

第四节　移动互联网重塑教育

中国的教育一直采取的是单项互动模式，老师讲课，学生听。以教师为中心的教学模式在人们心中已经根深蒂固，按照统一的课本教材、固定的教学方式，遵照固定的课程进度一步一步地进行学习。移动互联网时代的到来，正在改变着中国传统的教育模式。利用移动互联网碎片化、随时随地的特点，将来能学到知识的地点可能是任何地方，学生们再也不会在固定的地方获取知识，这就是移动互联网带来的变革。

移动互联网的发展，改变了传统教学单一、枯燥的方式，使教育从批量走向个性。当前国内中小学生学业负担过重，学校的教育教学没有根据每个学生的个性特点、智力水平，提供个性化的学习路径和学习方案。

教育的中心从老师变成学生

移动互联网的日益普及，老师将不再成为教学中心，去中心化将使教师与学生之间的教学关系发生改变。在移动互联网时代，教育以学生的需求为中心，老师与学生之间达成动态的教学关系，每个学生都可以按照自己的方式，自己的学习路径和自己的偏好进行学习，最终使每个学生发挥自己最大的学习潜能。与此同时，移动互联网平台可以不断地累计学生的行为数据、学习内容，并进行系统分析，最终按照每个学生的学习路径，提供个性化的学习方案。

由于移动互联网平台对每个学生的情况了如指掌，学生可以自己筛选课程、练习、作业，学生可以在碎片时间里获得知识，提高了学习的效率。同时，移动互联网提供了文字、视频、音频、多媒体等丰富的获取知识的手段，使学生们对知识产生更强烈的学习欲望。

未来，人人都是教师

在传统的学习过程中，每个学生都是以孤独的个体形态存在的。移动互联网的发展，让传统教育变得更加开放，使学习过程从自我走向社交。学生可以有自己的各种圈子，比如好友圈、课程圈，甚至还能与全国各地的学习爱好者建立相应的社交圈，快乐地学习，学习的环境变得更加地开放。学生们的学习效果不仅能够在社交圈中得到反馈，而且还能够通过社交圈相互激励、比赛，提高学习的效果。

近日由余佳文团队开发的超级课程表在各大高校十分火爆。而作为90后的年轻团队，余佳文究竟有何法宝可以赢得500多所高校市场的青睐以及吸引了阿里几千万美元的投资？原来这得归功于他们打造了一个令学生们热爱学习的超级课程表。

据了解，超级课程表是一款以课程表为基础而展开的校园社交软件，面向高校大学生。其功能不仅能够帮助大学生查阅各个大学的课程信息（包括课

程时间、授课地点、任课老师），还可以将自己的课程安排发布到应用中，与好友分享。除了以上基础功能之外，课程相同或者对此感兴趣的学生，还可以讨论课程内容，分享上课笔记，共享文件资源。同时，他们还可以认识同一节课任意课室范围内的同学，扩展他们的交际圈。如有需要，他们还可以向同班同学发送私信，方便同学间即时、便捷的联系。如果你想成为学霸，可以查看全校课程，并添加个人旁听课程，制订属于自己的学霸计划！

超级课程表还能绑定第三方应用（新浪微博）并分享到第三方应用中。最重要的是，"超级课程表"不需要用户手动添加课程，因书只要用户输入学校信息管理系统账号后，系统便会自动添加，操作起来方便、快捷。

移动互联网的介入，让教育行业改头换面了。这只是开始，期待移动互联网给教育界带来更多的精彩！

第五节　移动互联网带来深度无人驾驶

越来越多的专家认为，未来汽车产业技术将朝着"电动化、智能化、网联化"这三大趋势发展。同时，也有越来越多的人认为，谷歌的无人驾驶汽车将会普及到大众家庭！

电动化

所谓电动化汽车，即充电式汽车。也就说，未来的汽车将通过充电（无需加油）即可出行。

有专家预测，电动汽车将在几年或几十年内进入主流消费群体，届时将改变汽车和公用事业的行业格局，并创造一个新的电池行业。那么，电动化跟移动互联网能扯上哪门子关系？在这里，我们需要高度提升机遇嗅觉，未来的电动化汽车，也许能够通过手机来充电，而不需要在充电站排队。据报道，有人曾想过借助手机给汽车充电，只是由于技术与时机不成熟，而没成功。但，未来汽车电动化的趋势，使手机充电这一预测又增添了几分可能。到时，手机不仅能充电，它还可以接收太阳能，吸收光能即可充电或者见光就可以通电。

智能化

所谓"智能汽车"，就是在普通汽车的基础上增加了先进的传感器（雷达、摄像）、控制器、执行器等装置，通过车载传感系统和信息终端实现与人、车、路等的智能信息交换，使汽车具备智能的环境感知能力，能够自动分析汽车行驶的安全及危险状态，并使汽车按照人的意愿到达目的地，最终实现替代人来操作的目的。

根据美国高速公路安全管理局的定义，他们将智能汽车定义为以下五个层次：

（1）无智能化（层次0）：由驾驶员时刻控制汽车的原始底层结构，包括制动器、转向器、油门踏板以及起动机。

（2）具有特殊功能的智能化（层次1）：该层次汽车具有一个或多个特殊自动控制系统，通过警告防范车祸于未然，称之为"辅助驾驶阶段"。这一阶段的许多技术大家并不陌生，比如车道偏离警告系统（LDW）、正面碰撞警告系统（FCW）、盲点信息系统（BLIS）。

（3）具有多项功能的智能化（层次2）：该层次汽车具有将至少两个原始控制系统融合在一起实现的大系统，完全不需要驾驶员对这些功能系统进行控制，可称之为"半自动驾驶阶段"。这个阶段的汽车会智能地判断司机是否对警告的危险状况做出响应，如果没有，则替司机采取行动，比如紧急自动刹车系统（AEB）、紧急车道辅助系统（ELA）。

（4）具有限制条件的无人驾驶（层次3）：该层次汽车能够在某个特定的驾驶交通环境下让驾驶员完全不用控制汽车，而且汽车可以自动检测环境的变化以判断是否返回驾驶员驾驶模式，可称之为"高度自动驾驶阶段"。目前，谷歌无人驾驶汽车基本处于这个层次。

（5）全工况无人驾驶（层次4）：该层次汽车是完全自动控制车辆，全程检测交通环境，能够实现所有的驾驶目标，驾驶员只需提供目的地或者输入导航信息，在任何时候都不需要对车辆进行操控，可称之为"完全自动驾驶阶段"或者"无人驾驶阶段"。

五个层次的智能进化，我们目前正处于第四个层次——具有条件的无人驾驶。在这一阶段，人们可以利用手机来设定驾驶模式。如在寒冷的冬日，你可以通过手机的APP，呼叫爱车，设定驾驶路程，您的爱车就可以每天自动驾驶到您的楼下，接送您去上班。

据美国电气和电子工程师协会（IEEE）预测，本世纪中叶前，无人驾驶汽车将占据全球汽车保有量的75%，汽车交通系统将迎来变革，交通规则、基础设施都将随着无人驾驶汽车的出现而发生剧变，智能汽车可能颠覆当前汽车交通运输产业运作模式。同时，汽车行业著名咨询机构IHS发布预测报告称，通过电脑系统实现无人驾驶的智能汽车，其发展速度正在赶超纯电动汽车，2025年左右将走进寻常百姓家，2035年销量将达到1180万辆，占同期全球汽车市场总销量的9%。以往在科幻大片中才能见到的无人驾驶汽车似乎离我们的现实生活越来越近了。

网联化

网联化作为汽车产业技术的趋势之一，会带来新的商业模式，完全可以实现线上线下的电商模式。基于前期互联网售车的模式，可以进行在线选车，或者线上定制、线上预约等等,然后是线下直接提车、线下体验、线下维修保养等等。这样,线上与线下即可完美结合。

我们认为零污染的智能化电动汽车,就是汽车发展的主要方向,以智能化、网联化为手段,加上基础设施的超前投入,我们相信未来一定可以实现技术的突破和商业模式的创新。

第六节 重构房地产行业

最近这几年,终端的智能手机和平板电脑的崛起使移动互联网进入到一个快速发展的阶段,许多行业受到移动互联网的巨大冲击,其中房地产行业尤为严重。移动互联网对房地产行业最大的冲击主要体现在商业地产方面。未来,住宅地产将进入众筹模式。

房地产市场是一个高度信息不对等的市场,信息量有限,透明度不够,加上相关利益群体的博弈,导致房地产市场出现了信息凌乱、滞后和失真的情况。无论购房者、卖房者、租房者还是开发商、中介均渴望房产信息更加公开化、透明化与精准化。

从推动信息流动开始

移动互联网打破了房地产市场的区域性限制,方便了房地产市场信息的流通,为开发商提供了公平竞争的平台,为购房者提供了更多的购房机会。它更强调互动式的信息交流,房地产企业与消费者,消费者与消费者之间都保持紧密的双向沟通,大大提高了营销过程中消费者的地位。企业也可以通过移动媒介树立企业及产品在消费者心目中的形象。

随着房地产行业政策调控力度的逐渐加大,可以预见,未来将出现房地产行业彻底洗牌的时机。小的开发商将被清洗出局,而大型开发商更需要塑造品牌,借助中国地产客户端这样的移动平台实现随时营销和树立企业品牌效应将是越来越多企业实现成功营销的最好选择。

腾讯的房地产移动互联网布局

移动互联网正在深刻改变着人们的生活。据统计,截至2014年第二季度,微信月活跃账户同比增长57%,达到4.38亿人,而目前中国智能手机的用户量在5亿左右,这意味着,绝大部分智能手机用户几乎都活跃在手机微信上。在移动互联网时代,置业者需要更新、更全面的服务,为此,腾讯近期推出了腾讯房地产移动矩阵、好房通、购房理财通三大房地产移动互联网服务产品。腾讯凭借现有的12个核心站点、130多个加盟站,为房地产企业营销带来全新的方法和理念,为购房者提供与众不同的置业服务感受。

房地产在互联网营销领域构筑移动矩阵是大势所趋,腾讯房地产移动矩阵由腾讯新闻房产频道、腾讯房产触屏版、看房APP、房产微信四大核心平台组成。依托腾讯强大的用户基数,腾讯房地产将着力打造中国房地产市场专业化的导购平台。腾讯新闻APP目前覆盖了6.3亿用户,日活跃用户量超过1.4亿,每天有数百万购房者在这里查找房源、报名看房。作为移动购房端的新生力量,依托腾讯地图及楼盘街景等核心功能,腾讯看房APP一直是购房者的首选。升级后的腾讯看房APP将添加二手房频道、置业顾问在线、微视频看房等模块,成为信息多渠道、沟通立体化的移动在线房屋买卖平台。

好房通是一个基于移动互联网平台的创新的二手房整合营销系统,耗时6年打造,覆盖365个城市,为新房销售与二手房门店搭建了沟通的桥梁,可轻松实现一、二手房联动,是一款强大的房地产互联网营销工具。好房通打通了腾讯二手房频道入口，为其导入巨大的腾讯用户流量，不仅可以容纳 2 万余家中介机构提供服务，还可为购买新房、二手房的人群提供首付贷款等金融服务。

购房理财通是全国首款移动房地产金融产品，致力于解决房地产交易的信用、安全、蓄客与交易难题。购房者只需要在该模块上轻松操作几步，即可在微信端获得购房支付、理财、收益、享受折扣等系列增值服务。此外，理财通还引进了业内实力较强的华夏、广发、易方达、汇添富以及南方基金 5 家基金公司的优质产品，自上线以来，已累计为用户赚得超过 9 亿元收益。目前，碧桂园、万达、雅居乐、远洋、合生、中海等全国 20 多家品牌房地产企业的数百个优质项目已经开通购房理财通。

腾讯房地产产品上线仅仅是腾讯开创房地产互联网金融新模式的开始，未来其将陆续推出包括微信支付、在线交流、互动游戏、微社区、楼盘微商城在内的多种创新性移动购房工具，为移动购房人群提供源源不断的看房、咨询、交流、支付、理财等便捷安全的购房全流程解决方案。

这是否意味着一大批靠信息不对称吃饭的房产中介公司、房产代理公司的倒闭？

第七节　金融被移动

移动金融就是将复杂的金融交易程序简单化，将简单的事情标准化，可在家里、在车上、在任何地方自由地做金融交易。

移动金融是由哪些技术推动的呢？

移动金融需要技术进步的推动，但这种技术不仅仅指有形的技术，如支付技术、安全技术，更关键的是方法论或者是管理方法的进步，因为任何一个产品的背后，其实是一种制度、一个流程和一套系统。可以说，移动互联网金融是一个年轻的时代，是青年金融！

移动金融将极大地提高金融交易效率，降低金融交易成本！

利用移动互联网的工具，金融产业不仅可以将交易化繁为简，大大提高工作效率，还可以通过互联网金融平台的大数据挖掘和分析技术，完成金融产品的创新和定制。移动互联网金融可以改变金融市场的整体格局，如阿里巴巴对天弘基金的发展促进和影响。据说，在阿里还没介入天弘基金之前，天弘基金的排名是比较靠后的，但阿里介入之后，影响是非常深刻的，天弘基金实现了跨越式发展。在整个金融行业的革新裂变过程中，移动互联网金融将发挥不可估量的作用。移动互联网金融对现有金融领域和未来经济发展拥有巨大的影响，它将改变人们以往的日常生活方式，从而形成新的金融消费和生活习惯。

移动互联网给支付带来了巨大的机会，支付只是一种手段，支付服务于交易，交易服务于生活，人的生活方式随着支付方式的改变而发生变化，因此商业模式随之改变。

第八节　APP 在手，想去哪旅行都行

根据数据表明，近 3 年来，中国在线旅游行业复合增长率超过 3 成，国际知名咨询研究机构艾瑞咨询数据表明，2011～2013 年，在线旅游市场交易规模分别达到 1313.9 亿元、1708.6 亿元和 2204.6 亿元，同比增幅分别达到 38.5%、30.0% 和 29.0%，其增幅要高于国内旅游市场的整体水平。为什么国际旅游市场比国内的增幅要大？这是因为在移动互联网的背景之下，手机可以

方便你的出游计划以及简化一些办理手续，自然而然，也就促进了国际旅游的大幅度增长。

下图是可以免费下载到用户手机的旅游 APP，它们的安装程序非常简便，有部分 APP 还能进行连锁捆绑，链接酒店以及机票、火车票预订等业务。它们大致可分为两类：一类是由创业公司开发；另一类由百度、去哪儿网、携程网、同程网、途牛等旅游搜索和主要 OTA 开发。

这些旅游 APP 的功能如下：

（1）GPS 导航与地图指引：提供目的地的地图指引和 GPS 导航；

（2）图文分享与行程记录：支持旅行行程记录，包括用户可以上传照片、文字，并可以标注位置、时间、标签等信息；

（3）景点及商家信息：提供景点、餐饮、酒店、租车等目的地服务的详细介绍和内容（包括各类攻略及游记）；

（4）离线使用：支持内容下载并离线使用，支持离线记录；

（5）打分与点评功能：可查看商家及景点的点评情况，可对商家和景点进行点评；

（6）社交与互动性：分享的便利性及用户的参与性与互动性；

（7）用户综合体验：对用户界面的简洁性、图文访问的流畅性、内容的丰富性、操作的便捷性、页面下载速度等指标的综合评价；

（8）旅游产品价格显示及预订：显示门票、酒店等的价格和预订链接，提供预订功能；

（9）PC 端与 APP 数据同步：PC 端产品服务与 APP 端产品服务之间具有兼容性、同步性，比如 APP 端的个人收藏可同步到 PC 端；PC 端旅游产品信息、个人收藏等信息可同步到 APP 端。

公司简称/创始人	APP名称	上线时间	测评版本	支持系统平台	下载量/增长情况	营销手段	盈利模式
蚂蜂窝/陈罡\吕刚	旅游点评	2012年9月5日	v1.1.0	iOS	5款应用共计1000万下载用户	App Store推荐、口碑相传	暂未盈利
	旅游攻略	2011年7月14日	v4.1	iOS、Android			
	嗡嗡	2012年6月18日	v2.3	iOS			
	旅行家游记	2011年12月21日	v1.5	iOS、Android			
雀沃信息科技/陈伟	在路上	2011年10月	v3.1.0	iOS、Android	下载用户100万,日活跃10万;预计半年内可达200万	各类市场合作、用户分享、品牌口碑	暂未盈利;计划考虑旅游分销、广告运营等盈利模式
Touch China 沈卓立	景点通	2012年9月6日	v1.1	iOS、Android	iOS、安卓共计80万,TouchChina用户300万以上	品牌口碑、社会化渠道营销	暂未盈利;将走走向撮合交易、电子商务等模式
海客科技/赵世界	玩伴	2011年5月5日	v2.4.3	iOS、Android	450万,每天新增约1万	应用商店、社会化媒体、BBS、口碑营销、媒体报道、线下推广等	暂不考虑盈利
自游网/吴军	自由行	2012年9月27日	v1.1	iOS、Android	下载量未公布	平台收录和市场合作、新浪不定期推广	暂未盈利;未来或植入预订功能
去哪儿	去哪儿攻略	2012年9月	v1.0.0	iOS	下载量未公布;上线即获得旅行类前3名	APP内推广、市场宣传、微博营销	暂不考虑盈利
	去哪儿旅图	2012年5月	v1.2.2	iOS	下载量未公布	APP内推广、市场宣传、微博营销	暂未盈利
驴妈妈	驴妈妈	2012年9月11日	v2.3	iOS、Android	用户在200万人以上	口碑营销、自有官网平台、第三方APP应用下载平台	门票、度假酒店、自由行、团购等产品预订
同程网	同程旅游	2012年2月	v4.2.0	iOS、Android	400万,每月增速约20%	同程官网深入结合、电子市场广告	同程全部客服端营收占比同程整体营收10%

APP 到底改变了什么？

第一，GPS 导航与地图指引是移动旅行类 APP 最重要的功能。为了方便游客，手机 APP 部分旅游景点图片可提供相对应地理位置的地图链接，玩伴和景点通可提供景区内游玩路线及 GPS 导航，因此，这些 APP 提供了非常直观和形象的游玩体验，直接 PK 线下木讷的旅游介绍方式。

第二，这些 APP 允许用户进行图文分享与行程记录。这对背包一族或者喜欢自助游的游客提供很大的帮助。目前大多数游记普遍采用带有丰富信息的图文来呈现，从宏观的地图足迹坐标到每张图文的具体展示，在有限的手机空间里带给用户对行程非常直观的体验。手机 APP 链接的东西可多了，为了解决信息的碎片化问题，还提供了诸如美食、下雨、汽车等 18 个标签帮助用户对足迹进行管理，让碎片化信息变得更加条理化。例如，布拉旅行可为用户提供旅行中的记账、代办等功能，丰富了用户对行程的管理。

第三，提供详细的景点及商家信息。APP 不仅对景区信息有详细介绍，玩伴甚至提供离线的语音景点介绍，在导游方面做到了极致。再也不仅仅是旅行社导游在做景点介绍了。

第四，行程游记的分享和用户之间的互动无论是对旅途中的游客还是消遣的读者来说都是比较有吸引力的。很多 APP 都有类似的图文收藏、评论、分享功能，用户还可以看到周边用户的实时图文分享情况，是典型的社交化分享模式。

第五，离线导游无论是对出境游还是国内游游客来说都是一个非常实用的功能。离线信息记录与保存很方便地解决了用户在旅行过程中可能遇到的不能上网的问题。在离线导游方面，国内的下一站、驴评城市指南与 TripAdvisor 的 City Guide 的功能比较类似，提供目的地的离线导游，比如地图、交通、景点介绍等信息，对出境游或上网不方便的游客来说有较大的价值。

现在旅行类 APP 还存在一些缺点。例如，很多大型的 APP 在用户移动旅游同步性、互动性、移动性等方面还是比较弱的。而且现在很多 APP 都是照搬 PC 端的产品。这些 APP 其实还处于互联网状态之下运作，并未真正体现移动互联网思维模式。而这也验证了腾讯 CEO 马化腾所说，"过去的很多产品是从 PC 再转向移动，这样会有很多的历史包袱，体验不到真正拥抱移动互联网的形态。"因此，在大趋势下，如何运用移动互联网思维做产品才是当前这些 APP 所要认真思考的问题，而不是换汤不换药。

还有，手机用户体验问题。如何实现手机 APP 端与 PC 端产品服务的完美兼容，也成为 APP 开发者必须要认真考虑的问题。手机端 APP 空间是"狭小"的，但是它却要承载更多的信息量，如何完美地将 PC 端产品转移到 APP 上并呈现出来，还需要 APP 开发商真正重视 APP 用户的需求，而不是将 APP 作为 PC 端应用的手机版本。

另外，旅游 APP 没有令人尖叫的特色。因为很多 APP 大体相同，跟一些团购如大众点评的服务差不多，而不是独具特色的一款旅游 APP。是追求"大而全"，还是追求"小而精"，这就需要旅游类 APP 的开发商们综合考量了。

综上所述，目前的移动旅游 APP 无论在功能，还是在盈利模式的探索方面都处于非常早期的阶段。可以预期，旅游移动应用领域仍将继续成为投资者们关注的热点。

第九节　移动游戏大放异彩

有人预测，下一个 20 年将是移动游戏大放异彩的时代。移动互联网是一个比传统互联网大 10 倍的市场，更具潜力和诱惑力，给了从业者更多机会。

移动游戏将成为首个收入爆发的商业模式，它将奠定移动互联网发展的经济基础，并且最先让参与者看到曙光。

手机游戏行业的巨大市场

手游行业已经是业内增长最快的领域之一，而且目前来看依然没有减速的迹象。据 IDC 最新发布的一份报告来看，全球手游玩家数（包括智能机和平板）已经超过了 10 亿。

根据 IDC 公司权威的数据显示，在 2014～2018 年之间，全球智能机和平板用户的手游下载量将达到 600 亿次。在这种情况下，主流掌机和主机制造商的竞争将会越来越激烈。手游市场整体依然呈现大幅增长，而且到 2018 年期间，很大一部分增长是来自于亚太地区的低端 Android 设备。

目前全球 44% 的智能机和平板都是游戏设备，尤其是在北美地区，至 2014 年底，玩手游的智能机和平板设备达到 1.57 亿台，同比增长了 8%。另外，北美大约 48% 的玩家在 2014 年为手游付费，北美地区的手游总收入增长到 48 亿美元，但 iOS 平台的收入依然比 Google Play 高很多。

平板游戏也是非常重要的市场，智能机依然占据主导地位。由于智能机的普及率比平板高很多，所以平板用户的玩家付费更高，而且 ARPPU 更高。但 2014 年北美地区手游总收入的四分之三依旧来自于智能机平台。

从另外的一组数据看出，在过去的一年中，中国移动网民规模达到 5 亿人，2013 年中国移动互联网市场规模为 1060.3 亿元，同比增长 81.2%。预计到 2017 年，市场规模将接近 5000 亿元。

在过去的一年中，手游行业的发展速度令人吃惊，伴随着市场的逐渐成长，其规模与收入实现大幅增长。根据艾瑞数据显示，2013 年中国手游市场较 2012 年增长 50%，规模为 148 亿元；2014 年增长 59%，达到 236 亿元，2015 年将增长 52%，达到 361 亿元，连续三年增长超过 50%。因此，无论是资本市场还是互联网公司,都将手游概念和产品视作未来竞争角逐的关键点。

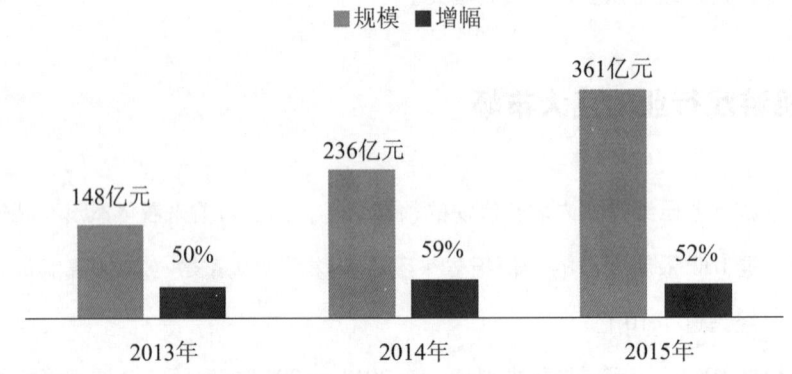

近3年移动游戏市场规模与增幅

截至 2014 年初,国内手机游戏市场月流水超过千万元的产品已经增加到近 60 款,说明了移动游戏市场在前景广阔的同时,"钱景"也一片大好。

另外,移动端的流量是巨大的,并且是分散的,想要流量变现最好的方式就是通过移动游戏。过去一年移动游戏的发展远远超过了它在 PC 端的成长。移动游戏秉承了传统互联网游戏盈利模式明朗的商业惯性,中国网民对于娱乐休闲的酷爱,在手机用户中得到了进一步彰显。

手机游戏的未来

此外,受益于手机在游戏操控性和表现力上的优化,玩手机游戏已经成为手机用户特别是智能手机用户不可或缺的日常消遣活动之一,未来移动游戏的用户规模将会继续增大。

如今,移动游戏的发展正进入精品化阶段,很多小制作的山寨游戏将会被淘汰,而更多大制作、注重产品质量的精品将会不断涌现,从业者应该在精品化手游与市场快速竞争中找到平衡。

而 4G 的普及将为用户移动上网体验带来革命性的变化。"未来智能手机将渗入到工作、生活、健康的每一个细分领域，用户的数据流量将从 M 时代进入 G 时代，移动游戏也将引领移动互联从'燎原之火'发展到'燎原之势'。"

传统游戏大佬们的转身

移动时代的来临为全球的游戏行业带来又一缕晨曦，那些曾经的游戏帝国们却仿佛站在夕阳之下，艰难地转身；与此同时，无数的新生力量正忙着拥抱朝阳，然而蓦然回首，可能发现，那些似乎"暮气沉沉"的身影，在霞光的投射下依然高大。

相比于移动游戏领域的弄潮儿们，老牌游戏公司在新时代的征途上似乎慢了一步，不过当他们开始正确利用自己的优势和资源时，追赶的路便不再遥远。

国内游戏公司巨人网络近期公布了其移动游戏管理团队，与国内另外几家在端游时代上市的公司一样，准备靠寻找团队和产品来拓展移动游戏业务，通过推出成功产品来搭建平台。这种思路可以称之为"另起炉灶"，包括盛大、完美在内的几家公司，都是这种思路的拥趸。

在日本，史克威尔艾尼克斯（SQUARE – ENIX）则是另一种转型思路的开拓者。这家公司通过将"最终幻想"等经典 IP 成功移植到移动平台而被戏称为"手游大厂"。而暴雪和网易则正是这种思路的践行者。前者在近期刚刚推出基于"魔兽"IP 的《炉石传说》iPad 版，后者则正在大力推广其基于"梦幻西游"IP 的手游产品《迷你西游》。

两相比较之下，暴雪在这种思路的指导下，走得更加谨慎。《炉石传说》最早作为一款 PC 端游上市，其 iPad 版也有着比较明显的端游烙印，并强调双端互通。暴雪产品移动化的第一步，是用传统的内容逐渐转化用户以及获取新用户。

通过观察《炉石传说》可以窥见暴雪一些针对移动化的思路：以一个强大的 IP 为基础，通过区别于市面上多数卡牌游戏的表现方式来做一款产品，将玩家从办公室、宿舍、网吧等 PC 环境转化到碎片时间的移动设备环境中，其间辅以奖励手段相互转化用户。例如，在《炉石传说》中赢下三局便可以获得《魔兽世界》中的坐骑。

《炉石传说》差异化体验的具体表现是，相比于市面上（尤其是国内）的多数卡牌游戏，"炉石"要求玩家拿出一个相对稳定的时间段（10 分钟左右），这段时间主要集中在睡前或者长时间通勤等状况下，以保证用户用脑思考的时间与空间。而并非像某些卡牌游戏那样，只需要用户偶尔的一两下点击操作。另一方面，由于《炉石传说》在"对抗"上的特殊性，单局游戏不强迫玩家长时间沉浸在游戏中。

暴雪的这种特殊思路可以认为是 SQUARE – ENIX 思路的拓展，基于自身的优势与特点，通过强大的 IP 聚拢大量用户进行试水。

暴雪在移动时代的谨慎转型策略，是基于其对自身特点的充分考虑。手中握有"魔兽"、"星际"和"暗黑"三大 IP 的暴雪，承载玩家对游戏的高期待，如果对自己不熟悉的移动游戏贸然出手，则有"砸招牌"的危险。《炉石传说》这款产品，可算是暴雪基于已有资源逐渐实现谨慎转型的第一步。

除了暴雪之外，多数拥有原创经典 IP 的老牌游戏公司目前都在走这样一条路，只是因为不同的具体情况和公司本身文化，在细节上有一些差异。如日本 SE 先移植"最终幻想"，再推出原创手游；台湾公司大宇则是一方面将过去的经典游戏（如仙剑、轩辕剑）直接移植到移动端，一方面基于自有 IP 开发适配移动端的原创产品。

相比之下，包括完美、巨人和盛大在内的老牌大陆游戏公司则偏向代理到自研的策略：首先启用新团队开拓手游业务，通过代理产品打头阵，随后投入自研产品，完美基于端游《神雕侠侣》开发的同名手机游戏就是典例。腾讯的策略则清晰得多，腾讯以其在国内最具影响力的多个社交平台为基础，依靠巨大的社交平台用户群体带动自研移动游戏产品的成长，并以代理精品手游来补充产品线。

从目前的结果看来，老牌游戏公司能否在移动游戏时代转型成功的关键是这些老牌游戏公司能否看清自己已经具备的优势，并针对自身独有的特点来规划其移动游戏业务的发展。

纵观游戏发展历史，从黑白机到家用游戏主机到 PC 再到手机，随着硬件产品的革新，随着移动互联网时代的到来，游戏将被激发出它最大的潜力，不受时间地点的约束，人们随时随地打开手机就能畅快淋漓玩游戏。

每一轮 IT 业的革命，游戏总是先行者。这次也不例外。

第十节 新物流商业模式的崛起

随着信息化时代的到来，物流业经营平台开始转向移动互联网。近期，包括顺丰、圆通、如风达等快递物流企业纷纷推出物流 APP 软件，这预示着传统物流行业在加速转型，这是实体产业与移动互联网的高度融合，一种新的商业模式正在崛起。

近年来，我国物流行业蓬勃发展，产业规模不断扩大。根据国家邮政局最新统计数据显示，2013 年上半年，民营快递企业业务量同比增长 701%，业务收入达到 404.1 亿元，同比增长 50.9%，增幅明显领先于国有和外资同类企业。毫无疑问，如此的增长态势对于物流行业来说是利好的，同时推动了物流行业面向移动互联网平台的发展。

目前众多快递企业纷纷推出物流 APP 手机客户端，这是物流行业发展的必然趋势。物流 APP 客户端可以帮助企业节省大量的人工、收派成本，同时快递企业通过提供个性化的服务，可以进一步吸引顾客，改变物流行业低价竞争的现状。

所有行业在每个变革时期都会经历战略转折点，顺应市场的发展进行自身变革才能寻求新的机遇，反之，则会让企业陷入困境，难以脱身。

在追求服务至上的今天，提供个性化服务已经成为行业制胜的关键，对于物流行业也是如此。事实上，目前在移动互联网大量上线的物流 APP 客户端便具备了既新奇又实用的功能。如某快递企业开发出的物流 APP 客户端，具备一键转寄、服务点代收功能，还有的物流 APP 客户端通过与线下自营网点和外部合作店合作，使得客户可以完成线上到线下的信息对接。

提供个性化服务是物流行业提升的关键，在未来的物流网络中，从某种程度上来讲，谁占据了消费者的手机，谁就占据了未来物流行业的市场先机。

未来新技术将成为物流行业竞争的关键，行业竞争也将更加多元化。相比以往，移动营销彻底颠覆传统的营销模式，让物流供需双方轻松找到对接，解决了信息沟通不对称等诸多现实问题。不过，这一切都要"以人为本"。物流APP 必须与实体网点相结合，这既是由物流业本身特征决定的，也是未来商务服务的必然形态，因此如何花大力气开展在线与实体的结合创新，将是物流企业的重要命题。

"永康物流"携移动互联网 以低成本收获高利润

十年前，国内的物流行业堪称是典型的劳动密集型行业，业内的竞争格外激烈，国内物流行业几乎是利润低的代名词。就在不少物流业主打算撤出时，互联网的兴起给物流行业注入了一剂强心针，加之国家采取了多项政策进行调控，如此一来，国内的物流行业开始逐步转型，跨入全新的发展时代。"永康物流"APP 平台更是开创了物流行业的全新营销时代。

物流企业将无线作为一种全新的工具，用以敲开新市场的大门，而这样一种全新的营销模式实际上具有极高的性价比,甚至是资本缺乏的小型企业也可以借助"永康物流"APP 客户端的力量实现企业的对外推广,只需投入极少的成本,即可收获囊括全国的营销范围,这在过去几乎是想都不敢想的,而如今却借由移动互联网成为现实。

入驻"永康物流"APP 客户端的一位业主表示:"我们很多人都在物流行业摸爬滚打数十年,对移动互联网了解得少,不专业。但是,这个平台却很完善,我们不需要去做技术,只需要入驻,入驻之后把我们自己的信息搬上来,就可以让全国的用户看到,特别简单,最主要是花的钱少,比任何媒介都划算。"

对于受众而言,"永康物流"这一 APP 平台的出现,在很大程度上解决了受众对物流需求问题。针对国内物流行业的发展现状,不少专业认为"永康物流"移动客户端的出现开创了全新的营销模式,大部分商户看中的正是它的营销精准性,以及小成本投入、大回报的优势,这些优势都将推动物流行业高速发展。

第十一节 传统白酒如何转型

当传统的白酒行业,遇上最强趋势的移动互联网,两者将会碰撞出怎么样的火花呢?作为南方创新快船入股扶持的案例之一,贵州醉美庄园将会走上怎样的转型路线呢?

据了解,南方创新快船将融入移动互联网元素,来扶持醉美庄园走上转型之路。在强烈竞争的环境之下,老酒转型是有一定难度的。但不管转型路上会遇到怎样的困难,醉美庄园都能迎刃而解,积极创新,登上移动互联网这架飞机。

　　每一个品牌的背后，总是隐藏着岁月沉积的发酵和底蕴。每一个岁月沉积的背后，总是透露着产品的本质和内涵。历经130多年的时光洗礼，最终完美演绎醉美庄园之"刚柔酱香"。醉美庄园的历史源头要追溯到20世纪以前。1883年，郑氏先人曾在贵州茅台镇经营中药铺，并用中草药配置出了郑氏制酒大曲，在当时广为茅台镇酿酒坊所用。在此后的130多年，郑氏家族不断涌现酿酒大师，尤其在近现代，郑光先老人，原茅台厂厂长，为迎合新的历史需求，将制酒大曲与传统酿酒工艺结合，酿造出刚劲雄浑且口感绵柔密长的酒，开创了醉美庄园刚柔酱香白酒品类。

　　中国古画讲究山水相和，一刚一柔的相得益彰，才有高山流水的美誉。醉美庄园位于赤水河与群山环绕这样刚柔并济的茅台镇，山水相和，孕育而成水之灵动，山之屹立不倒的酒体。除了得天独厚的环境，醉美庄园还拥有底气十足的白酒品质：贵州省酱香白酒研究所的技术支持，所有产品均通过国家检测院送检，醉美庄园产品认证体系的保障。醉美庄园既有天赋恩赐，又有自身的品质，造就了今天的刚柔酱香型白酒，打造出独一无二的醉美1、2、3号。

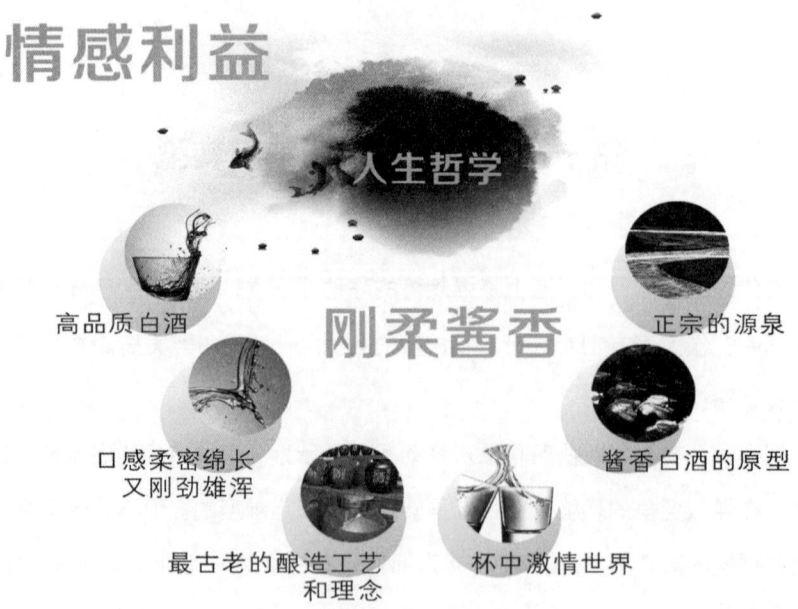

醉美庄园在传承的基础上,结合移动互联网思维,开创了白酒新型营销模式,全新制定出八大区域:私人定制酒、土特产区、药膳坊、品鉴区、品牌区、藏酒区等,让品酒人士有属于自己的专属酒,打造顶级的精品享受与最尊贵的专属体验。倡导人人都能享用的高品质绿色健康原浆酒,将刚柔酱香酒与贵州天然中草药有机结合,为人类提供终极关怀,引领"心宽·路远"意境,实现酱香型白酒理念的进一步升级。同时,融入移动互联网的创新元素,醉美庄园开启转型之路。

通过O2O操作模式,醉美庄园充分利用消费者碎片化时间进行酱香酒文化品牌的宣导,培育消费者忠诚度,并与沃晒商城合作,利用沃晒商城在全国的影响力打造个性化产品,深化移动互联网商务最佳体验,让更多的商务人士在醉美庄园体验店中享受休闲、中草药养生、中草药药膳、贵州土特产及中国酱香酒圣地的文化氛围。

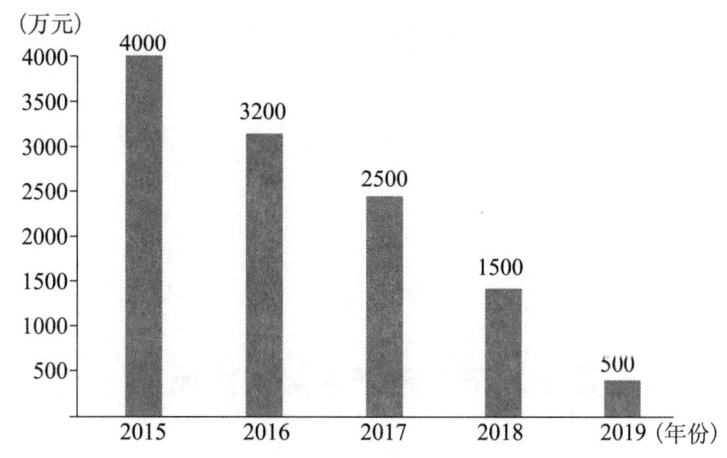

醉美庄园五年预计投入

据介绍,通过转型之后,醉美庄园会在3年内陆续递增至200家分店,平均每家每年销量将近5吨。根据这样发展的速度,醉美庄园未来4~5年的盈利估计可达78 000万元。

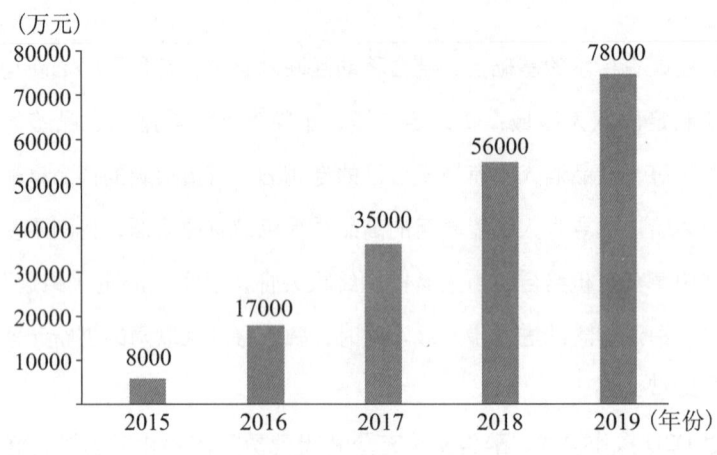

醉美庄园五年盈利预估

目前，国内还没有一个成功的以白酒为私人定制的商业体验模式，醉美庄园结合移动互联网 O2O 的商业推广方式，率先开创了醉美庄园线下体验店，将商务休闲、饮食文化、酱香酒文化完美结合，为酒业提供私人定制化服务开创了先河，为酒业提供了良好的参照，同样也将茅台酱香型酒文化传播到全国各地。

路漫漫其修远兮，在移动互联网的驱动下，老酒转型不再难上加难。

第十二节 未来趋势的大风口

从以上这几大行业的趋势来看，转型之路的紧迫性似乎对每一个行业都产生了一定的影响。为此我们根据对移动互联网的现状的分析，对未来的发展趋势提出了以下大风口，即发展方向，为企业未来的发展提供参考。

1. 去中心化

遥看2014年电商伟绩，天猫"双十一"收获570亿，天猫乐坏了，但商家却愁坏了。因为，这个平台似乎没有把更多的机会留给商家。

令大家最疑惑的是——双十一流量去哪儿了？回顾过去，消费者对于"双十一"是十分狂热的，熬通宵都要抢到折扣价。但是今年，消费者似乎没有这个劲头了。我们认为，其实流量正在被分散化，而不是集中化了，未来将是去中心化的时代。

2. 移动互联网化突飞猛进

2014最流行的语言之一：如果有来生，我既不愿意当你的妻子，更不愿意当你的情人，而是想当你的手机，这样你每天都能捧我在手里，机不离手。这句话说明，未来移动互联网化将是一个猛势。

连Star VC投资基金创始人任泉都认为，移动互联网的方向是正确的，因为四年前，他们团队就有意识地朝着移动互联网的方向走了。

3. 聚焦跨境电商服务

有人问，做电商服务最重要的是什么？我们认为，是"聚焦"。可以想象，电商服务可以做的事情实在是太多了，如电商家居、电商超市、电商白酒……但是如何将其做到极致呢？

顺丰说，他们将聚焦于"小包"，当中国的货物运输到海外时，如何保障货物的安全性和及时性呢？顺丰从最简单开始，一步一个脚印，将他们的快递服务行业逐渐做到极致。目前，顺丰快递服务实属国内数一数二的优质服务。

4. 众包

人人快递的谢勤说，信任与安全是众包的两大重要因素。众包的方式是一对多，那么如何保证其信用呢？这要从我们社会的信用价值体系说起。当社会化信用体系还没有建立时，你要做的事情就是对提供众包人的基础资料进行认真审核，还有一种方式就是让消费者知道众包人。事情没有做好是有违约成本的，最好的办法是与资金挂钩。所以你接货的时候，我必须冻结你银行卡的资金,安全送到了才能解冻。

其实其他行业也是可以做众包的,方式如出一辙。众包将是下一个风口之一。

5. 统一编码

商品条码的技术,实际上也是外来品。现在如果超市不用条码,已经很难运行了。这不是我们自发的,而是受外商的驱动。如果没有条码,产品不能出口。总的来看,一定要用信息技术,一定要用统一的编码来支撑今后的发展。

6. 社交营销3.0时代

在营销1.0时代,我们以买广告牌的方式展示广告。2.0时代,我们更强调的是用户的交互,这个时候用一些关键词来锁定用户感兴趣的行为。当然,2.0时代还有一些关键的标签,比如微博、自媒体。营销3.0时代,我们的关键词又会是什么呢?相信"社交"是我们不容忽视的关键词。

我们发现消费者在做消费决策的过程中,不再是去网站浏览,也不再去搜索引擎进行搜索,而是打开社交网络,看看身边的名人、专家、朋友都在看什么、买什么。移动互联网用最低的成本,最容易扩散的方式,进行最大化的营销。

7. 县域消费趋势

以前网购者多来自于北上广深或者二线城市,2014年我们发现,三、四线甚至四、五线很多县级、乡镇的用户也开始在网上进行购物。从这个意义上来讲,网购的消费趋势在扩大。

举个例子,今年"双十一",有个朋友说,他妈给他打电话,叫他帮忙抢购淘宝上的产品。就因为双十一那天很多产品只需要半价。我不知道他妈妈对淘宝有什么概念,但是自从他告诉我这个故事后,我非常震惊,作为老人家,居然在赶"双十一"的网购浪潮。

8. 物流个性化

个性化一定会导致高成本。如果每一件衣服都是独自生产,那这个成本高得你不敢想象，所以这种个性化是不可能的。但是市场有这个需求，我们需要个性化，大生产的环境下又不允许个性化。那该怎么办呢？

物流来办。我们曾经设想，以后工厂做衣服，开始只做成是五成品，意味着它可以去改，有想象空间。从工厂出来之后，到了电商平台，再到厂家，成为八成品了。当客户需要个性化产品的时候，在电商的仓库中完成。

所以我们说，不想做"裁缝"的电商不是好电商。

9. 细即多的品牌定位

在线下品牌以城市为基准单元实现人群覆盖，线上以细分定位为基准单元实现人群覆盖。这是本质的不同。线下以一个或者几个品牌，开大量的店面来实现目标客户的覆盖，同时不断提高此模式下的精细化运营水平，这叫渠道为王。线上几个或几十个品牌，通过有限的几个平台实现目标客户的覆盖，同时不断提高此模式下的精细化运营水平，这叫产品为王。

例如，以休闲女装作为主品类，因为销售基数是非常大的，所以战略意义在规模。主品牌做规模，子品牌赚钱，一个赚名一个赚利，第一年大概会亏10%，第二年持平，第三年开始盈利。所以每三年应培养一个中间品牌，这叫上有老下有小，靠老品牌赚钱，赚了钱养小品牌。

10. 移动背景下，品牌需聚焦

我认为品牌的聚焦度是第一个要考虑的问题。只有聚焦才能知道在哪里找到用户，知道用户要什么，知道用什么样的语言与用户沟通。如果定位成跟父母沟通时，我发现事情做起来就非常简单。

第二点是尖叫度，把产品做到极致。谁都想把产品做好。但是怎么样做好，就是要和用户滚在一起，你的产品要满足客户的最大需求。如果不能让消费者有特别直观的感受，再好的产品也不会让人尖叫。

第八章
南方创新快船

章节导读

2011年,作为移动互联网应用技术先行官的微信,发轫于深圳、广州,迅速狂飙全球。

2014年,中国形成了智能手机应用用户量最大的市场。在移动互联网面前,PC互联网和传统企业一样迷茫和恐慌。应用之前,理论先行,奠定移动互联网基础理论的《移动互联网全景思维》1.0版出版。

2015年,大数据进入应用时代。这意味着一批移动互联网巨人级企业将应运而生。大江东去,浪淘尽,千古风流人物。在移动互联网的巨浪面前,所有与趋势对抗的阻碍物,都将被自然界的自然法则淘汰。

不仅浪潮汹涌,巨浪背后总有"浪推手",使浪潮形成真正的力量。为了使迷茫的企业找到这只手,本章捕捉到世界上最大的创新工场——美国硅谷和世界上最小的创新工场——中国移动互联网南方创新快船,一个是互联网的朝圣之地,一个是移动互联网时代的新生,一个无穷大,一个无限小,通过中美之间大与小的辩证关系,梳理2015年移动互联网公司成长的逻辑。

第一节　硅谷：朝圣之地

硅谷兴起于半导体工业。30年前，硅谷就是半导体的同义词。但是现在半导体工业在硅谷的比重在不断下降。世界上很多城市因为一个产业而兴起，比如德国的鲁尔兴起于采煤和炼钢，美国的匹兹堡和底特律分别靠钢铁业和汽车业发达，但是随着这些工业的饱和和衰落，相应的城市也渐渐衰落了。20年前，当半导体公司开始离开硅谷时，不少人也怀疑过是否早晚有一天硅谷会步匹兹堡和底特律的后尘。20年过去了，这种因产业变革带来的地域性衰退并没有在硅谷发生。事实上，没有了半导体，硅谷反而更加繁荣了。

在信息时代，微软向全世界证明了计算机软件可以独立于计算机硬件系统成为一个赚钱的行业。同时（在企业级市场上）证明这一点的就是甲骨文公司。在甲骨文和微软之前，计算机软件必须随计算机硬件一起出售，无论是大型公司如IBM，还是小型机公司如DEC和惠普概莫能外。而IBM公司的商业模式以前是，今天仍然是硬件、软件加服务的捆绑销售。过去想用IBM的系统，必须买IBM的硬件，外加每家10%左右的高额服务费，它的软件不单卖。甲骨文公司尝试了一种新的商业模式，并很快获得成功。这种商业模式今天说起来简单得不能再简单了，就是一次性卖软件的使用权，而这在当时是对IBM商业模式颠覆性的革命。这样用户不再需要每年向IBM等公司缴纳高额的服务费了。

当计算机软件创业的浪潮尚未完全平息时，互联网又在硅谷兴起了。值得一提的是，以Google和雅虎为代表的互联网公司，颠覆了以微软为代表的软件公司向每一个终端用户收钱的商业模式，它们通过在线广告的收入保证终端用户可以免费享受以前的付费服务。世界上除了最大的 Google、eBay 和雅虎三家互联网公司在硅谷外，四家最大的 Web 2.0 公司中的三家，YouTube、Facebook 和 Twitter 也在硅谷（另外一家 Myspace 在好莱坞，但是流量和上述三家比是江河日下）。

硅谷的创新并不局限于 IT 领域。生物科技无疑是硅谷的另一个亮点。今天的硅谷也是世界上新兴生物公司最集中的地方。硅谷拥有美国前十名医学院中的两所——旧金山加大医学院和斯坦福医学院，以及世界上最好的化学系伯克利加大化学系。充足的风投资金为创办生物和医药公司创造了条件。创办一家生物公司要比创办一般的 IT 公司更难。创办生物公司投入大、周期长。但它们中间不乏成功者，最典型的就是基因科技公司。该公司成立于 1975 年，早期依托于旧金山加大医学院，专门研究和生产抗癌药品，比如 Avasin 和 Rituxan。现今基因科技公司（Genentech）已经是世界上最大的生物药品公司，有一万多名员工，包括无数杰出的科学家。在瑞士罗氏公司收购它以前，基因科技公司的市值达 800 亿美元。

创新必须依靠技术实力。和 Google 一样，基因科技公司也是世界上单位办公面积博士密度最高的公司，它的 7 名董事中有 5 名博士，9 名执行官中有 6 名博士。基因科技公司里的科学家有许多是同行中的佼佼者，在公司内部地位也很高。辉瑞制药是一个从日用品到最赚钱的药什么都做的巨无霸型医药公司，它在全美国最赚钱的 10 个药品中占有 4 席，每年用于新药的研发经费高达 80 亿美元，将近基因科技公司的 4 倍，但是它的研发效率却是主要医药公司中最低的，它那些挣钱的药主要是靠购买专利获得的，而不是自己开发的。

在过去的 50 年里，美国百分之三四十的风险投资投到了只占国土面积万分之五的硅谷地区，并且让硅谷创造了无数神话。在硅谷，大约每 10 天便有一家公司上市。美国前 100 强的公司中，硅谷占了四成，包括 IT 领域的领军公司惠普、英特尔、苹果、甲骨文、太阳、思科、雅虎、Google 和现在很红的 YouTube、Facebook、Twitter，以及生物领域的基因科技公司。还有世界上最大的风险投资公司 KPCB、红衫资本等很多大的投资公司也在硅谷。硅谷还拥有世界上顶级专业数量排名前两名的大学斯坦福大学和伯克利加大（University of California at Berkeley，简称 UC Berkeley 或 Cal）。

在美国众多大学中，只有 100 年历史的斯坦福大学谈不上历史悠久。且不说和有将近 400 年历史的哈佛大学比，斯坦福大学在诞生后的头 50 年里，根本排不进美国一流大学的行列，更不要说和哈佛大学竞争了。到二战后，斯坦福大学更是入不敷出，出现严重的财政危机。美国的私立大学完全靠自己筹款，政府并不提供一分钱，再好的私立大学如果经营不善，都可能面临办不下去的危险。斯坦福大学当时还没有这么多富有的校友可以依靠，它最大的一笔财富就是斯坦福夫妇留下的 8000 英亩土地了，而大学的中心校园占地不到其十分之一（斯坦福大学至今荒地多于已使用的土地）。第二次世界大战后，很多公司有意从斯坦福大学购买土地，但是斯坦福夫妇的遗嘱规定学校永远不许出售土地。这样，斯坦福大学眼睁睁地看着自己的地荒着而无法发挥作用帮助学校渡过难关。

帮助斯坦福大学解决这个问题的是它的一位教授弗雷德里克·特曼（Frederick Terman），他后来被称为"硅谷之父"。他仔细研究了斯坦福夫妇的遗嘱，发现里面没有限制大学出租土地，于是他兴奋地声称找到了解决问题的秘密武器——建立斯坦福科技园，科技园向外面的公司出租土地 99 年，在这 99 年里租用土地的公司有彻底的土地使用权，可按自己的意愿建筑自己的公司。消息一传出，马上有很多公司表示了兴趣，并很快和学校签署了租约。1953 年，第一批公司包括大名鼎鼎的柯达公司、通用电气、夏克利晶体管公司（后来诞生出集成电路的先驱仙童公司）、洛克希德公司（美国最大的军火商）和惠普公司进驻了斯坦福科技园。对斯坦福大学而言，这件事的影响非常深远，它不仅解决了斯坦福大学的财政问题，并且成为斯坦福大学跨入世界一流大学的契机。对社会而言，它促成了硅谷的形成。

在众多差异中，最重要的是开放性。这里讲的开放性不是指校门 24 小时打开任人进出。所有美国的大学，包括西点陆军学院和安纳波利斯（Annapolis）海军学院都没有围墙，并任所有的参观者开车自由进出。这里讲的开放性是指一所大学在各方面，从教学到科研、生活都融入了当地的社区。不论是在田园风光的普林斯顿大学和康奈尔大学，还是在大都市里的哈佛大学和哥伦比亚大学，都能让人明显感觉到其置身于象牙塔中。一个学生不需要任何交通工具，因为他们大部分时间和中国大学围墙里的学生一样，过着三点一线的生活。教授则是传道、授业、解惑，做自己的研究。而生活在斯坦福大学，教授、学生都很难有置身于象牙塔的感觉。

斯坦福大学的这种开放性首先是由生存的需要决定的。斯坦福大学在地域上远离美国的政治中心，导致了它从政府获得的研究经费占整个学校经费的比例远远落后于东部的著名大学。

开放校园的真正含义在于像斯坦福那样让大学融入社会。开放是斯坦福大学的"本"，而厂校结合是它的"用"。后者保证了大学开放校园的具体实施。

根据斯坦福大学官方网站公布的数据，它本科生的四年毕业率只有75%左右，即使到第六年，毕业率也只有95%，也就是说有1/4的学生四年内完成不了本科学位，有5%的斯坦福本科生最后拿不到学位。这个淘汰率比中国最好的大学不知道要高多少。斯坦福的博士生淘汰率更高，很多人读了几年因为无法通过博士资格考试不得不拿个硕士学位走人。以它的电机工程系为例，每年有大约一半的学生要被资格考试刷掉。

除了为硅谷提供技术支持和培养人才外，斯坦福大学在帮助硅谷转型方面的贡献也很大。20世纪80年代以前，硅谷的支柱产业是半导体。20世纪80年代以来，从斯坦福孕育出的思科公司、太阳公司和SGI公司（太阳公司在20世纪90年代的主要竞争者），推动了整个硅谷从半导体到硬件系统的转型。20世纪90年代末，诞生于斯坦福的雅虎和Google，以及无数小的互联网公司掀起了互联网的热潮，实现了硅谷的又一次转型。今天，斯坦福在能源、材料等方面的一些新技术正在帮助硅谷建立太阳能等新型可再生能源的产业。这个产业的规模可能比互联网更大。

在历史上，惠普公司、思科公司、太阳公司和 Google 公司都是斯坦福大学的赞助者。仅共同创办惠普的休利特家族（严格来说是休利特基金会）2001 年就向斯坦福大学捐赠了 4 亿美元的巨资，这是世界上迄今为止给予教育机构的最大一笔捐赠。2005 年，斯坦福大学收到的捐赠首次超过了它的老对头哈佛大学，这完全是托 Google 创始人和员工的福。

这是肯尼迪总统和美国导弹之父冯·卡门（Von Karman，钱学森的导师）的故事。1963 年，冯·卡门被授予美国第一个国家科学奖。这是在美国人心目中比诺贝尔奖更高的荣誉，每次由美国总统授予。当冯·卡门在肯尼迪总统的陪同下走下白宫的楼梯时，这位 81 岁高龄的科学家一个趔趄差点摔倒，肯尼迪总统马上上前搀扶。这时，冯·卡门说了一句意味深长的话："年轻人，当一个人往下走的时候是不需要扶的，当他往上走时恰恰需要你扶他一把。"

斯坦福大学有一个办公室专门帮助想创业的在校学生与在硅谷成功的校友或者与斯坦福大学有来往的企业家、投资家建立联系，寻找投资。

Google 的佩奇和布林就是通过这种方式找到第一笔投资的。1998 年，在开发 Google 搜索引擎不久，这两个创始人很快就用光了自己口袋里不多的钱和信用卡能借到的全部的钱。他们自己也曾努力寻找过天使投资，但是由于他们当时只是两名普普通通的博士生，在硅谷多如牛毛的创业者中并不引人注意，开始找钱并不顺利。这时他们通过学校的这个帮助学生创业的办公室联系上了太阳公司的创始人安迪·贝托谢姆。贝托谢姆虽然是计算机技术出身，但是对搜索引擎技术并不熟悉，以前也没有用过 Google 的搜索，但是因为是母校介绍来的人，贝托谢姆还是在百忙中约见了这两个只有二十五六岁的小伙子。据佩奇讲，贝托谢姆很忙，因此把他们约于上班前在公司见面。佩奇和布林带着自己的服务器到了贝托射谢姆的办公室，贝托谢姆当场搜索了一些东西，非常满意，当即写下了十万美元的支票给了他们。这就是 Google 作为一家公司的开始。虽然这笔钱没多久就用完了，但是这笔钱的广告效应远远不止这十万美元，因为此后有些投资者听说太阳公司的创始人、工业界的领袖投资给 Google 了，也就相信了 Google 的水平。在 Google 最早的投资人中，包括篮球明星奥尼尔、电影明星和后来的加州州长施瓦辛格等根本不懂技术的天使投资人。

可以想象，如果佩奇和布林不是斯坦福大学的研究生而是其他学校的学生，他们可能很难有机会直接向一位工业界领袖推销自己的发明。

新的技术、新的商业模式在全世界各地每时每刻都会诞生，但是将它们最终变成产品，变成一个新的行业需要一个像斯坦福大学这样的孵化器。韩愈讲，千里马常有而伯乐不常有，于是便见不到千里马。同样，发明创造世界各国都有，而斯坦福大学只有一个，因此硅谷的奇迹就难以复制了。

世界很多国家都在学硅谷的经验办起了自己的科技园。尽管有些地区自称是"××的硅谷"，并且带动了地区性信息产业的发展，提供了不少就业机会，但是并没有孕育出像思科和雅虎这样具有开创性的公司。这里面的原因有很多，其中一个是缺乏一所像斯坦福大学这样的新公司乃至新产业的孵化器。

硅谷的气候属地中海式气候，四季如春，是世界上最宜居住的地方之一。全球只有五个不大的地区有这样好的气候。同时，硅谷是世界上文化最多元化的地区，是世界上各种族人民相处最和睦的地区，第一和第二代移民占人口的一半以上。正是靠各族人民的聪明智慧和勤劳勇敢，硅谷地区几十年来都是世界上经济成长最快的地方。加州占美国经济总量（GDP）的 1/6，其中相当大的部分来自硅谷的高科技企业。2005 年，硅谷明星公司 Google 的员工贡献了全加州税收增幅的 1/8。可以毫不夸张地讲，硅谷是世界上最富传奇色彩的科技之都，对世界科技和经济的发展做出了无与伦比的贡献。

正是由于硅谷在科技领域的成功，也造就了无数百万富翁甚至亿万富翁。一些年轻人在短短几年间就做出了他们前辈一辈子没有完成的发明创造——从集成电路、个人微机、以太网、Unix 操作系统、磁盘阵列、鼠标、图形工作站到网络浏览器、关系型数据库、视窗软件、Java 语言、全电动力跑车等等。

作为回报,他们聚集的财富超过欧美一些名门望族几代人的积累。在2007年美国富豪榜上,前五位(共有六人,其中第五名是并列的)有一半来自于硅谷。很多人津津乐道好莱坞比利山庄的豪宅,其实无论在规模和价值上,它们与硅谷旁边的小镇阿瑟顿(Atherton)的豪宅相比都是小巫见大巫。

创新是在竞争中立于不败之地的保障,其他地方很难复制硅谷的天时、地利和人和。

科技公司的期权制度保证了各级雇员除了工资以外,还可以从公司的利润中分到一杯羹。因此,他们的利益和公司的利益息息相关。硅谷科技公司在上市前,一般员工的股权可以占到公司的10%～15%。也就是说像Google、英特尔和思科这样规模的公司,包括以后的Facebook,每家都有几十亿美元的财富掌握在员工手中。员工从股票上取得的收益可以大于自己的工资,这就是大家拼命干活的动力。在人与人、雇主和雇员的关系上,硅谷的环境是对发挥员工创造性最有利的。公司内上下级之间虽有等级差异,但是彼此是相互尊重的(有些时候,一个优秀员工的级别和收入可能比他的直接上级还高)。这样大家在一起共事就会觉得相对"舒服"一些,每个人都容易安心做好分内的事,而不是钩心斗角往上爬。

硅谷公司对员工的约束也很宽松,一般不会阻止员工跳槽,更不会因此打官司。甚至当员工利用职务之便搞发明创造(只要不是偷技术)然后出去创业,硅谷的公司也不会像美国其他地方的公司那样追究得那么厉害,而是一般采用入股的方式做到双赢。硅谷的主流生产关系是世界上最先进的,这也正是保障硅谷的创造力长盛不衰的原因。

在PC互联网时代,硅谷占尽了天时地利人和。太平洋彼岸的中国应该学到些什么呢?

硅谷的荣誉

1953年,斯坦福大学把不用的土地租给惠普、柯达等公司,硅谷的前身斯坦福工业园开始建立。

1957 年,"八叛徒"在硅谷创立仙童半导体公司。硅谷从此得名,半导体产业在硅谷兴起。

1969 年,硅谷的 SRI 研究中心成为早期互联网雏形的四个节点之一。

1972 年,风险投资公司 KPCB 在沙丘路成立,风险投资公司从此在硅谷快速发展。

1995 年,互联网泡沫在硅谷兴起。

2001 年,互联网泡沫破碎,成千上万的硅谷公司破产,硅谷进入发展低潮。

2004 年,随着 Google 的上市,硅谷再度繁荣。

2008 年,硅谷在世界金融危机中几乎未受到影响,Facebook 和 Twitter 等公司进一步带动硅谷往互联网和软件转型。

硅谷著名公司

Adobe	英特尔	AMD	Juniper	安捷伦
国家半导体	苹果	NVIDIA	应用材料	Nepster
思科	甲骨文	eBay	SanDisk	Facebook
赛门铁克	基因科技	Twitter	Google	雅虎
惠普				

第二节 南方创新快船

2014年12月,一家名叫善道的基金经理找到我,希望通过货币资本和智力资本一起助推中国移动互联网巨浪。于是,在广州珠江新城财富世纪广场一个不足300m²的写字楼里,移动互联网南方创新快船诞生了。

这可能是世界上最小的快船,却做着世界上最大的梦,推动着人类历史上最大的浪。

南方创新快船为未来的成功者制订了五大成功的标准:

(1) 创始人很重要。任何梦想家都不足以成事,因为所有的成功者都是实干家。看过《三国演义》的人都知道,书中有两类聪明人,一类是曹操、刘备那样的领袖人物;另一类是出点子的谋臣,像郭嘉、诸葛亮。办公司需要的是前一种人。创业者还必须精力过人,因为他们必须能熬得住连续几年每天在简陋的厂房里工作16~20小时的苦日子。他们又必须是多面手,因为在创业初期他们必须干所有的脏活。成功的创业者必须有一个小而精的好团队,里面每个人都得不计较个人得失,同甘共苦,否则成则争功,败则推诿。在技术上,他们必须有自己的金刚钻,他们的技术必须是不容易被别人学会和模仿的。

(2) 光有好的团队和技术还远远不够,他们还要有商业头脑,而且必须找到一个能盈利的商业模型。eBay和Google的成功在于它们很早就找到好的商业模型。找到一个好的商业模型有时比发明一项技术更难,即使最有经验的风险投资专家在这方面也经常栽跟头。

移动互联网南方创新快船擅长商业模型的设计,对两类企业创新有益,一是大中型传统企业转型移动互联网，二是技术型移动互联网小微企业。

（3）判断力和执行力要强。通常，办起一家公司并不难，把它从小做到大，并且做到盈利就不容易。在这个过程中有很多路要走，不免会遇到数不清的岔路，任何一次错误的选择都可能会使原本看上去不错的公司运营不下去而关门大吉，因为小公司对抗大公司是不能有任何失误的。执行力是保证正确决定能够最终实现的关键。判断力和执行力很大程度上来自于经验。创业的年轻人很少天生具有非凡的判断力和执行力。为了保证一个起步良好的公司能够成功，一般风险投资家在投资的同时，要为公司寻找一位专业的CEO。南方创新快船就是为这个目的而生的。

移动互联网南方创新快船在过往的23年中，曾经以品牌营销咨询技术扶持过37家上市公司，有扶持600家行业第一名企业的经验，这些经验是创业企业对未来判断力的宝贵智囊。

（4）真正具备这些条件已经很不容易了，而一个初创公司的成功很大程度上还要看外部环境好不好。很多很有前途的公司因为创办的时机不对，也会随着经济大环境的衰退而夭折。比如2000年成立的公司就鲜有成功的，能生存下来的公司就更是凤毛麟角了。

综上所述，南方创新快船从移动互联网基础理论出发，每月对它的会员通过思想碰撞进行思维创新。在新理论、新案例、新工具以每秒钟突变的时代，刷新思想成为中国企业转战移动互联网领域的急中之急。没有认知，如何应用？没有方向，如何判断？没有借鉴，如何规避风险？

南方创新快船的创立是基于关于未来十年的十项思考：

（1）去中心化、社区化、碎片化、智能化、宅生活、短购物，是未来商务生活的主调。未来的商务购买行为可以通过数据被网络店家洞察并可以实现提前送货。

去中心化的结果是空心化，碎片化的趋势是粉末化，智能化的未来是脑残化。移动互联网开辟了一个完全崭新的未来生活方式。与之相对应，企业的商业模式将发生颠覆性改变，中国的大中型企业如何转型与适应，南方创新快船将起到引领作用。

（2）渠道为王走向末路。以2014年为分水岭，此后，继续坚持以"渠道为王"大肆铺张各级分销渠道走连锁经营路线的企业（包括餐饮、美发、影楼等）都将死于渠道之路。"渠道为亡"的时代已经全面到来。店租、进场费、人工、物流、仓租等各项成本都是祸根。

（3）未来十年，中国最紧缺的三个职业是移动互联营销培训师、移动互联营销主管、移动互联营销人。想学网络营销，不妨在网上卖个什么。无论卖什么，卖一卖就有感觉了，至少会知道为什么卖不掉。

现在，商机在手。培养一批移动互联网优秀讲师，南方创新快船以推动行业潮流流向为己任。

（4）未来商业不再是简单的空间之争，如渠道、卖场，而是时间之争：更近、更夜、更快、更短。传统的商业触角是解决消费者的空间半径（以一个卖场辐射三公里群体）为指导，而现代商业模型正在以摧毁空间价值的方式直抵时间半径，以电脑和手机为个体触角的新网络正在形成。一批批解决模式正在转换为一个个解决方案。

没有一个行业不受移动互联网影响的。南方创新快船提供了多样化的解决方案。

（5）竞争对手隐形化。未来，你根本不知道竞争对手在哪里。一个仅仅是麻省理工学院毕业的，或者是北邮毕业的小孩，他制造一个新的APP或者一个客户端，可能又把京东这一类的企业给干掉了。这是随时都可能发生的事情。

对小微创新移动互联网企业的顾问式智力投入，并提供持续融资的平台，是南方创新快船的长期战略目标。

（6）一片片美丽的狼藉，未来三年的七大衰退清晰可见：高端餐饮业严重衰退；高端酒业相应衰退；大型商业广场类渠道店全面衰退；国有银行业面临衰退；电视机产业面临衰退；各大电视台报刊杂志将走向性衰退；房地产开发企业也将开始体验衰退的滋味，存量房交易将开始主导市场。

变衰退为繁荣，需要更新思路。南方创新快船每月发布新思维，让会员每月思想刷新一次。今天不刷新，明天被刷掉。

（7）众筹是一个政治经济学概念，人类必然要经历三个管理时代：其一，信息闭塞的"地方集权时代"；其二，信息垄断的"中央集权时代"；其三，信息互联后的"权力碎片化时代"。这是我的思维所能触摸到的"政治经济学众筹时代"。基于万人互联到万物互联的发展，高度集权的政治经济模式将在未来10年走向碎片化，众筹将成为公共管理的核心手段。

发挥民众智慧，让大众参与管理，是顺应趋势的自我改变。

（8）人类对公共服务的投票模型已经经历如下四个时代：近亲投票时代、关系投票时代、集权投票时代、无感举手时代。第五个最肉痛的投票时代即将到来——用钞票投票。这是互联网从万人互联到万物互联之后的历史必然。基于国家管理的公共服务将直接因为"用钞票投票"而迈向市场经济自己交易为核心的服务币值化。

（9）一批批消费者的时代已经没落，一个个消费者的时代正在大踏步而来。社会化商业正在转型为个性化定制。

人本时代的来临，预告了非人性的规模化标准消费品时代的结束。南方创新快船既是移动互联网新业态的入口，也是新生活方式的倡导者。

（10）未来，全世界的生活方式大概只有两种：要么宅到家；要么走天涯。是深居简出还是海角天涯，是你每天的必须选择。而且，在流动中工作，一边旅游一边工作的时代即将到来。

去公司化是移动互联网带来的公司组织最大的变革。传统管理学已死，移动互联网让管理半径没有任何边界。探讨新管理思想，南方创新快船推动移动互联时代企业的管理创新。

未来，已来。

从融智到融资的南方创新快船模式，其标志体现了"顶层设计循环创新"的理念。

第九章
移动营销：新4C理论

章节导读

新4C品牌营销理论，也称"移动互联网4C品牌营销理论"，是与传统营销的4P相对应的，它以消费者需求为导向，重新设定了在移动互联网时代商业市场营销组合的四个基本要素：吸引（charm）、心动（crash）、承诺（commit）、行动（conclude）。它强调企业首先应该把追求吸引消费者注意力放在第一位，其次是创造让消费者产生欲望冲动的品牌内涵，然后要充分注意到在移动互联网时代消费者在购买过程中对企业诚信的认可度，最后还应以消费者为中心实施有效的营销沟通激发消费者购买冲动。

赶紧研究"消费者的需要与欲求",不要再卖你所能制造的产品,而要卖某人确定想购买的产品。暂时忘掉定价策略,快去了解消费者要满足其需要与欲求所须付出的"成本"。忘掉通路策略,应当思考购买的"方便性"。最后请忘掉促销,正确表达是"沟通"。

这就是我在大量实践案例的基础上,根据移动互联网品牌营销道路的发展提出的新 4C 营销理论。

第一节　Charm（吸引）：金钱跟着眼球转

聚焦客户的焦点,让客户对产品产生好奇心。不但要在价格上吸引观众的注意力,而且要以产品本身的故事和品牌吸引客户。更应该考虑顾客的需要和欲望,建立以顾客为中心的移动互联网销售观念,将"以顾客为中心"作为一条主线,贯穿于市场营销活动的整个过程。企业应站在顾客的立场上,根据顾客的需求来提炼产品卖点,帮助顾客创造需求。让客户第一眼看到就产生好奇心,产生兴趣。

移动互联网连接的是活生生的消费者。这个连接应是实时的,永远在线。特别是随着 4G 时代的到来,彼此实时连接起来的消费群的规模将越来越大；连接的成本越来越低,信息传播的速度越来越快；大家分享的内容越来越丰富,从文字、图片到短视频、电影,但信息的控制权已经易帜,从企业转移到消费者的手中。

渴望消费自由的消费者在移动互联网时代找到了自己的天地。在一天 24 小时的任何时间内,只要他们产生购买冲动,他们就可以立即买；他们是全渠道的消费群,无论在地面店、网店、移动商店或在社交媒体里面,如果他们想买，就可以立即买；他们是个性化的消费群，他们说"只要我中意，符合我的调调，能够打动我，彰显我的个性"，他们就立即买。

移动互联网时代，用户的消费场景发生了巨大变化，接触消费者的地点越来越不固定，时间越来越短暂。移动互联网放大了消费者的三大吸引核心通道：第一是对消费者视觉的巨大吸引；第二是对消费者听觉带来的巨大吸引；第三是对消费者感觉的满足及吸引——满足甚至超越消费者的需求和欲望。

每天，顾客逛店，停留在你的实体店、网店、移动商店或社交商店的时间越来越短，可能3分钟，也可能只有10秒钟。消费者每天通过微博、Twitter、Facebook、Pinterest、Snapchat等各种社交媒体随时随地都在创造他渴望吸引别人眼球的内容，比如他的分享、他写的评论、他的转发、他的赞、他的购物清单、他的心愿单、他的购物车、他的浏览、他发布的此时此刻的心情、他晒的照片、他拍的视频等等。当然，可能他能给你的时间仅仅也只有10秒，不，可能只有3秒。你如何吸引他的眼球？

在移动互联网的世界里，每天都会有各种各样充满诱惑、充满吸引力的内容产生，总是有人通知他：这个世界刚刚发生了什么，我刚刚发生了什么，我有什么想法，我最近去了哪里，我最近最关心什么话题。于是乎，诸如微博通知、Twitter通知、Facebook的状态更新、微信聊天及朋友圈等大量的信息，铺天盖地每天包围着每一个消费者，一方面影响着她们的生活和工作，另一方面又影响着她们的购物决策，并产生了大量的即时冲动型需求。

从激烈的全网覆盖的世界中汇聚商业的力量，你有五个关键的课题需要研究：

（1）如何让消费者在极短的时间内主动选择你？

（2）如何让消费者在一分钟内被你所吸引？

（3）如何在一小段时间里与消费者建立起令他心动的对话？

（4）如何在一个短时间窗口提供令消费者尖叫的商品和服务？

（5）如何通过全网布控覆盖消费者更多的零碎时间？

【案例】

环球宝贝手机 APP

这是一个号称中国第一本手机性感视觉杂志，主要有环球美女、泳装秀、美腿秀、中国风等栏目。口号：邀您一起挑战她的性感视觉底线。其特别之处就是上面都是来自全球性感模特的照片，其中有自己亲自拍摄或身边摄影师拍摄分享过来的，不断更新，并且你还可以与这些美女模特互动！据说，现在单期阅读量已经突破 1600 万次！这个数字足够说明全球人都为美好的事物所吸引。

第二节 Crush（心动）：脑袋跟着心跳走

视觉为王，视觉是无声的语言，是最外在、最直接、最具有传播力和感染力的部分。最能和消费者发生关系的并不是产品，而是形象视觉设计。你可能不使用它的产品，但绝避免不了看到它。视觉设计的好坏直接影响到整个品牌的形象。Coca Cola 的玻璃瓶剪影、飘带，NIKE 的勾、Apple 的缺口苹果，这些深入人心的标志、图形正是品牌的形象，让你认识了"它"。通过视觉吸引消费者的关注，传播其品牌文化，赋予品牌深刻而丰富的文化内涵，建立鲜明的品牌定位，并充分利用各种强有效的内外部传播途径形成消费者对品牌在精神上的高度认同，创造品牌信仰，最终形成强烈的品牌忠诚，并以核心价值统帅一切营销传播，让核心价值印在客户心中，让客户有充分的理由付高价购买。

工业经济时代，你只需要有顾客即可；但移动互联网时代，没有粉丝就像人没有空气一样。因为权力发生了转移，游戏规则已经发生改变，过往"得渠道者，得天下"的定律将被彻底颠覆；今天，移动互联网时代的法则是"得粉丝者，得天下"。

如何才能让消费者成为你企业的粉丝呢？

在中国，相比 2013 年一家独大的阿里系，2014 年电商行业呈现出"三国鼎立"的局面。京东、微信、小米的强势崛起，令阿里系地位受到严峻的挑战，标志着电商行业重新洗牌的开始，米粉经济学大行其道。

粉丝就是生产力，粉丝经济学将大行其道。粉丝，不仅仅是我们品牌忠诚的顾客，也是我们品牌的传播者和捍卫者。

我们的品牌需要的是粉丝。他们不只是用户，因为用户远没有粉丝那么忠诚。粉丝是最优质的目标消费者，一旦注入感情因素，有缺陷的产品也会被接受。进入移动互联网时代，人人都是自媒体人。

如果你能在品牌定位上符合消费者的阶层，在品牌文化上能对应他们的品味，能够满足他们的核心价值，同时给消费者强大的参与感和认同感，那么他们将成为你的粉丝！粉丝对你的品牌、对你的企业拥有高度的忠诚和热情，这些粉丝不仅会再三光顾你的生意，而且会通过 Facebook、Twitter、Pinterest、微博、微信、人人等各种社交媒体向他们的闺密、哥们、同事，甚至是陌生人讲述你感动他的故事，传播你的口碑，帮助你的业务获得非线性的增长甚至是爆炸性增长。

有一次，海底捞的员工上错了菜，结果该员工送给客户一份饼，上面写着"对不起"。这就是好玩的"对不起饼"故事。客户带着婴儿去吃火锅，海底捞会出人意料地拿出婴儿床或者婴儿服。很多企业会去竞争央视标王，如果将这些资金投入客户服务，会出现什么样的结果呢？与其竞争标王，不如让客户感动，让客户心动，激发客户分享。

移动互联网时代，每个公司都有一个强大的粉丝团。未来的顾客关系将从单向的、静态的、没有情感连接的会员体系走向双向的、动态的、注入每个粉丝情感的粉丝圈发展。每一个企业，每一个品牌都必须开始热情拥抱自己的粉丝团，通过真诚的对话建立忠诚的消费部落。"因为小米，所以小米。"小米提出"为发烧而生"的价值主张，让2700万粉丝心动，聚集了2700万粉丝的力量。他们年轻不世故，收入不高但追求品质，偶尔有些叛逆，但不至于离经叛道；他们共同参与设计，每年自发组织很多同城见面会，这不仅大大展露了米粉们的才华，也大大释放和倾注了他们的情感。

粉丝就是你可以与对手阵营对仗的战士。每一个粉丝都拥有自媒体，他们的自媒体会帮助你传播。一旦发生危机事件，他们会第一时间站在你的一边支持你。当央视以价格歧视攻击星巴克的时候，星巴克的粉丝们在网络上奋起反击，每周照样进入他们的第三空间，那是因为他们在保护自己的精神家园。

得粉丝者，得天下。如何建立起粉丝思维，从看似彼此竞争激烈的市场中汇聚粉丝的力量？你有5个关键的课题需要研究：

（1）如何重新定义品牌的理念和价值主张，让消费者心动，心甘情愿成为你的粉丝？

（2）如何将品牌的消费部落打造成粉丝们温暖的精神家园？

（3）如何激发粉丝的参与感？

（4）如何创造品牌信仰，最终形成强烈的品牌忠诚？

（5）传递什么样的核心价值，给粉丝一个不可拒绝的购买理由？

【案例】

可口可乐手机 APP

透过超强的吸引力吸引用户，与用户做新型互动体验。

用户下载此款 APP 到手机后，在指定的"可口可乐"沙滩电视广告播出时开启 APP。当广告画面中出现"可口可乐"瓶盖，且手机出现震动的同时，挥动手机去抓取电视画面中的瓶盖，每次最多可捕捉到 3 个，广告结束时，就可以在手机 APP 中揭晓奖品结果。奖品都是重量级的，如汽车之类的，吸引力很大。

此款 APP 品牌营销创意使可口可乐攻破了传统电视广告与线下用户互动的难题。

星巴克手机APP"闹钟"

早上该起床了却不想动,总是赖床误事。星巴克推出一款别具匠心的闹钟形态的APP EarlyBird(早起鸟),用户在设定的起床时间闹铃响起后,只需按提示点击起床按钮就可得到一颗星,如果能在一小时内走进任一星巴克店就能买到一杯打折的咖啡……

千万不要小看这款APP,它让你从睁开眼睛的那刻便与这个品牌联系在一起。此款APP创意或许是近两年最成功、最让人心动,也是影响力最大的创意APP之一。

丰田Toyota亲子互动手机APP: Backseat Driver

坐在后座的孩子手持iPhone就可与前座的父母一起开车了。只要开启手机GPS功能,小朋友(5~12岁)即可跟着实际车速感受道路的每一个转弯,每一趟旅途都会透过地图记录里程数,最后连上Twitter与朋友一起分享。

这是一个把品牌延续到下一代的APP,小孩长大了将仍然能回味起小时候和父母一起开车时的感受。

第三节　Commit（承诺）：金钱跟着风向走

一个品牌向消费者承诺什么，反映出一个企业的经营理念；一个品牌的终极追求，反映出决策者超越产品的品牌规划能力；而一个品牌的广告用语，往往反映的是品牌向消费者做出的品牌承诺。

同样，品牌不能只停留在对外传播层面上，而必须通过具体的业务行为，在消费者可感知的接触点不断强化品牌承诺，从而固化最核心、最有价值的品牌资产。而品牌的服务，则是品牌向消费者做出的内在的品牌承诺。

当品牌兑现其对目标人群许下的最初"承诺"后，目标人群将以全新的标准衡量品牌，比对承诺到底是否言如其实，此时就成为优秀品牌和伟大品牌的分水岭。消费者会从产品使用、服务感受、店面环境、员工接触等方方面面，根据他们对于企业承诺的理解为品牌打分。伟大的品牌能够将其字面意义的品牌承诺全面转化为切实的、可触摸的消费者体验，并且在重要的体验环节保持稳定、一致的体验。

消费者在这时候就会考虑，交易之后售后服务怎么样，如果商品不符合自己心意，怎么去维护自己的权益，让自己买完之后没有后顾之忧。那如何保障对客户的后续跟进服务的重要性在这里显而易见。企业在交易之前要对客户做出明确的售后保证、后续跟进服务承诺，让客户感受到这些承诺能够维护到自身的权益。总结一句话则是：企业对客户承诺，客户对企业放心。

在移动互联网时代，选对风向，母猪都能飞。如何做出你的品牌承诺，做出你的产品承诺，并且让客户体验你所做的承诺？作为企业而言，我们需要聚焦一个需求，窄而深，把它做到1万米深。

认准了战略方向和焦点以后，做出你的品牌承诺和品质承诺，同时要像钉钉子一样死死地往那里使劲。无论是大企业的创新业务还是新创业的企业，做不到专注，不能兑现承诺，就没有可能活下去。如果你只坚持一两年，你周围全是对手；如果你坚持三四年，你发现对手只有几个；如果你坚持五六年以后，你会发现你没有对手。

前不久，无意间看到《艺龙的突围》的故事。艺龙旅行网创立于1999年，虽因商业模式受到资本市场的追捧并于2004年在纳斯达克上市，但在创立后的近10年间（1999～2008）却始终没能摆脱亏损的经营窘境。2008年，全年持续运营业务净亏损7660万元。艺龙的经营不善成就了携程一家独大的市场格局。同时，在线旅游行业也于近几年发生剧变。以航空公司为代表的上游企业加大直销力度，淘宝及几大门户网站也大举攻入在线旅游市场，中国移动、招商银行等跨行业服务型企业也纷纷杀入。同时，汇通天下打通下游客户与上游供应商的联系，实现"人人都可做携程"的局面。行业内小的OTA（Online Travel Agent）层出不穷，传统的预订中介加强向在线业务转变，而行业垂直搜索网站"去哪儿"的出现让小微OTA们有了与大型OTA平起平坐的展示机会。途牛网、驴妈妈等企业也跨领域向机票酒店预订延伸。2008年以来，在线旅游行业出现有史以来最严酷的竞争环境。在这样的内外环境下，艺龙却成功突围。

艺龙不与携程抢机票预订业务，只关注在线酒店预订。这就是艺龙的焦点思维。"艺龙旅行网一直致力于为消费者提供更优惠的旅行产品和更优质的服务。此次推出酒店预订的低价承诺和有房保证只是我们服务承诺的第一步。"艺龙市场部负责人介绍说，"我们希望消费者在每一次与我们的接触中都能体验到艺龙无与伦比的服务。艺龙旅行网，为您准备的总比您的期望更多。"

如今艺龙的产品线非常单一，就是酒店，而且只做线上和手机上的酒店预订。崔广福和他的团队的主要精力就是琢磨如何让更多客户来到艺龙的网站自助下单预订，怎么让这样的预订体验更好。六年，从传统的呼叫中心酒店预订到在线酒店预订战略，再到移动酒店预订战略，艺龙的酒店间夜量（每间房销售一夜为一间夜）预订业务从只占携程的20%，到今年第三季度已经接近携程的70%。作为酒店市场的老二，正在与老大逐步缩小份额差距。持续顺势而为的战略转型使艺龙重新在酒店预订业务领域获得与携程叫板甚至超越携程的机会。

承诺才能放心。专注才有力量，才能做到极致。如何建立起品牌承诺，如何构建品质承诺，如何实现体验承诺，从移动互联网激烈竞争的世界中汇聚商业的力量？你有两个关键的课题需要研究：

（1）如何做减法，找到焦点，做出你的品牌承诺、品质承诺和体验承诺？

（2）如何将所做的承诺做到极致，超越客户的期待？

【案例】

宜家手机APP：定制自己的家

这是一款可让用户自定义家具布局的APP，用户可以创建并分享自己中意的布局，同时可参与投票选出自己喜欢的布局。宜家还会对这些优秀创作者进行奖励，利用个性化定制营销来达成传播效果。对线下实体店来说，APP往往不是最好的销售工具，但往往是弥补线下体验短板的工具，通过APP打通会员营销、体验与服务体系。

杜蕾斯手机APP：Durex Baby

实际上戴套真的不爽。要如何才能说服男人们使用套套，并使用杜蕾斯的套套？对于20来岁的小伙来说，戴套的第一大理由是什么？——"我怀孕了。"调研表明：什么淋病梅毒的，男人根本不怕，但小孩，面对妇产科医生，他们只想玩消失。这是杜蕾斯设计这款APP前期从用户调研的样本数据抽取中发现的。这也就是我们所谓的准确找到产品的杀手锏——用户的痛点。

这个程序不仅可以模拟养小孩，还可以"搞大"朋友的手机。在杜蕾斯套套包装盒上有一个二维码，链接到杜蕾斯"防小人"手机程序下载，只要去搞别人的手机，两个手机前后摩擦几下，对方手机里的"孩子"就诞生了，且像模拟真小孩一样整天烦你，要喂奶，要逗他玩，还要哄睡觉，要出去晒晒太阳，哭了要抱，还要想办法让"孩子"不哭闹，它还会更新你的Facebook状态"我当爹啦！"各种婴儿相关活动的邀请也会随之而来，很烦很烦……而每次当你关闭此程序时都会显示"用杜蕾斯"的提醒。

第四节 Conclude（行动）：让他感到占便宜

这是新 4C 营销理论的最后一个理论，也是最重要的一个理论。在移动互联网时代，消费决策所耗时间的长短，一取决于社区消费者对商品的评价，二取决于消费阶层的价格承受能力，三取决于独特的广告语，四取决于满足需求的速度。

在新 4C 理论的行动中，重点是在满足以上条件下，如何利用高质量的性价比、服务关系让消费者产生高于期望的满意感。行动的核心价值就在于使用户觉得自己占了便宜，要以高于市场期望的性价比优势攻破客户的最后一道防线。不是卖得便宜，而是让用户感觉占了便宜，用户才会行动。

移动互联网时代的生存法则是赢家通吃。如果你只是第二或第三，你只不过是历史车轮下的那块小石头。但等到你升级成大石头的时候，车轮自然会绕开你。

第一，如果想要成为第一，就必须打破消费者的思维定势，成为消费者心智里的第一，这样才能缩短消费者的决策时间，加速消费者的购买行动。

如何在自己定位的焦点市场赢得消费者心中的第一？你有两个关键的课题需要研究：

（1）如何定位，找到成为第一的路径？

（2）如何成为第一？

其次，要想让客户购买行动快，企业自身的更新速度也要快，决策速度也要快！"快"字诀正是小米手机引以为傲的。雷军说，在金山，一年才更新一次版本，MIUI一个星期就得升级一次，这两个速度是完全不在一个级别的。他一下提醒了我，时代不一样了。

为什么这么快？小米的内部组织结构尽可能扁平，基本分为三层：七个核心创始人是一层，部门管理者是一层，然后就是员工。小米始终不会让团队太大，稍微大一点就拆分成小团队，实行小分队小步快跑。很多人说小米是手机行业的搅局者，但小米的创始人雷军先生说："我觉得我是这个行业的革命者。"作为一家创业公司，小米以惊人的速度膨胀，产品线从手机、操作系统到应用商店，甚至到了盒子和电视。从硬件到软件，从产品扩张到平台，从入口升级到生态——雷军的目标是，2015年前后小米成为一家营收超过1000亿元的公司。

很多企业家做决策的时候仍然停留在工业经济时代，喜欢制定五年目标，然后刻舟求剑地执行。但他们往往对世界的小变化视而不见，特别是在当今移动互联网时代，对未来竞争格局和世界变化的速度缺乏感知。

移动互联网时代，你得到优势的时间和失去优势的时间可能同样短暂。创新给你带来的优势和利益越来越少，一成不变地简单僵化地看待决策力就不能适应多变的平台。当某个小公司的新产品诞生时，企业所制定的策略往往在短短的一两年时间内便失去竞争力。尤其在世界大变革时期，往往是那些取得过辉煌的领导人，反应迟钝，最后葬送了企业的命运。这是典型的缺乏转型领导力的表现。

时间突然成了企业的敌人。对于无数新创企业来说，求稳是绝对的坏消息。变革已经来临，为应对变革，我为读者准备了三套"营销宝典"：

（1）尽快出错，不怕错。壮举从来不是诞生在制度、规则和框架之下的。失败了没什么——但一定不要在相同的事情上因为相同的原因犯同样的错误。企业文化要有宽容之心，宽容是互赠的礼品——你能宽容别人，别人也不会难为你。苛求是对刺的尖刀——你苛求别人，别人也不会饶了你。

（2）尽快放弃，不纠结。变通，是人生的万向轮。我们在处理各种事物时都要能够做到随机应变，因势利导，不墨守成规，不拘泥于一格，甚至逢大势不践小诺，处大事不拘小礼，从而达到变则通，通则灵，灵则达，达则成的理想效果。

（3）尽快迭代，不停步。在PC互联网时代，你还可以慢慢做一件事情，有了好产品再发布出去。但是如今你的产品两三个月不被人所接受，可能就死掉了。

相比互联网和工业时代，我们现在所处的移动互联网时代，整个世界瞬息万变，最重要的体现就是时空变弯曲了。今天的一个月，就是过去的一年。

在飞速变化的世界，站着不动就是最大的倒退。变革需要勇气，也需要智慧。

如何从时空弯曲的世界中找到更快变革的方法？如何加速客户的购买行动？你有三个关键的课题需要研究：

（1）如何提速，找到快速发展的道路？

（2）如何将整个组织的速度与顾客的速度协调一致？

（3）给什么样的行动理由或成交主张，能让客户毫不犹豫立即行动？

【案例】

华为荣耀3X

关键词　30万人微信抢购

华为通过微信做的荣耀3X的预约活动称得上是微信营销的经典案例。

首先，活动前华为通过微信内容推送和微博进行宣传预热，并联合易迅将活动信息大量曝光。活动前期，华为荣耀、华为商城、花粉俱乐部等官方微博都对此次活动进行大量曝光并用图解的方式说明了具体操作流程。易迅也尝试在微信上做出精选商品的经典案例。当时的微信正想着怎么让更多的用户绑定银行卡，就这样一拍三合达成合作，本次活动得到大范围的持续曝光，粉丝们蠢蠢欲动准备开抢。

其次，预约界面加入奖品驱动，即预约用户关注华为荣耀公众账号后可参与抽奖活动，开放预约时用微信支付1分钱即可完成预约。

最后，付款灵活便利，预约成功后进入原预约页面即可购买，支付方式也支持微信支付和货到付款。

据了解，此次活动华为荣耀3X的总预订量达到约30万。

万达影院

关键词　快捷购票实现多功能自助服务

微信对传统的服务行业的便捷价值逐步提升，这在以万达为首的餐饮娱乐行业最为显著。首先体现在万达影城对微信的开发方面。万达影院最值得一提的是其便捷的票务服务，关注了万达影院微信公众号后便可以简单地实现在线预订、在线选座、查询热映影片、待上映影片等的信息、评价分享等，足不出户便可轻松预订。另外，万达影院微信会不定期针对会员做一些活动，增强粉丝粘性。虽说其微信开发上的体验没有自身APP的好用，但是作为会员管理、活动营销以及简单的在线订票已经基本够用。其次，对于二维码的推广，万达影院也有自己的一套做法。一是通过在票面上印上二维码使得凡是看电影的人都可以随机扫其二维码，配合其强大的服务体系，能很好地抓住粉丝。同时，万达也会为了吸引粉丝开展一些活动，例如关注微信可一分钱看电影（限场次）、送可乐爆米花等。对于万达影院而言，闲时会有很多空位，不如索性拿来回馈一下粉丝，这种回馈带来了非常可观的效果。现万达影城微信渠道日均出票8000余张，近30万人抢购。

总而言之，任意一款较有创意的 APP 或微平台都离不开这些元素：好奇、自负、偷窥、色欲、懒惰、嫉妒、善良、健康、分享、娱乐、贪婪、贪食、虚荣、愤怒等。针对每个需求点都可以创作很多的 APP。创意的成败关键在于与产品的贴近程度，适合自己公司和产品、满足用户需求的才是最好的。

好的 APP 创意可以自发传播，提升品牌影响力，还能给公司带来丰厚利润。我相信，随着企业大数据的产生与发展，未来更多的企业会根据大数据的分析结果及客户的行为轨迹来创作更多适合自己的 APP。未来两三年将是企业、行业 APP 的兴起之年，创意将无处不在。

"吸引 + 心动 + 承诺 + 行动"将是未来企业 APP 商业模式的主要方向。如，360 度的产品展示、不同颜色和款式的产品介绍，带游戏感、互动性、功用价值的 APP 则会增强用户兴趣，同时可以随时分享至社交媒体，发散性传播给企业带来更多客户的同时提升企业的品牌形象。

新 4C 营销理论的核心是赋予品牌附加值，而赋予品牌附加值也成了许多成功企业做品牌策划时的重要原则。

在市场营销中，品牌企业要想不断获得和保持竞争优势，必须构建高品位的营销理念。

新 4C 营销理论作为品牌整体方向发展的营销模式，基本原则是将产品的核心价值、实体价值以及周边价值合为一体，围绕着产品统帅一切以营销传播为目的的企业营销活动的规划设计，从产品如何以核心价值吸引客户的眼球和注意力，让实体价值引起客户的共鸣从而心动，再到产品推出市场后企业对客户做出的承诺保证权益等附加价值来打消消费者的行为防御，最后从策划行动让消费者缩短消费决策时间……一系列的连锁反应，环环相扣，给消费者一种心理冲击效果，使消费者去尝试。即上述行动让品牌信息很快地让消费者达到了联想、购买动机、试用的阶段，打动消费者，产生共鸣，缩短消费者决策时间。

移动互联网的三大基石是人本、进化与开放。别被非人性化的商业折磨。

诉求人性化的终端关怀，是移动互联网营销的根本出发点。

在移动营销的大道上，有两位天使始终相伴，她们叫爱与简约。

在南方创新快船策划服务的杰出人才廖胜永、李波和王小虎三位移动互联网营销专家实践的基础上，我总结出移动互联网营销的十年游戏新规则，以飨读者。

法则一　Love 法则——营造爱

爱是人内心最柔软的品质。任再大的风波，再糟糕的处境，如果有一个人、一双手给你温暖伴你左右，以爱为名，谁会不动心？

企业要善于倾听粉丝的心声，鼓励粉丝自由表达自己的想法，了解粉丝的心理诉求和消费需求，列出消费者真正的痛点清单，让倾听成为习惯。

倾听是一种责任。加强和粉丝的沟通，倾听粉丝的心声是企业的重要责任。所以，当粉丝想要和企业沟通时，能够找到沟通的管道，如建立微信、微博私信、企业 BBS 论坛。我们要主动邀请粉丝到我们的企业，和粉丝一起坐下来全神贯注听粉丝说话，用眼睛注视着粉丝，微笑着静静听粉丝倾诉。这是企业对粉丝最有效的帮助。千万不要有"我是大品牌，你要照我说的做"这一类的想法。我们要想全面了解粉丝，就必须从心灵的对话开始，放下企业的大架子，深观他们的内心。

倾听是一种态度。粉丝与企业沟通时十分在意企业倾听的态度，只有企业表现出浓厚的倾听兴趣，粉丝才会有兴致说出心里的话。所以，当粉丝开口说话时，企业可以通过微信、微博等社交媒体的文字、语音、表情来表达倾听的兴趣，并学会互动。在粉丝说自己事情的时候，企业应该有兴致地关注粉丝，很自然地传递你的兴趣。也可以用简单的语言诸如"太好了！""你的分享太棒了！"等话语来表示你的感激之情。如果你总是在社交媒体里沉着脸，一言不发，一副漫不经心的样子，会令粉丝十分失望，自然很难准确把握粉丝的情感和态度。

倾听是一种追求。倾听是广义的，并非是企业一味地凭耳朵听粉丝说什么，还需要邀请他们参加面对面的地面活动，用敏感的眼睛和心灵，通过观察和分析粉丝的一举一动，读懂粉丝的内心世界，了解他们的真实意图，从而做出正确的判断。多支持、鼓励粉丝，平等地和粉丝做朋友。

法则二　全渠道一致体验

过去"以实体店为中心"的传统零售分销模式已经被新一代的"以粉丝为中心"的全渠道体验模式所取代。全渠道是零售业的未来和希望。电子商务贡献将超过整个全渠道销售的50%，移动将成为全渠道中电商业务的主流渠道，社交将是全渠道的枢纽。大数据是全渠道营销、全媒体（包括传统媒体、BBS、微博、微信等社交媒体）传播的基石，是全渠道决战的核武器。没有大数据，就没有竞争高地，持久的情感连接和一致性的顾客体验是全渠道的核心工作。

法则三　价值观

我们必须回归到商业的本质，真正找到用户的痛点，为客户创造价值。只有专注客户的价值才会带来财富。同时，如果仅仅是给粉丝提供商品本身的消费价值（萝卜），粉丝是没有动力去买你的东西的。我们必须为粉丝创造消费之外的梦想，提供商品之外的人文价值、社交价值和情感价值。

先免费，后收费。免费是最贵的。巨人集团的游戏，不但免费玩，还给玩家付工资。这会让传统游戏人觉得不可思议。但是最后算下来，收益率却高得惊人。这一模式已经成为中国游戏领域的黄金法则。360免费杀毒后，收益已经超过了之前杀毒行业总和的 n 倍。淘宝 Vs eBay，淘宝用免费开店模式 + 草根网站推广秒杀了 eBay 付费开店模式＋门户网站排他广告。但是今天我们看最新披露的数据，淘宝的利润水平远超 eBay，不是远超 eBay 中国，是远超 eBay 全球。

今天，Roseonly 一炮走红，成为在天猫营业额第一的鲜花品牌。成立不到一年，已经完成三轮融资，重新定义了"高端鲜花私人定制"的概念。网上花店迅速蹿红，该网站只销售玫瑰，且制定"一生只能送一人"的购买规则。这一新型营销概念立刻受到人们的广泛关注。

在互联网时代，品牌是所有粉丝社交关系的总和，粉丝群中领袖客户群的社交价值关系到一个品牌的生死。

Roseonly 早期通过名人的微博弱连接建立的社交三度影响力，在品牌的塑造和传播中放大了上万倍，发展了一大批种子粉丝群和铁杆粉丝。后期通过这批种子粉丝和老顾客的微信强关系建立的三度影响力，进一步放大 3～5 倍，巩固了销售。Roseonly 粉丝团的雪球越滚越大，目前在微博上聚集了 50 多万的粉丝，在微信上聚集了 10 多万的粉丝，成为网店稳定的流量来源。

法则四　参与感

移动互联网颠覆了现有的商业价值坐标体系和参照物。过去，零售商和品牌商习惯了独唱，消费者没有参与。参与感是粉丝经济的血脉。移动互联网不再是单个企业或单个品牌的个人演唱会，而更像是一场粉丝人人热情参加的周末狂欢舞会。小米手机深谙其道，以雷军为首的"雷军"们通过一场场粉丝见面会、网路社群，混入粉丝群中，与粉丝共舞，造就热烈的社会反响和经济价值。

如果你不在粉丝购物的决策流程之内，你的"末日"就指日可待了，就像坐在一个定时炸弹之上。因此，公司发自内心放低身段倾听粉丝团的想法，在产品还没有交到他们的手上之前的供应链上游就开始邀请粉丝参与到企业的价值创造中。移动互联网时代生产者和用户之间的界限被打通了,用户参与创新。这意味着组织要更贴近用户,要主动邀请用户一起参与创新,不是从上往下,也不是平行关系,而是融为一体。

法则五 让我尖叫

优秀的企业满足需求,伟大的企业创造需求。如果把财务比喻为企业的左脑,充满理性;那么营销就是企业的右脑,充满感性。我们的营销团队要像女性一样有温度地思考。

顾客的每一个抱怨的背后都隐藏着一个未被满足的需求,而每一个需求的背后必然隐藏着一个不可忽视的市场。其实任何产品在一开始满足了用户的功能性需求以后,就应该着手升级到精神层面。用户拒绝麻烦,用户需要安慰,这看起来跟利润无关,但实际上跟你的市场有关。你不去满足客户需求,其他创业者就会进行开拓。那么等待你的,或将是个生死存亡的巨大危机。因此,请一定重视麻烦所带来的希望,而不是去抵触他们的抱怨。只有让客户体验得爽,才能深入人心,才能真正让用户产生情感上的认同,才能口碑相传。

过去我们总是认为,只要掌握了正确的手段,需求自然就会产生。于是便有了越来越多的营销活动,越来越炫的广告宣传,越来越激进的促销策略,还有四处散播的优惠券和打折信息。但其实,真正的需求创造者,把所有的时间和精力都投入到对"人"的了解上。他们一直在努力了解人们心中的渴望,需要什么,讨厌什么,什么样的东西能引起人们的情感波动,什么样的东西又能激发出人们内心深处的好感。

企业可以设立 CSO(首席惊喜官)。比如我们可以每天在粉丝留言中寻找潜在的推销员或专家,找到之后给对方寄出包裹,为这个可能的"意见领袖"制造惊喜。

360 的创始人周鸿祎先生说:"假如华夏银行请我吃饭,我打开一瓶矿泉水，喝完之后，它确实是矿泉水。这叫体验吗？这不叫体验。只有把一个东西做到极致，超出预期才叫体验。我开个玩笑：比如有人递过一个矿泉水瓶子，我一喝是50度的茅台——这个就超出我的体验。假如它是一个体验，我（作为用户）就会到处讲'我到哪儿吃饭，我以为是矿泉水，结果里面是茅台'。如果我把这个经历写一个微博发出来，绝对能转发500次以上。"

法则六　快速迭代

　　迭代思维对传统企业而言，更侧重于迭代意识。这意味着我们必须及时乃至实时关注消费者需求，把握消费者需求的变化。要从细微的用户需求入手，贴近用户心理，在用户参与和反馈中逐步改进。"敏捷开发"是互联网产品开发的典型方法，是一种以人为核心、迭代、循序渐进的开发方法，允许有所不足，不断试错，在持续迭代中完善产品。乔布斯曾举了一个例子，强调商业伦理和细节的重要性："如果你是个正在打造漂亮衣柜的木匠，你不会在背面使用胶合板，即使它冲着墙壁，没有人会看见。但你自己心知肚明。所以你依然会在背面使用一块漂亮的木料。为了能在晚上睡个安稳觉，美观和质量必须贯穿始终。"

　　"天下武功，唯快不破。"只有快速地对消费者的需求做出反应，产品才更容易贴近消费者。Zynga游戏公司每周对游戏进行数次更新。小米MIUI系统坚持每周迭代。就连雕爷牛腩的菜单也是每月更新。微信在推出后1年内迭代开发44次。小米手机每周都有四五十个BUG（漏洞）要修改。

　　边开枪，边瞄准，精益求精。做到快速失败，廉价地失败。同时整个组织要有一种包容失败的文化。

　　传统的商业思维讲究大而全，讲究周密控制，做决策时往往要通盘考虑各方面的影响，调动各方面的资源，所以很难快起来。传统企业的产品从研发到投放到更新按年算，对消费者的影响方式也是投一轮广告，卖一轮产品，几个回合下来才有可能让消费者记住你。但互联网时代讲究小步快跑，快速迭代，节奏是按周算的。

法则七 My favorite 比我更懂我

在一次论坛上，当当网 CEO 李国庆先生曾讲过这样一件"尴尬"的事情：有位女顾客在当当网上买了一些怀孕方面的书籍，此后一年多她几乎每次都收到类似的书籍推荐，不堪其扰的她一怒之下直接向李国庆投诉，此事才宣告结束。

比我更懂我，通过大数据推荐我想要的。我们可以通过移动互联网加速推进自己的数字化进程，建立对消费者的观察。无论何时何地，我们都要尽可能及时地、精确地收集到每个顾客所有购物活动涉及的顾客的所有数据，数字化每一个顾客、每一件商品和他们的每一个购物活动，最终还原每个顾客的原貌需求。用户在网络上一般会产生交易信息、浏览信息、购买行为、购买场景和社交关系等多个方面的大数据，这些数据的沉淀有助于企业进行预测和决策。一切皆可数据化，企业必须构建自己的大数据平台。

根据每个顾客的大数据，我们可以建立自动化的个性化商品推荐系统，为每个顾客提供精准的、少量的、非常个性化的商品推荐。通过分析每个会员的 POS 交易数据或网店的浏览数据可以向每个会员的智能手机推荐一份建议购买清单。这份清单里面也许真的像沃尔玛一样出现"啤酒加尿布"这样经典的大数据故事。当年，Walmart 的工程师通过追踪分析许多年轻父亲每次的购物小票，发现每到周五晚上，啤酒和尿布的销售量同时都非常高。原来，年轻的父亲们周末下班后帮太太买尿布时会顺手带上啤酒准备看球赛的时候喝。Walmart 洞察到这个需求，啤酒和尿布干脆就摆在一个货架上卖，销售量马上提升三成。

法则八　个性化——每个人的时代

这是一个个性化的时代。消费者个性化的消费主张，在移动互联网时代，不仅可以彰显出来，更可以得到尊重。

让我的个性得到彰显：请在我的袖口上绣上我女朋友的红唇，请在我的笔记本上铭刻我喜欢的名句，请在我的T恤衫上印上泰戈尔的诗篇。这不是神话。

红领建立了全球第一家全面信息化的个性化生产线，整个工厂完全用信息流来统率工业流水线和驱动后台的供应链。流水线上每件衣服都有一个电子标签，每个电子标签连接的是一个活生生的顾客。这些标签记录着每位顾客在每个工序个性化定制的全部生产数据（包括布料、体型、钮扣和款式等上百个数据）。在他们的全球西装个性化高级定制的工业流水线上，我不仅看到西装的流动、信息的流动，还看到了友谊、温暖和爱意的流动。我看到每件衣服身上都洋溢着一颗自由的心灵，彰显主人的尊贵、个性和典雅。每道工序的工人不再只是千篇一律地为可能成为大量尾货的库存而生产，他们深知今天要做的这1000件西装背后是1000位不同的、活生生的人。在工厂流水线上的每件衣服后面，都有一颗追求个性化、追求自由的灵魂。流水线上每件衣服都有一个主人，也许上一件衣服的主人是一位诗人，下一件可能就是一位企业家、政治家或是钢琴大师，也有可能是某位温柔娴雅的太太送给先生的生日礼物。

我们正要进入快速拥抱每个消费者的时代，人人都是设计师，人人都是创意师，人人都是裁缝，人人都是销售，人人都是消费者。他们越来越追求个性化，越来越追求自己的消费，自己做主，这是一个新的改变。亚马逊和淘宝为每一个注册用户推出个性化首页，这就是一次重大的进步。

法则九 少就是多——选择有限

消费者的碎片时间有限，停留在你的渠道里的时间很短，你提供的服务、在地面店里陈列的商品、在网店或移动商店陈列的首页商品，如果在这么短的时间里不能使顾客中意，不能吸引他，你就会错过这个宝贵的碎片时间。如果我们不能在3～5分钟内吸引顾客，我们就会错过这个顾客。我们平时的功夫是非常重要的。这就需要我们建立碎片化思维，利用大数据，听懂他，洞察他，把消费者在碎片时间产生的点点滴滴的信息收集起来，串连起来，还原出顾客的真实需求，为每一个顾客推出个性化的私人货架商品。

法则十 高效——将简约进行到底

为顾客设计的一切界面不仅要讲究内在的逻辑，操作流程更要高效和简约。Google首页永远都是最简洁、最清爽的界面。苹果的外观、特斯拉汽车的外观，也都是这样的设计。

消费者的购物时间越来越碎片化。我们的流程设计要简化，要以最快的速度在每个顾客与他想要的商品或服务之间建立最短的路径。顾客无论从哪个渠道进去，在找到他的商品前，整个操作流程不要超过三步，越少越好。如果超过三步，消费者的耐心就没有了，我们就可能失去一次宝贵的与顾客对话的窗口。

移动互联网大潮既至，我忽然发现中国营销理论界集体失声。《移动互联网全景思维》扫描了移动营销，第一次推出移动4C理论，并将在今后每版中迭代更新。

我们深信新4C理论也会不断进化，这当然需要读者的参与、分享与实践，毕竟，对于中国移动营销人而言，有武器总比赤手空拳好……

词汇表

2G

第二代手机通信技术规格。一般定义为无法直接传送如电子邮件、软件等信息，只具有通话和一些如时间日期等传送的手机通信技术规格。

3G

3G是第三代移动通信技术。是指支持高速数据传输的蜂窝移动通信技术。3G服务能够同时传送声音及数据信息，速率一般在几百Kbps以上。3G是指将无线通信与国际互联网等多媒体通信结合起来的新一代移动通信系统。目前3G存在4种标准：CDMA2000、WCDMA、TD－SCDMA和WiMAX。

4G

第四代移动电话通信标准，即第四代移动通信技术，英文缩写：4G。该技术包括TD－LTE和FDD－LTE两种制式（严格意义上来讲，LTE只是3.9G，尽管被宣传为4G无线标准，但它其实并未被3GPP认可为国际电信联盟所描述的下一代无线通信标准IMT－Advanced，因此在严格意义上其还未达到4G的标准。只有升级版的LTE Advanced才满足国际电信联盟对4G的要求）。4G集3G与WLAN于一体，并能够快速传输数据、高质量音频、视频和图像等。4G能够以100Mbps以上的速度下载，比目前的家用宽带ADSL（4M）快25倍，并能够满足几乎所有用户对于无线服务的要求。此外，4G可以在

DSL 和有线电视调制解调器没有覆盖的地方部署，然后再扩展到整个地区。

ADSL

ADSL 属于 DSL 技术的一种，全称 Asymmetric Digital Subscriber Line（非对称数字用户线路），亦可称作非对称数字用户环路。是一种新的数据传输方式。ADSL 技术提供的上行和下行带宽不对称，因此称为非对称数字用户线路。

ADSL 技术采用频分复用技术把普通的电话线分成了电话、上行和下行三个相对独立的信道，从而避免了相互之间的干扰。用户可以边打电话边上网而不用担心上网速率和通话质量下降的情况。

Android

基于 Linux 的自由及开放源代码的操作系统，主要用于移动设备，如智能手机和平板电脑，由 Google 公司和开放手机联盟领导及开发。尚未有统一中文名称，中国内地较多人称之为"安卓"或"安致"。

APP

应用程序 Application 的缩写。因 iPhone 等智能手机而流行，主要指智能手机的第三方应用程序。比较著名的应用商店有 Apple 的 iTunes 商店、Android 的 Play Store、诺基亚的 Ovi store，还有 Blackberry 用户的 BlackBerry APP World，以及微软的应用商店。

APP Store

APP Store 是 iTunes Store 中的一部分，是 iPhone、iPod Touch、iPad 以及 Mac 的服务软件，允许用户从 iTunes Store 或 Mac APP Store 浏览和下载一些为 iPhone SDK 或 Mac 开发的应用程序。用户可以下载免费项目和购买收费项目。其中包含：游戏、日历、翻译程式、图库以及许多实用的软件。Mac 中的 APP

Store 叫 Mac APP Store，和 iOS 中的软件不相同。APP Store 拥有海量精选的移动 APP，均由 Apple 和第三方开发者为 iPhone 度身设计。你下载的 APP 越多，就越能感受到 iPhone 的强大，甚至完全超乎你想象。在 APP Store 下载 APP 会是一次愉快的体验，在这里你可以轻松找到想要的 APP，甚至发现自己从前不知道却有需要的新 APP。

ARPU

Average Revenue Per User 的缩写，即每用户平均收入。用于衡量电信运营商业务收入的指标。ARPU 注重的是一个时间段内运营商从每个用户所得到的收入。

AT&T

American Telephone & Telegraph 的缩写（也是中文译名"美国电话电报公司"的由来，但近年来已不用全名）。是一家美国电信公司，创建于 1877 年，曾长期垄断美国长途和本地电话市场。

B2B

Business To Business 的缩写。是指互联网市场领域的一种，是企业对企业之间的营销关系。它将企业内部网通过 B2B 网站与客户紧密结合起来，通过网络的快速反应为客户提供更好的服务，从而促进企业的业务发展。

B2B2C

Business To Business To Consumer 的缩写。是一种电子商务类型的网络购物商务模式。第一个 B 指的是商品或服务的供应商，第二个 B 指的是从事电子商务的企业，C 则表示消费者。

B2C

Business To Consumer 的缩写，其中文简称为"商对客"。商对客是电子商务的一种模式，也就是通常说的商业零售，即直接面向消费者销售产品和服务。这种形式的电子商务一般以网络零售业为主，主要借助于互联网开展在线销售活动。B2C 即企业通过互联网为消费者提供一个新型的购物环境——网上商店，消费者通过网络在网上购物，在线支付。这种模式节省了客户和企业的时间和空间，大大提高了交易效率，特别对于工作忙碌的上班族，这种模式可以为其节省宝贵的时间。

BAT

中国互联网公司三巨头，即指中国互联网公司百度公司（Baidu）、阿里巴巴集团（Alibaba）、腾讯公司（Tencent）。

BBS

Bulletin Board System 的缩写，即电子公告牌系统。通过在计算机上运行服务软件，允许用户使用终端程序通过 Internet 进行连接，执行下载数据或程序、上传数据、阅读新闻、与其他用户交换消息等功能。许多 BBS 由站长业余维护。目前，有的时候 BBS 也泛指网络论坛或网络社群。

CATV

即有线电视网。由有线电视公司运营，提供广播业务，包括电视、图文电视等。CATV 网采用模拟传输方式，是一种模拟网络。

CP

Content Provider 的缩写，也称为 ICP（Internet Content Provider），翻译为互

联网内容提供商，向广大用户综合提供互联网信息业务和增值业务的电信运营商。

CPA

Cost Per Action 的缩写，意思是每次行动的费用。CPA 是网络广告领域内的一种定价模式，即根据每个访问者对网络广告所采取的行动收费。

CPC

Cost Per Click 的缩写，即每点击成本，网络广告每次点击的费用。是网络广告投放效果的重要参考数据。CPC 是网络广告界一种常见的定价形式。

CPM

Cost Per Mille 的缩写，即每千次印象费用，广告条每显示 1000 次（印象）的费用。

Facebook

创办于美国的一个社交网络服务网站，于 2004 年 2 月 4 日上线。主要创始人为美国人马克·扎克伯格。Facebook 是世界排名第一的照片分享站点，每天上载 850 万张照片。截至 2012 年 5 月，Facebook 拥有约 9 亿用户，是全球第一大社交网站。

Google Play

前名为 Android Market。是一个由 Google 为 Android 设备开发的在线应用程序商店。一个名为"Play Store"的应用程序会预载在允许使用 Google Play 的手机上，它可以让用户浏览、下载及购买在 Google Play 上的第三方应用程序。2012 年 3 月 7 日，Android Market 服务与 Google Music、Google Play Movie 集成，并将其更名为 Google Play。

HTC

宏达国际电子股份有限公司（简称宏达电子）的品牌名。该公司成立于 1997 年，是一家位于中国台湾地区的手机与平板电脑制造商。是开放手持设备联盟的创始成员之一。

HTML5

HTML5 是用于取代 1999 年所制定的 HTML4.01 和 XHTML1.0 标准的 HTML 标准版本，现在仍处于开发阶段，但大部分浏览器已经支持某些 HTML5 技术。HTML5 有两大特点：首先，强化了 Web 网页的表现性能；其次，追加了本地数据库等 Web 的应用功能。

HTML 语言

Hypertext Markup Language 的缩写，即超文本标记语言。是用于描述网页文档的一种标记语言。

iPhone

是一款由苹果公司设计和销售的智能手机。

iPod

是一款由苹果公司设计和销售的便携式多功能数字多媒体播放器。产品的用户界面以设计简单、易用而广受用户喜爱。

Java ME

又称作 J2ME（Java Platform，Micro Edition）。是为机顶盒、移动电话和

PDA之类嵌入式消费电子设备提供的Java语言平台，包括虚拟机和一系列标准化的Java API。它和Java SE、Java EE一起构成Java技术的三大版本。

Myspace

是2004年由德沃尔夫和安德森在洛杉矶创立的一家互联网社交网站。推出一年后受到了美国大众的追捧。2005年7月，有意进军数字媒体行业的媒体大亨、新闻集团董事长默多克出资5.8亿美元对其进行收购。近年随着Facebook的兴起而日渐衰落。

NFC

Near Field Communication的缩写，即近距离无线通信技术。是由飞利浦公司和索尼公司共同开发的。这是一种非接触式识别和互联技术，可以在移动设备、消费类电子产品、PC和智能控件工具间进行近距离无线通信。

O2O

Online To Offline的缩写。它将线下商务与互联网结合在一起，让互联网成为线下交易的前台。

OTT

Over The Top的缩写，是通信行业非常流行的一个词，来源于篮球等体育运动，是"过顶传球"之意，指的是球类运动员（player）在他们头顶上来回传球以到达目的地。即互联网公司越过运营商发展基于开放互联网的各种视频及数据服务业务，强调服务与物理网络的无关性。

P2C

P2C即Production to Consumer，简称为商品和顾客，指产品从生产企业直接送到消费者手中，中间没有任何交易环节。它是继 B2B、B2C、C2C 之后的又一个电子商务新概念。在国内叫作生活服务平台。

P2P

P2P 是"Peer-to-Peer"的简写，个人对个人的意思，P2P 借贷指个人通过第三方平台（P2P 公司）在收取一定服务费用的前提下向其他个人提供小额借贷的金融模式。

PE

Private Equity 的缩写，即私募股权投资，指通过私募形式募集资金，是对私有企业，即非上市企业进行的权益性投资，从而推动非上市企业价值增长，最终通过上市、并购、管理层回购、股权置换等方式出售持股套现退出的一种投资行为。

SNS

Social Networking Services 的缩写，即社会性网络服务，专指旨在帮助人们建立社会性网络的互联网应用服务。也指社会现有已成熟普及的信息载体，如短信 SMS 服务。SNS 的另一种解释是 Social Network Site，即"社交网站"或"社交网"。

Twitter

中文名为推特，是国外的一个社交网络及提供微博客服务的网站。它利用无线网络、有线网络、通信技术进行即时通信，是微博客的典型应用。它允许用户将自己的最新动态和想法以短信形式发送给手机和个性化网站群，而不仅仅是发送给个人。

UI

User Interface 的缩写，即用户界面。UI 设计是指对软件的人机交互、操作逻辑、界面美观的整体设计。好的 UI 设计不仅能让软件变得有个性、有品味，还能让软件的操作变得舒适、简单、自由，充分体现软件的定位和特点。

VC

Venture Capital 的缩写，即风险投资。在中国它是一个约定俗成的具有特定内涵的概念，把它翻译成创业投资更为妥当。广义的风险投资泛指一切具有高风险、潜在高收益的投资；狭义的风险投资是指以高新技术为基础，生产与经营技术密集型产品的投资。根据美国全美风险投资协会的定义，风险投资是由职业金融家投入到新兴的、迅速发展的、具有巨大竞争潜力的企业中的一种权益资本。

Wap

Wireless Application Protocol 的缩写，即无线应用协议，是一项全球性的网络通信协议。Wap 使移动 Internet 有了一个通行的标准，其目标是将 Internet 的丰富信息及先进的业务引入移动电话等无线终端。

WiFi

是一种能够将个人电脑、手持设备（如 Pad、手机）等终端以无线方式互相连接的技术。目的是改善基于 IEEE 802.11 标准的无线网络产品之间的互通性。使用 IEEE 802.11 系列协议的局域网就称为 WiFi。

WiMAX

Worldwide Interoperability for Microwave Access 的缩写，即全球微波互联接

入。WiMAX 也叫 802.16 无线城域网或 802.16。WiMAX 是一项新兴的宽带无线接入技术，能提供面向互联网的高速连接，数据传输距离最远可达 50km。

闭环

闭环（闭环结构）也叫反馈控制系统，是将系统输出量的测量值与所期望的给定值相比较，由此产生一个偏差信号，利用此偏差信号进行调节控制，使输出值尽量接近期望值。

屌丝

是指一个人符合矮、穷、丑、挫、撸、呆、胖这些特征。而当你符合其中的多种特征，那么就可以说成是"屌丝样"。屌丝（或写作"吊丝"）是中国网络文化兴盛后产生的讽刺用语，开始通常用作称呼"矮穷矬"（与"高富帅"相对）的人。其中"屌丝"最显著的特征是穷，房子、车子对于屌丝来说是遥不可及的梦。

二维码

又称二维条码。它是用特定的几何图形按一定规律在平面（二维方向）上分布的黑白相间的图形，是所有信息数据的一把钥匙。在现代商业活动中，二维码可实现的应用十分广泛，如产品防伪/溯源、广告推送、网站链接、数据下载、商品交易、定位/导航、电子凭证、车辆管埋、信息传递、名片交流、WiFi 共享等。如今智能手机扫一扫（简称313）功能的应用使二维码更加普遍。

粉丝

"粉丝"是英语"fans"（狂热、热爱之意，后引申为影迷、追星等意思）的音译。在现代西方国家，fans 一词还扩展出了"同志恋""同性恋"的引申意思。

服务提供商

即 Service Provider（SP），是移动互联网服务内容、应用服务的直接提供者，常指电信增值业务提供商，负责根据用户的要求开发和提供适合手机用户使用的服务。

谷歌

Google 是一家美国上市公司。Google 公司于 1998 年 9 月 7 日以私有股份公司的形式创立，以设计并管理一个互联网搜索引擎。Google 公司的总部称作"Googleplex"，位于加利福尼亚山景城。Google 目前被公认是全球规模最大的搜索引擎，它提供了简单易用的免费服务。

红杉资本

创始于 1972 年的美国风险投资公司，创始人唐·瓦伦丁（Don Valentine），共有 18 支基金，超过 40 亿美元总资本，总共投资超过 500 家公司，有 200 多家成功上市、100 多个通过兼并收购成功退出的案例。

极客

极客是美国俚语"geek"的音译。随着互联网文化的兴起，这个词含有智力超群和努力的语意，用于形容对计算机和网络技术有狂热兴趣并投入大量时间钻研的人。

口碑传播

口碑传播（oral spreading）是指一个具有感知信息的非商业传者和接收者关于一个产品、品牌、组织和服务的非正式的人际传播。

软银

1981 年由孙正义在日本创立并于 1994 年在日本上市，是一家综合性的风险投资公司，主要致力 IT 产业的投资，包括网络和电信。软银在全球投资过的公司已超过 600 家，在全球主要的 300 多家 IT 公司拥有多数股份。

社群

社群的概念就是以"领袖"为核心聚集起来的小圈子，大家有相同的"信仰"或者目标，在一起互相学习和帮助，最终达到共赢的状态。

天使投资

是权益资本投资的一种形式，是指富有的个人出资协助具有专门技术或独特概念的原创项目或小型初创企业，进行一次性的前期投资。

特供

即为特别阶级、领导高层供应的某些天然绿色包括人为的产品。例如，在古代，专指为皇宫贵族特别供应的产品：极品茶、蜜、酒、瓜、果、米、蔬等。

土豪

网络用语。通常指乡土里有钱并非主观而显示出个人巨额财富的人（区别于暴发户）。指网络上无脑消费的人，也可以引申到其他领域（网络游戏、电子设备、动漫 ACG 等）。如某网络游戏中的人民币玩家被称为"土豪"，有时也会简化为"壕"。

微商

微商目前尚无统一认知的定义。通俗地说，微商就是在移动端上进行商品售卖的小商家。微商的流行始于朋友圈卖货的流行，起初可能是一些爱美的小女生在微信朋友圈分享一些面膜化妆品，继而发现商机，然后是各类不知名的化妆品、面膜厂商进军微信朋友圈。

目前可充当微商卖货平台有微信朋友圈、QQ 空间、微信公众平台、微博等，还有很多垂直的移动社区也将成为微商的销售平台。

微信支付

微信支付是由腾讯公司知名移动社交通信软件微信及第三方支付平台财付通联合推出的移动支付创新产品，旨在为广大微信用户及商户提供更优质的支付服务。微信的支付和安全系统由腾讯财付通提供支持。财付通是持有互联网支付牌照并具备完备的安全体系的第三方支付平台。

信币

沃晒商城官方虚拟货币。在信币超市中所有的东西都可以按一定比例兑换，对买家而言是高品质享受折扣的换购货币，对卖家而言是精准导购的营销平台工具，就是用信币取代了折扣。

众筹

翻译自国外"crowdfunding"一词，即大众筹资或群众筹资。

自媒体

自媒体是 2013 年年度互联网十大词之一。从微信公众平台到腾讯大家、知乎、果壳网、虎嗅网，各种网络运营平台层出不穷。自媒体结合微博、微信、轻博客、新闻客户端、视频网站各种形式，以文字、语音、视频等方式万箭齐发，自成天地。据不完全统计，微信公众号数量已经超过 800 万，中国自媒体作者数已超过 15 万 7 千人，微信朋友圈每天阅读数已接近 300 亿。

参 考 文 献

［1］ 胡泳. 众生喧哗——网络时代的个人表达与公共讨论［M］. 2版. 桂林：广西师范大学出版社，2013.

［2］ 中国新闻出版社研究院. 第一次全国国民阅读行为调查报告［R］. 2013.

［3］ 高丽华，徐天霖. 都市报全媒体转型思路探析［J］. 中国出版，2013(02).

［4］ 曹峰. 都市报全媒体运营模式的管理与完善［J］. 新闻界，2013(20).

［5］ 蔡恩泽. 移动互联网生态竞争："新三国"鼎立 大一统难成［N］. 人民邮电报，2013-08-09.

［6］ 刘佳. 谷歌的野心：包揽衣食住行［N］. 第一财经日报，2014-01-15.

［7］ 洪黎明. 2014，互联网还将"消灭谁"？［N］. 人民邮电报，2013-01-13.

［8］ 朱垩，王瑜. 化数据为价值——中兴通讯助力行业掘金大数据［N］. 通讯产业报，2014-01-16.

［9］ 吴高莉. 移动互联网背景下的无线旅游市场发展策略研究［J］. 电子世界，2013(21).

［10］ 张高军，李君轶，毕丽芳，等. 旅游同步虚拟社区信息交互特征探析——以QQ群为例［J］. 旅游学刊，2013(02).

［11］ 王业祥. 移动互联网在我国旅游业中应用发展分析［J］. 价值工程，2012(28).

［12］ 孙晓莹，李大展，王水. 国内微博研究的发展与机遇［J］. 情报杂志，2012(07).

［13］ 王正军. 上海下一代广播电视网建设和运营经验交流［J］. 电视技术，2012，36(22).

［14］ 黄升民，马涛. 在挑战中奋起，在竞争中转型——2012报业盘点［J］. 中国报业，2013(01).

［15］ 张东明. 从报网互动到报网融合——从《南方日报》第九次改版看全媒体转型探索之路［J］. 中国记者，2013(02).

［16］ 牟丰京. 向全媒体发展不可逆转［J］. 新闻研究导刊，2013(02).

［17］ 张向东. 深化体制改革，促进传媒发展［J］. 中国报业，2013(05).

［18］ 孙源，陈靖. 智能手机的移动增强现实技术研究［J］. 计算机科学，2012(01).

[19] 王文东,胡延楠. 软件定义网络:正在进行的网络变革［J］. 中兴通讯技术,2013(01).

[20] 中国通信标准化协会. 面向移动互联网的新型定义——人机交换技术研究报告［R］. 2013.

[21] 中国通信标准化协会. 移动增强现实课题研究报告［R］. 2012.

[22] 中国互联网络信息中心. 中国互联网络发展状况统计报告［R］. 2013.

[23] 汪志晓. 浅谈移动互联网及其商务模式研究［J］. 科技信息,2012(31).

[24] 卢彰诚. 浙江中小商贸流通企业的商业模式创新研究——基于电子商务的视角［J］. 中国商贸,2012(17).

[25] 宋明艳. 移动互联网应用及其发展分析［J］. 网络与通信,2012(10).

[26] 胡坚波. 3G环境下的移动互联网发展［J］. 数学通讯,2010(05).

[27] 陈进勇. 大象起舞——发展移动互联网的九大撒手锏［J］. 信息网络,2009(02).

[28] 山石. MSDP让运营商自由驾驭移动互联网［J］. 通讯世界,2009(04).

[29] 朱凯,姜伟,刘童. 基于物联网的智能家居实训方案［J］. 科技视界,2013(19).

[30] YY李学凌. 颠覆新东方俞敏洪在线教育的三大招:免费,用贪嗔痴变现,让老师变老板［DB/OL］. 2014－05－23.

http://news.ittime.com.cn/news/news_640.shtml

[31] 俞敏洪. 新东方会被新的教育模式所取代［DB/OL］. 2014－02－17.

http://roll.sohu.com/20140217/n395156877.shtml

[32] 丁蕊. 俞敏洪的互联网焦虑:无法防止颠覆者［DB/OL］. 2014－02－07.

http://finance.sina.com.cn/zl/china/20140207/123018144017.shtml

[33] 郑勇. 从新东方看大数据或将颠覆传统培训经营模式,2013－12－27.

http://edu.qq.com/a/20131227/009514.htm

[34] 朱亚萍. 中国零售业面临第三次挑战及其应对思路［J］. 经济理论与经济管理,2011(07).

[35] 布伦诺·S. 弗雷,阿洛伊斯·斯塔特勒. 幸福与经济学——经济和制度对人类

福祉的影响［M］. 静也, 译. 北京: 北京大学出版社, 2006.

[36] 王易, 蓝尧. 微信, 这么玩才赚钱［M］. 北京: 机械工业出版社, 2013.

[37] 高尔. 驱动大未来——牵动全球变迁的六个革命性巨变［M］. 齐若兰, 译. 台北: 远见天下文化出版股份有限公司, 2013.

[38] 王建秀. 移动互联网之CDMA发展策略探讨［J］. 信息网络, 2009 (04).

[39] 阿呆. 移动互联网时代渐行渐近［J］. 通讯世界, 2010 (01).

[40] 叶惠. 移动互联网: 加速变革和创新［J］. 通讯世界, 2010 (12).

[41] 徐子沛. 数据之巅——大数据革命, 历史、现实与未来［M］. 北京: 中信出版社, 2014.

[42] 杰伦·拉尼尔. 互联网冲击——互联网思维与我们的未来［M］. 李龙泉, 祝朝伟, 译. 北京: 中信出版社, 2014.

[43] Chris Stevens. APP财富创奇［M］. 曾文斌, 译. 北京: 人民邮电出版社, 2013.

[44] 猫咖, 兔酱, 毛豆茶. APP故事——从来没有这样爱［M］. 北京: 机械工业出版社, 2012.

[45] 克里斯·安德森. 自造者时代——启动人人制造的第三次工业革命［M］. 连育德, 译. 台北: 天下远见出版股份有限公司, 2013.

[46] 曾航, 刘羽, 陶旭骏. 移动的帝国——日本移动互联网兴衰启示录［M］. 杭州: 浙江大学出版社, 2014.

[47] 池田信夫. 失去的20年［M］. 北京: 机械工业出版社, 2012.

[48] 井上笃夫. 远见: 孙正义眼中的新未来［M］. 王健波, 译. 南京: 凤凰出版社, 2012.

[49] 日本总务省. 平成17年 (2005) 情报通信白皮书［R］. 2005.

[50] 马克·安尼尔斯基. 幸福经济学［M］. 林琼, 译. 北京: 社会科学文献出版社, 2010.

[51] 吉本佳生. 快乐上班的经济学［M］. 北京: 华文出版社, 2009.

[52] 朱晓维, 何晓晓. 用于W-CDMA移动终端的开槽微带双频贴片天线设计［J］. 无线电工程, 2002(12).

[53] 姜吕良,李春安,马建. 移动终端上的 IPv6 [J]. 电信工程技术与标准化,2004(08).

[54] 李树秋,郑万波,夏亮. 基于 SOAP 协议移动终端的实现和应用 [J]. 吉林大学学报(信息科学版),2005(05).

[55] 徐秀. 基于泛网中移动终端的应用 [J]. 微机发展,2005(12).

[56] 北京星河亮点通信软件有限责任公司. SP6010/TD-SCDMA 终端综合测试仪 [J]. 现代电信科技,2005(12).

[57] 官宗琪,金超. 移动终端 GPRS 嵌入式协议栈的实现 [J]. 现代电子技术,2006(06).

[58] 邱翔鸥. IPv4 向 IPv6 的过渡策略 [J]. 移动通信,2006(02).

[59] 王硕,侯义斌,黄樟钦. 环绕智能系统中移动终端软件设计与实现 [J]. 电子产品世界,2006(15).

[60] 何训,王俊陶. 运营商移动互联网发展四大策略 [J]. 通信企业管理,2009(04).

[61] 陈建峡,张杰,范欢. 无线应用协议 WAP 及其在移动终端的开发 [J]. 湖北工业大学学报,2006(04).

[62] 王旷铭. 移动终端技术简介 [J]. 电子与电脑,2006(12).

[63] 於志文,於志勇,周兴社. 社会感知计算:概念、问题及其研究进展 [J]. 计算机学报,2012(01).

[64] 林闯,李寅,万剑雄. 计算机网络服务质量优化方法研究综述 [J]. 计算机学报,2011(01).

[68] 林闯.《物联网关键理论与技术》专题 前言 [J]. 计算机学报,2011(05).

[69] 周傲英,杨彬,金澈清,等. 基于位置的服务:架构与进展 [J]. 计算机学报,2011(07).

[70] 霍峥,孟小峰. 轨迹隐私保护技术研究 [J]. 计算机学报,2011(10).

[71] 张海粟,陈桂生,马于涛,等. 基于在线百科全书的群体兴趣及其关联性挖掘 [J]. 计算机学报,2011(11).

[72] 李韬,孙志刚,陈一骄,等. 面向下一代互联网实验平台的新型报文处理模

型——EasySwitch [J]. 计算机学报, 2011(11).

[73] 黄汝维, 桂小林, 余思, 等. 云环境中支持隐私保护的可计算加密方法 [J]. 计算机学报, 2011(12).

[74] 乔秀全, 杨春, 李晓峰, 等. 社交网络服务中一种基于用户上下文的信任度计算方法 [J]. 计算机学报, 2011(12).

[75] 周傲英, 杨彬, 金澈清, 等. 基于位置的服务: 架构与进展 [J]. 计算机学报, 2011(07).

[76] 王玉祥, 乔秀全, 李晓峰, 等. 上下文感知的移动社交网络服务选择机制研究 [J]. 计算机学报, 2010(11).

[77] 潘晓, 郝兴, 孟小峰. 基于位置服务中的连续查询隐私保护研究 [J]. 计算机研究与发展, 2010(01).

[78] 刘东明. 移动互联网发展分析 [J]. 信息通信技术, 2010(04).

[79] 郭靖, 郭晨峰. 中国移动互联网应用市场分析 [J]. 通讯世界, 2010(08).

[80] 胡坚波. 3G 环境下的移动互联网发展 [J]. 数字通信世界, 2010(05).

[81] 赵慧玲. 移动互联网的现状与发展方向探索 [J]. 移动通信, 2009(01).

[82] 李正豪. "移动互联网国际研讨会"之业务分会场 2 Mashup 将丰富移动互联网业务品种 [J]. 通信世界, 2007(47).

[83] 付亮. 从全新的视角理解移动互联网 [J]. 信息网络, 2009(08).

[84] David Bregman, Arik Korman. A Universal Implementation Model of the Smart Home [J]. International Journal of Smart Home, 2009(03).

[85] Acemoglu Daron, James Robinson. Why Nations Fail: The Origins of Power, Prosperity, and Poverty [M]. New York: Crown Business, 2012.

[86] Brzezinski, Zbigniew. Strategic Vision: America and the Crisis of Global Power [M]. New York: Bisic Books, 2012.

[87] Buchanan, Allen. Better than Human: The Promise and Perils of Enhancing Ourselves [M]. New York: Oxford University Press, 2010.

[88] Steve Coll. Private Empire: ExxonMobil and American Power [M]. New York: Penguin Press. 2012.

［89］Soliman H, Castelluccia C, El – Malki K, et al. Hierarchical Mobile IPv6 Mobility Management（HMIPv6）［P］. IETFRFC 4140, 2005.

［90］Koodli G. Fast Handovers for Mobile IPv6［R］. IETF RFC4068, 2005.

［91］Gundavelli S, Leung K, Devarapalli V, et al. Proxy Mobile IPv6［P］. RFC 5213, 2008.

［92］Calhoun P, Hara B O, Suri R, et al. Light Weight Access Point Protocol［P］. RFC5412, 2007.

［93］Narasimhan P, Harkins D, Ponnuswamy S. SLAPP：Secure Light Access Point Protocol［P］. RFC 5413, 2005.

［94］Calhoun P, Montemurro M, Stanley D. Control and Provisioning of Wireless Access Points（CAPWAP）Protocol Specification［P］. RFC 5415, 2009.

［95］Calhoun P, Montemurro M, Stanley D. Control and Provisioning of Wireless Access Points（CAPWAP）Protocol Binding for IEEE 802.11［P］. RFC 5416, 2009.

［96］Bernaschi M, Cacace F, Davoli A, et al. A CAPWAP-based solution for frequency planning in large scale networks of WiFi Hot-spots［J］. Computer Communications, 2011（11）.

［97］Morgan Stanley. Mobile Internet Research Report［R］. 2009.

［98］KPCB. Mobile Internet Trends Report［R］. 2011.

［99］Carr, Nicholas. The Shallows：What the Internet Is Doing to Our Brains［M］. New York：Norton, 2012.

［100］【日】井上笃夫. 信仰：孙正义传［M］. 孙律, 译. 南京：凤凰出版社, 2012.

［101］【日】三木雄信. 孙正义的头脑［M］. 薄锦, 译. 北京：中信出版社, 2012.

［102］【日】池田信夫. 失去的二十年［M］. 胡文静, 译. 北京：机械工业出版社, 2012.

［103］【日】野口悠纪雄. 日本的反省 依赖美国的罪与罚［M］. 贾成中, 黄金峰, 译. 北京：东方出版社, 2013.

后记 1
怀揣信仰瞭望

我们追求，一种能够被自己主宰命运的生活。为此我们雀跃着，期待着这个时代的到来；我们因为有了难能可贵的"存在感"而忘乎所以；我们在制造和传播着海量的信息，但我们依然恐慌着；我们似乎已经异化为信息的奴隶，有时我们恨不得摈弃这一切，但是我们离开它一会儿就会有种深刻的被遗弃的孤独感，并不是被人群所孤立，而是上升到一种思维和灵性的孤寂！

技术创新带给我们的兴奋，一浪接着一浪，而沉淀下来的到底是什么？红兵的思维里只有二个字：信仰！但凡上升到这个高度的人只有两种状态，要么彻悟，要么盲从。

移动互联网把人类社会带入人人时代——平等，公平，自由，开放；去中心化抛弃了权威，参与感带来了自尊和存在，终端为王时代的到来，终于释放了人们对物质和信息的消费欲望，解放了人类精神的枷锁！这的确是一个壮美的时代！

超越了技术的视野，红兵智慧地构建了基于人类信仰的移动互联网全景式思维体系。这一具开创性价值的理论体系，为或迷茫或痴狂或无奈或憎恨于技术的我们，找到了一个安定心灵的瞭望台！

陈明

后记 2
一起拥抱《移动互联网全景思维》

其实，在 2014 年《移动互联网全景思维》1.0 热卖之时，我就已经想到《移动互联网全景思维》2.0 一定会快速发布并且将会更透彻地解读移动互联网的本质和移动互联网思维。我认为，移动互联网带来的互联网全景思维是非常值得研讨的，如果放大移动互联网全景思维的蓝图，值得一提的就是——移动社群思维。

移动社群的概念也是近期开始兴起的。作为 K 友汇发起人，我在 2013 年 9 月 3 日迅速创建了基于定位人脉圈 O2O 的聚合平台。截至目前，这个平台在全球已经拥有了 327 个城市或地方负责人，20 多个子品牌，并且聚合了几十万名 K 友。这就是移动社群创造的价值。从《移动互联网全景思维》的犀利观点中，同样说明移动社群创造的价值是令人称奇的。

如果把《移动互联网全景思维》超前的思维运用到实践中来，我觉得我自己就是一个案例。近期，我参与了聚合国内 200 多家知名社群的微社力社群联盟。这个社群联盟成立仅仅一个多月就成功聚合了 1600 多名社群领袖及粉丝，举办了社群粉丝节。由此，我们可以看出，无论是社群组织还是社群联盟，它们都具备强大的传播价值。正是去中心化的思维让每个社群的成员和团队都能够找到自己的位置。

从《移动互联网全景思维》中可以预见，未来的社群思维一定是细分专业的运营思路，门户网站将会扁平化，而垂直化也将在移动社群中被重新规划。随着社交平台的兴起，基于社交平台的社群必将会有更广阔的发展。

从本质上来讲，社群就是基于兴趣爱好之上聚合的圈子，圈子中每位参与者对这个圈子会产生一定的信任感，这时信任感也就为口碑传播奠定了基础。随着社群中彼此建立的信任关系链越来越强，这就为商家提供了一个更容易进行活动传播的平台。当社群个数达到一定量时，传播面积就会迅速扩散。每个社群领袖都会通过这种影响力来调动更多粉丝参与其中，所以能够带动真正具备高质量的粉丝经济。这就是移动互联网思维。

2015年必将进入移动社群高速发展的时代，让我们一起拥抱移动互联网全景思维，拥抱社群粉丝经济。

管鹏